语言与文化研究

Language and Culture Research

（第二十一辑）

王丽文　主　编

中国华侨出版社
·北京·

图书在版编目（CIP）数据

语言与文化研究. 第二十一辑 / 王丽文主编. —北京：中国华侨出版社, 2021.12
ISBN 978-7-5113-8676-2

Ⅰ.①语… Ⅱ.①王… Ⅲ.①文化语言学—文集 Ⅳ.①H0-53

中国版本图书馆CIP数据核字(2021)第247642号

语言与文化研究（第二十一辑）

主　　编 / 王丽文
责任编辑 / 姜薇薇
经　　销 / 新华书店
开　　本 / 787毫米×1092毫米　1/16　印张/12　字数/270千字
印　　刷 / 天津格美印务有限公司
版　　次 / 2021年12月第1版　2021年12月第1次印刷
书　　号 / ISBN 978-7-5113-8676-2
定　　价 / 58.00元

中国华侨出版社　北京市朝阳区西坝河东里77号楼底商5号　邮编：100028
编辑部：（010）64443056　　传　真：（010）64439708
发行部：（010）88189192
网　　址：www.oveaschin.com　E-mail：oveaschin@sina.com

如发现印装质量问题，影响阅读，请与印刷厂联系调换。

编　委　会

主　编

王丽文

副主编

王丽江　李佳慧

前　言

　　胡文仲先生说过，教师在教学过程中应该做有心人，经常思考问题，收集数据，分析研究，做一个既教学又研究的全面人才。《语言与文化研究》的宗旨就是激发和提升教师和研究者的科研意识与科研能力，从而为我国语言研究、教育研究、教学研究、文化文学研究和翻译研究做出贡献，推动教育教学改革，提高教育教学水平和人才培养质量。这也是推动我们出版语言教育教学、文化与翻译研究论文的原因。

　　本辑收录了全国各地高校教师和研究者的优秀稿件，内容涉及语言研究、教育教学研究、文化研究、文学研究和翻译研究等领域，体现出了广大教师和研究者们对语言、语言教育教学、文化、文学、翻译等理论和实践的认真思考和探索，体现了他们的学术水准、理论水平和业务素养。

　　本辑所收录的论文具有研究范围广泛、研究方法灵活、研究内容多样化的特点，充分展示了语言与文化研究领域学术气氛的活跃和新时期外语教育事业的繁荣。本辑论文既有语言、文化、文学与翻译理论前沿的最新报告，有对外语各层次教学改革的思考、教学方法的探讨，也有日趋成熟的基于数据的实证性研究。研究内容充分反映出近20年来外语教学领域的发展趋势和热点：教法和学法的探讨仍然热烈；外语与其他学科门类的结合性研究给研究者增添了新的动力；网络教学的探讨和思考反映了新时期外语教与学的特点，体现了外语教师与时俱进的精神风貌。这些研究将极大地促进和指导教学实践。

　　由于编者水平有限，疏漏在所难免，欢迎各界人士予以指正，欢迎广大从事语言与文化教育教学的教师和研究者不吝赐稿。

　　　　　　　　　　　　　　　　　　　　　　　　　　《语言与文化研究》编委会
　　　　　　　　　　　　　　　　　　　　　　　　　　2021年9月于北京

目 录

语言研究

教育教学研究

翻译研究

文化研究

文学研究

汉语、维吾尔语植物词汇隐喻的认知对比分析*

玉斯英·玉素甫　王俊杰

（喀什大学中国语言学院，新疆喀什，844008）

【摘要】汉语和维吾尔语两种语言中植物词汇隐喻意义的产生和发展受诸多因素的影响，在不同因素下植物词汇的隐喻意义产生了一定程度上的认知对等或认知差异，从而使汉语、维吾尔语植物词汇隐喻也具有一定程度上的相同或相似及差异。本文主要用隐喻认知理论进行了认知对比分析，浅析了产生异同的原因。

【关键词】认知；植物词语；隐喻；对比

一、引言

人类在改变自然界的过程中，对自己周围的万物产生了认知，这种认知过程经历了从陌生到熟悉的复杂过程。我们对一种物质或事件熟悉以后，就会在大脑里留下印记，形成感性认识，记录这种感性认识的便是语言。"人类语言最初的词汇是名词，在名词的基础上通过丰富的想象力，运用隐喻等认知策略不断扩展，逐步形成了人类的概念系统"（许余龙，1992：38）。词义的形成是人类与客观事物互动的结果，是思维的反映。王寅教授认为"语言是一种认知活动，是对客观世界认知的结果，语言运用和理解的过程也是认知处理的过程"（王寅，2007：7）。

* 本文系喀什大学校内课题"汉语、维吾尔语篇章衔接方式对比及在教学中的运用研究"［课题编号：（19）1664］的研究成果之一；喀什大学教研教改课题"语篇衔接与连贯理论在预科写作教学中的应用研究"［课题编号:KJDY2012］的研究成果之一。

二、汉语、维吾尔语植物词隐喻意义对比

（一）完全相同

人类生理特征的相同而致使对许多植物的象征性意义的认识是完全相同的，此外新疆和我国其他地区所种植的一些植物的形状、属性特征有所相同，加之新疆和其他地区在悠久的文化交流下产生了很多共识文化。共识文化在语言中逐渐凝结为共同的文化语义，共识文化语义使对植物的认识保持一致性，进而在语言中产生相似的隐喻。

（1）石榴

在汉语中石榴的"榴"跟"留"字谐音。石榴多籽，隐喻为吉祥、吉利，通常将它送给结婚的新人，寓意多子多福。石榴的颜色也十分鲜艳，隐喻着人们的生活和事业蒸蒸日上、红红火火。维吾尔族把石榴称为"瓜果之王"，也常作为亲朋好友之间馈赠的最佳礼品，互相祝愿阖家团圆、幸福吉祥，代表了亲人、朋友之间纯真的情感和友谊。在维吾尔语中用 annrdæk qizl vz（像石榴一样红的脸蛋）、annrdæk qizl lv（像石榴一样红的嘴唇）比喻年轻漂亮女人的面庞。除此之外，维吾尔族给孩子起anrguli（阿娜尔古丽）、anrhæn（阿娜尔汗）等名字，希望自己家的女儿像石榴一样漂亮。

（2）柳树

柳的形体特征，具有阴柔之美。"见芙蓉怀媚脸，遇杨柳忆折腰"，这句诗中用"柳枝"隐喻美女的身腰，如柳腰、柳眉等来表达女人的美丽。汉语中"柳"与"留"谐音，经常暗喻离别。古人送别多用"折柳"，表示离别时的依依难舍之情。维吾尔语用Builri taldæk yarim（身材像细柳般的爱人），用柳丝隐喻姑娘苗条的身材。

（3）桑树

古人常在家屋旁栽种桑树，远走他乡时经常怀念家乡父母种的桑树，对它表示敬意。在汉语中用"桑木扁担，宁折不弯"，隐喻人民勇敢、坚强的意志。桑树的象征性意义在维吾尔语中与汉语完全相同。桑树既能抗旱也能抗寒，生命力极其顽强。维吾尔族人都喜欢在家屋旁栽种桑树，认为让民众吃自己种的桑树的果子可以使自己的罪过一笔勾销。维吾尔语中有 vjmæ kæskvʃ atanig qolini kæs（与其砍掉桑树，还不如砍掉你父亲的手），表示对桑树的敬意。vjmæ piʃ aʁzimʁ ʧvʃ（桑葚快熟，快掉进我的嘴里）盼着桑葚快熟，视桑树为"救命神树"。

（4）松树

汉语中松树被认为是一种丰收、吉祥的树，是长寿之树。《论语》中赞曰："岁寒然后知松柏之后凋也"。松、竹、梅素有"岁寒三友"之称。文艺作品中，常以松柏象征坚贞不屈、不怕艰险、勇往直前的英雄气概。在传统文化里松树也作为长寿的象征。比如"寿比南山不老松""松鹤延年"等。松树在维吾尔语中也是隐喻为具有顽强的意志与崇高作风的英雄形象。像yigit eʃita ʧnqr, qarʁai qiʃta ʧnqr（男人磨炼在劳动中，松树磨炼在冬天里）一样的赞颂松树的诗歌，民间歌谣广泛流传在维吾尔族民众当中。

（二）基本相同

（1）玫瑰

玫瑰花在汉语、维吾尔语两种语言中都有"爱情"和"纯洁"的隐喻义。玫瑰作为爱情的信物，是情人间首选花卉，但不同颜色不同数量有着不同的喻意，所以送花时应把含义区别清楚。维吾尔语里常把玫瑰比喻成"爱情"，除了爱情之外玫瑰还象征着"美女"，如"miniŋ gvlvm"（我的玫瑰）。

（2）牡丹

牡丹在汉语中从古至今都是"吉祥""幸福""繁荣昌盛"的象征。牡丹有华贵圆满、雍容富贵等寓意，"富丽端庄"用牡丹的特性隐喻期待、用心付出、端庄秀雅，此外它还被誉为"国色天香"，用来形容女子的美丽。刘禹锡的《赏牡丹》中描述道："唯有牡丹真国色，花开时节动京城。"在维吾尔语中牡丹象征着"美丽""美丽的女人"。父母希望自己的女儿像牡丹一样漂亮就特意给女儿起mudɛngul（牡丹古丽）、mudɛnhn（牡丹汗）等美名。

（3）桃子

桃子和桃花在汉语、维吾尔语中的隐喻意义基本相同。汉语中用"人面桃红""杏脸桃腮"等的成语来隐喻女人的美丽，此外桃子又被叫作仙桃、寿果，隐喻着"长寿"；桃子还能象征男女之间的爱情；此外，"桃"谐音"逃"，象征着逃出厄运、躲避灾难。维吾尔语中常用rɛngi toʁtʃtk qip-qizil（人面桃红）比喻相貌过人的女子，也常用atʃiq ʃaputul（酸桃子）或qoli yɛtimgɛn ʃaputul atʃq（够不着的桃子是酸的）等比喻不同意求婚的美丽女子。

（4）刺

各种障碍、困难和痛苦在汉语、维吾尔语中基本上用"刺"的隐喻意义表示。汉语中用"芒刺在背""如刺卡喉"等词语或俗语形容生活中的各种困难、痛苦等。在维吾尔语中"刺"除了这些意义外，还有"敌人"的象征意。如ɛtir gvlinŋmu tikini bar（玫瑰花也有刺）形容甜蜜的爱情得来不易，十分珍贵；adɛming aldi gvl，kɛini tikɛn（人的前面是玫瑰，背面是刺）形容人生当中的各种障碍；kɸzigɛ qadlʁn tikɛn（眼中的刺）、pvtvn bɛdni tikɛnlɛʃmɛk（感觉全身被刺穿了一样）等词语形容遇到困难或惊讶时的心理状态。

（三）部分相同

杏子

"松竹梅岁寒三友，桃李杏春风一家。"杏花在我国古代被誉为十二花神之二月花，有着极高的地位，因此"杏花"象征着春天。"杏"和"幸"谐音表示幸福的意思。杏花是非常美丽的，常用来形容美丽的少女，用杏仁隐喻美女的眼睛，如"杏眼桃腮""杏仁眼"等。用"红杏出墙"隐喻女子有外遇。维吾尔语中杏子只象征"爱情"。Vrvk vrkine kɸrsæ ala bolar（杏看杏，会变黄）隐喻为看到别人结婚了，自己也想早一点结婚，形容爱情成熟的过程。维吾尔族的风俗中有恋爱中的女子用自己绣的手绢包好杏仁项链，送给自己的白马王子，以表示自己的爱。

（四）完全不同

由于新疆和我国其他地区的自然地理环境，气候变化和土壤条件等因素的不同，在其他地区普遍种植的植物而在新疆很少见，因此维吾尔族人们没有机会跟这些植物接触，也就不会产生认知隐喻，就出现了汉语和维吾尔语中独有隐喻意义的一些植物词语。

（1）汉语中独有的植物隐喻词

"竹"，我国南方的气候湿润，降水量高，适合竹子的成长，所以汉语成语中有较多的含竹子的隐喻词汇。如"胸有成竹""雨后春笋""势如破竹"等。除此之外，自古以来汉族人民把松、竹和梅视为"岁寒三友"，把梅、兰、竹、菊比喻为"四君子"，是一种高尚品质的象征。因"竹"中空有节，隐喻着"高风亮节""坚强不屈"。"竹"又跟"祝"谐音，隐喻为"祝愿""祝福"，用于祝别人美好、幸福和吉祥。"梅"，宋代诗人陈亮在《梅花》中写道："一朵忽先变，百花皆后香，欲传春消息，不怕雪埋藏。"诗人描述了梅花那美丽、坚强、勇敢的性质。在汉语中自古以来用梅花比喻人的坚强意志和崇高的精神。梅花花色淡雅隐喻为"高雅纯洁"。"梨"，梨花颜色雪白，给人一种独特的美感，被隐喻为女人纯洁清白的面庞和白雪。此外，"梨"和"离"谐音，人们用"梨"有分离的文化义，所以送别时不送梨子。

（2）维吾尔语中独有的植物隐喻词

"胡杨"，胡杨生活在沙漠、戈壁和荒漠等缺水的恶劣自然环境中，在这样的环境中其他植物几乎不能生存，而胡杨依然坚强地生存着。维吾尔语里用"胡杨生而不死一千年，死而不倒一千年，倒而不朽一千年"形容胡杨极强的生命力；常用 toʁrq yixini yaximq（像胡杨一样长寿），toʁrqtk qɛisɛr（像胡杨一样坚强）等，用胡杨象征"长寿"和"生命力"。"沙枣"，沙枣树也是生活在盐碱恶劣环境中的一种植物，在新疆较为普遍。每年初春沙枣树开花，花虽小但香味远远扑鼻让人陶醉。维吾尔族的风俗习惯里把这个时节视为男女间的爱情兴旺的时间，用 dʒigdɛ purap qilʃ（闻到沙枣花的味儿）隐喻男女之间的爱萌生。此外，沙枣树的果子特别小，吃沙枣很难吃饱肚子，因而在维吾尔语中常用沙枣树的果子隐喻去弄别人的手段。如dopisʁa dʒigdɛ salmaq（欺骗别人）。"西瓜"，维吾尔语中用西瓜圆、可滚动的特征隐喻立场不坚定，用yumlaq tavz（圆西瓜），隐喻没有自己的主张的人。"苹果"在维吾尔语中经常隐喻人的心理和爱情。"葫芦"大而内空少籽的特点，常用 qapaq baʃ（葫芦脑袋）隐喻脑子不正常、傻瓜、多干傻事的人。"稻草"在维吾尔语中象征没有价值的事和东西，如pul pahlaʃmq（货币贬值）、soruni pahal qlimq（使活动秩序混乱）、pahldɛk tola gɛp qlimaq（话说的多而无聊）等。"麦草"多隐喻没有价值的事物，如 pulni samandk hdʒlimɛk（大手大脚、挥金如土）。

三、汉语、维吾尔语植物词语认知隐喻产生差异的原因

认知语言学认为"语言是人类长期体验性劳动的产物。词语除了有本义外，还有引申义，词语的引申义便是在概念隐喻基础上的"（陈敏，2012：18）。人类在改造自然界、驯服自然界的艰苦劳动中通过自己的隐喻思维总结出了不同的植物名。而且这些植物词汇在使用该语言的社会群体中不断受到所在的自然环境、地域状况、生产方式、思维方式、宗教信仰和文化传统等的影响，并逐渐丰富和巩固。通过比较，我们发现同一个植物在汉维两种语言中隐喻意义有相同点也有差异。我们认为造成这差异的主要原因首先是自然地理环境的不同；其次是风俗习惯的不同。汉语中的植物概念主要是跟"美、神、仙、福、寿、运"等紧密结合在一起的；而维吾尔族的风俗习惯主要受"绿洲"文化的影响，除此之外还受审美心理差异的影响。由于不同的民族对各种植物的爱好不同，对植物欣赏的角度不同，对各种植物的审美度也就不同，结果就导致了对同一种植物认知的不同，从而产生隐喻意义的差异。

四、结语

本文运用隐喻认知理论对汉语、维吾尔语植物词语的隐喻意义进行了比较，发现许多植物词汇的隐喻意义有相同点和差异，并分析了产生这些差异的几个因素。这有利于准确理解汉维植物词语的文化含义，有助于克服汉语、维吾尔语之间的交流障碍，并可促进文化的相互交流与融合，也可促进语言教学中的词汇教学。

参考文献

[1] 许余龙 . 对比语言学概论 [M]. 上海：上海外语教育出版社，1992.

[2] 王寅 . 认知语言学 [M]. 上海：上海外语教育出版社，2007.

[3] 束定芳 . 认知义学 [M]. 上海：上海外语教育出版社，2008.

[4] 刘宇红 . 认知语言学：理论与应用 [M]. 北京：中国社会科学出版社，2006.

[5] 陈敏 . 英汉植物词语对比研究 [D]，上海外国语大学博士学位论文，2012.（18）

[6] 杜倩 . 汉英植物词语文化语义对比研究 [D]，2007.

作者简介

玉斯英·玉素甫（1982—），男，喀什大学讲师，硕士，研究方向：语言认知研究，E-mail：yusaiyin314ysy@163.com。

王俊杰（1986—），男，汉族，喀什大学中国语言学院助教，硕士，研究方向：汉语语法研究，E-mail：929883503@ qq.com。

日语女性用语及"性别跨界"现象剖析 *

【摘要】 日语是世界上存在性别差异最大的语言，日语中的女性用语，在日本社会中一直以来被默认为是女性的专属语言。近年来，日本逐渐出现女性主动使用男性用语的语言性别跨界现象，日语中的性别差异看似正随着时代的发展逐渐在缩小。本稿将对日语性别用语的"性别跨界"现象进行剖析。

【关键词】 日语；女性用语；性别差异；性别跨界

一、日语中女性用语的诞生

在日语发展历史进程中，体现出性别差异的"性别用语"并不是自古以来就存在的。奈良时代（710—794）的日语并未有太大的性别差异。平安时代（794—1192），男性开始使用汉字，女性使用平假名，在语言文字上逐渐出现性别差异。到镰仓时代（1185—1333），人们的观念上渐渐凸显出男女用语的不同。而到室町时代（1336—1573）初期，日语中诞生了女性专用的语言"女房词"，"女房词"在江户时代（1603—1868）逐渐成为女性用语的范本。随着明治时代（1868—1912）学校教育的普及，由"女房词"衍生出来一系列"女性用语"被广为传之，最终"女性用语"在日语中渐渐固化，成为体现出性别差异的一种语言文化现象。

二、从"女房词"看女性用语特征

日本关于日语的性别差异研究开始于1920年左右，室町时代初期诞生的"女房词"是侍奉于官员的女性，在生活中使用的关于衣食住行的专用隐语，是日语中最具有代表性的女性用语。例如，"おかべ"（豆腐）、"青物"（蔬菜）、"かうかう"（香喷喷的物体）等等。这类女性用语主要从以下几个方面发挥女性的独特魅力：礼貌用语；谈吐优雅；委婉的表达方式；尽量避开使用汉语词汇。根据以上要点可将女性用语的特点总结为：在女性之间通用，表达方式委婉、礼貌，用词优雅，能够体现女性独有魅力，且由假名组成的一种女性心理的语言。

---

* 本文系"重庆市教育科学规划一般规划课题"（2016-GX-115）、"重庆市人文社会科学重点研究基地网络社会发展问题研究中心课题"（2016skjd015）、"重庆邮电大学日本研究中心专项委托课题"（K2020-221）阶段性成果。

三、女性用语存在的性别差异

各类女性用语的诞生，可以归结于古时代女性在侍奉男性时，外界以及自己对于女性自身卑微、社会地位低于男性的定义和认知。日本女性的地位，是由各时期政治、社会、家庭等多方面的封建思想因素被给予的定位，而女性用语也是"女性应有女性的样子""男性应有男性的样子"的性别差异概念潜入心理，被性别差异的观念所束缚，导致女性发自内心地去使用女性用语。再加上现代媒体、文学作品等为了强调人物性别，比起现实生活中，会更高频率地使用性别用语。因此，在各种外部因素的互相影响下，至今日语中仍然存在和使用着带有性别差异的女性用语与男性用语。

四、现代日本女性的性别用语"跨界"现象分析

中村桃子（2010）认为，随着日本现代社会结构的变化，日本人对性别用语的使用和理解发生了改变，日语中的性别差异呈现逐渐缩小的趋势，出现了性别用语的"性别跨界"的现象。接下来作者将对中村提出的"性别跨界"现象，以日本电视台（NTV）播出的《月曜夜未央》节目的街头采访为例（2020年合辑）进行具体分析。

（一）女性使用男性用语的"性别跨界"现象

部分日本女性在日常对话过程中，会为了凸显个性或强调说话内容而使用带有男性特征的"男性用语"。例1的对话中，记者对两名年轻女性（A和B）进行了关于年轻人脱离〇〇化的采访。

例1：若者の〇〇離れを調査（年轻人的脱离〇〇化语言调查）

女性A：「ウケる」って使わないよね①？

记者：「チョーウケるんだけど」って使いますか？

女性B：それは古いっす②よ。

记者：「このテレビチョーウケるんだけど」ってなんと言うんですか？

女性B：「草じゃねえじゃね③か？おもしろー④とか」

其中，女性A通过使用终助词"よね"向同伴征求意见和进行确认，整体语气较为柔和，偏向于女性用语（见表1）。而女性B分别用"っす""じゃねえ""おもしろー"代替了助动词"です"、助动词否定"じゃない"、形容词"おもしろい"等词语，语气上稍显粗暴，更具有男性用语的特征，属于比较典型的男性用语。从整体用词来看，女性B并不是为了强调某个词而使用了"男性用语"，其整体的说话方式均偏向男性，跨越了社会对于女性就应该使用女性用语的界限和束缚，希望通过与"女性用语"不一样的说话方式来凸显自己

与众不同的个性。

（二）男性使用女性用语的"性别跨界"现象

在整部《月曜夜未央》节目中，类似于例1中的女性B跨越性别界限使用男性用语的情况还有很多。然而，很难在节目的街头采访中找到男性使用女性用语的事例。男性使用女性用语的情况可以松子·DELUXE为例。松子·DELUXE是《月曜夜未央》节目的主持人之一，是日本家喻户晓的主持人和评论家，他的性别为男性，但对女性的打扮更加感兴趣。因此，从他主持节目的谈吐中，可以捕捉到作为一名男性跨越生理上的性别界限，使用女性用语的情形。

例2：《月曜夜未央》节目主持人村上信五与松子·DELUXE的对话
村上：さぁ、じゃ2本目になりますが。
松子：あんたそれさっき言わなかったわよ⑤、1本目の時。
村上：1本目は電話つなぐ前に撮ってたから大丈夫!
松子：またあたし⑥の知らないところで!

村上与松子的对话中，松子使用的终助词"わよ"，以及第一人称代词"あたし"在日语中均为女性用语（见表1）。松子原名松井贵博，他因为对女装以及女性性别的向往，不仅将自己的男性名字改成了带有女性特色的"松子"，并且言谈举止也较普通女性更加具有女性化特征。因此，他虽然生理上性别为男性，却选择跨越性别界限使用"女性用语"。

表1　日语中部分性别用语对照

类别	人称代词			感叹词	终助词
	第一人称	第二人称	第三人称		
女性用语	あたし、あたくし、うち、あたい	あなた、きみ		あら、きゃ、やーん	ちょうだい、わね、わよね、わよ、よね、かしら
男性用语	おれ、ぼく、わし、おいら、自分	てめ、おまえ、きみ	あいつ、やつ、連中	おい、こら	ぜ、だろう

五、结语

通过对《月曜夜未央》节目中现代日本人的性别用语使用现状进行分析后可以得出结论，日本现代女性除了使用女性用语以外，也逐渐开始尝试跨越语言的性别界限使用男性用语。然而与此相对，日本男性使用女性用语的例子少之又少，大多数日本男性仍然继续使用着男性用语。虽然日语中的性别差异随着时代的发展逐渐在缩小，女性与男性都存在着相互跨界使用性别用语的情况，但从性别差异的角度来看，相对于女性逐渐出现使用男性用语的例子，大多数男性却继续使用男性用语的这种单方面语言"性别跨界"现象，包含着一种新的男女性别差异的意识，产生了一种新的性别差异。

参考文献

[1] 赵鸿."女房词"的象征意义及政治功能——论"女房词"在"标准女性语"形成过程中的作用.[J].日语学习与研究，2015（03）：63-68.

[2] 八木桥宏勇.言語学は女性と男性をどう見てきたか.[J].杏林医会志.2018（49）：43-49.

[3] 斎藤理香.ことば遣いのジェンダー政策:「女性語」を話すことの意味.[J].日本語とジェンダー学会誌.2019（18）：29-31.

[4] 中村桃子.『ことばとフェミニズム』.[M].勁草書房.2010.

[5] 月曜夜未央2020合集.（2021-02-17）[EB/OL]https://www.bilibili.com/video/BV1Ar4y1N7Q2?t=3223&p=17.

作者简介

黄余霞（1986—），重庆邮电大学讲师。主要研究方向：日本社会文化、日语教育，E-mail：850269899@qq.com。

流行称谓语 "宝宝" 的语义演变研究[*]

范丽群

（湖南农业大学人文与外语学院，湖南长沙，410128）

【摘要】 称谓语"宝宝"一词的流行既是一种语言词汇现象，也是社会现象。从社会语言学视角探究"宝宝"的起源和发展，即"宝宝"从明代特指小孩到新时代的多重语义创新的演变过程。研究揭示出"宝宝"称谓语的变化与时代变迁、社会开放、经济发展以及人们价值观念变化的关系。

【关键词】 流行语；宝宝；语义演变

一、引言

流行语既是一种语言词汇现象，也是一种社会现象。从研究的角度来说，对流行语的研究既是一种对词汇的分类研究，也是社会语言学的研究。流行语作为社会一根敏感的神经，反映出社会的变化和关注及人们的精神面貌、思想和心态。"宝宝"一词正是反映出在和平发展年代的中国，人们生活和工作轻松和谐的精神面貌、自由开放的语言使用及平静随和的心态。

称谓语是沟通人际关系的信号与桥梁。它是一个相对稳定的系统，其所指对象，尤其是各种亲属关系比较稳定，但称谓语也是不断发展演变的。这种演变既可以从少数称谓语的消亡中得到体现，也可以表现为称谓语语义的演变及人们使用上的变化等（朱晓文，2005）。

人类的语言里面，每一个字、词都有它演化的线索。不合时宜的流行语可能会逐渐消亡。老掉牙的字词也可能被赋予新的意义，并且忽然成为一种奇妙的流行。流行称谓语"宝宝"的语义的发展与演变也是旧词赋新意的典例。

二、"宝宝"的起源

"宝"泛指珍贵的，需要倍加爱护的东西，如宝贝、宝物。"宝宝"一词的缘起，我们可以从晚明学人田艺蘅的代表作《留青日札》中管窥其意。"今人爱惜其子，每呼曰'宝宝'，盖言如珍宝也。亦作'保保'，人以为保抱护持之义，殊不知'保保'者，元人尊重之称。"（王晓易，2016）

---

[*] 本文系湖南省普通高等学校教学改革研究项目（湘教通〔2018〕436号）"成人教育与人文素质培育耦合行动研究"的阶段性成果。

　　根据历史及文学资料记载和推敲，用"宝宝"来指代小孩子，大概始于明代，其源头则可追溯到元朝时候的蒙古族语言，"保保"表达的是一种"尊重之称"。据记载，《留青日札》里提到了元末将领扩廓帖木儿以及明朝的开国功臣李文忠——两位舞刀弄枪的历史名人，小名都被唤作"保保"。到了明代，"保保"也有了一些有趣的变化，如"阿保"，如李文忠的小名也叫作"保儿"，与我们现在称呼他人小名"阿×""×儿"大抵差不多（王晓易，2016）。

　　在明代晚期，"保保"逐渐被转写成了"宝宝"。应该是"宝"更能够传达宝爱、贵重、爱护、保护之意。"宝宝"指代小孩子，大概始于此时。现代，我们在电视上看到的天线"宝宝"，以及穿着纸尿裤的"宝宝"，还有各种以"宝宝"健康为诉求的商品广告里的"宝宝"，其实也都可以往前追溯到蒙元时候的历史中去。

三、"宝宝"语义的发展

　　"宝宝"一词除了是对可爱的婴幼儿的爱称或昵称，逐渐还有了很多其他的用法，如还可指对幼小动物的爱称、人的名号或者某个特殊行业人的代号，等等。

（一）"宝宝"指可爱的小动物

　　"宝宝"还可以是指对幼小动物的爱称。一直以来浙江是蚕丝的生产重地，在清代，出身于浙江的一些文人都曾在他们的著作里明确提到：当时候的民间养蚕人家，"呼蚕为'宝宝'"。过去，人们也管春蚕叫作"春宝"，因为春天蚕只的产茧量大，给养蚕的人带来丰厚的收益。"春宝"的称法应该与春蚕能给养蚕人带来可观的经济收益有关，能为农民带来直接的好处，农民也自然将蚕当之为"宝"，细心照料，护持有加。叶圣陶在《春蚕》里说道：村里别人家的"宝宝"也都不差。这里的"宝宝"也是指蚕宝宝，是对蚕的爱称。现在，该用法一直在延续，且范围在延伸拓展，如，孩子们对小小的、软萌的蚕爱不释手，称之为"蚕宝宝"，还有可爱的狗宝宝、狮子宝宝。"宝宝"也通常用来指代可爱的、无攻击性、无伤害性的动物幼崽，也是婴幼儿或者爱动物人士喜欢的小动物。

（二）"宝宝"指人的名号

　　清朝时期，"宝宝"的使用逐渐多起来。不少孩子被称作为"宝宝"，因此"×宝宝"名号的人名也随之出现。由于当时普通老百姓的取名不如现在这般人人慎重，名字只是一个人的代号，不追求特别的含义，以简单、好记、美善或日期为主。在当时，"宝宝"通常只是一个名字的代称，较少考虑年龄、男女性别或地位。据记载，在晚清与民国的报刊中，出现了大量以"宝宝"为名的市井小民。如，1886年的上海《申报》就有一则新闻，说是"八铺地甲金宝宝，拘获棍徒张宝宝"——即一个被称作为"金宝宝"的里长，逮住了一个叫"张宝宝"的恶棍，讲述的是这两个宝宝的故事（王晓易，2016）。在《申报》所记载的大小事里，很多地方可见到称作"宝宝"的涉案关系人，有叫王宝宝的流氓、叫杨宝宝的车夫、叫沈宝宝的小妾……"宝宝"在当时当地不一定是他们的本名，就是一个人的代号，可以说当时的上海遍地是"宝宝"。

（三）"宝宝"指特殊行业特殊人物代名词

简单的名号有很多特点，容易取，容易记，称呼起来也顺溜，因此容易成为流行。类似"宝宝"一样简单的名号自然也发生在晚清至民国流行的风月场所。那时的文献里有很多青楼名妓，都以"宝宝"为名。刘鹗《老残游记》中有一回说到，老残梦游阴曹地府，竟找到一家可以召妓的酒楼。老残翻开酒楼的花名册。只见那册子上，写的"既不是北方的金桂玉兰，又不是南方的宝宝媛媛"（王晓易，2016），反而全是一些良家妇女的名姓。这里的"宝宝""媛媛"，被刘鹗当成了南方烟花女子的代名词。这与当时的中国南方有很多的青楼女子都选用了这两个名字紧密相关。所有这些"宝宝"，只是当时妓女们的代称。也可以看出，当时知名的妓女"宝宝"广受瞩目，频繁出现在报章杂志上，但是在流言蜚语的背面，这群以"宝宝"为名的女人，或许从来不曾有过一个机会，向历史倾诉他们自己的故事。这些"宝宝"心里苦，但是"宝宝"能对谁说？这里的"宝宝"指代的是当时时代背景产物下的特殊人群。

四、新时代流行语"宝宝"语义的创新

"宝宝"的意涵在几百年间发生了许多变化。它一度指代可爱的婴幼儿，也指可爱的小动物，一度是普遍的名号，还曾经是某个时代某个特殊行业的人物指称。而今天的"宝宝"，又成了一个语义丰富，甚至颇有戏谑、调侃意味的流行称谓词，而且赋予了新的感觉。

2015年来，"宝宝"流行语指代着不同的对象，有不同的指称意义。除了传统的一直在沿用的指代孩子，以表达对孩子的喜爱、宠爱之外，"宝宝"流行语常用来指代自己，以表达自己的各种情绪、心情、心态、萌宠，也可以化解自身的各种尴尬，一直到现在还在广泛使用。2021年8月高考录取工作结束之后，关于大学选择、专业选择及就业趋势的话题引起了很多讨论，"宝宝"一词被广泛使用。如，吓死宝宝了。这里的"吓死宝宝了"是自身感到惊讶、害怕的心情的一种体现。又如，2021年8月14日，北京超星尔雅集团做了系列关于线上线下混合式教学的线上讲座，教师们受益匪浅，有教师就在互动区赞叹："赵老师的千禧一代说得很好，这学情分析似乎讲到宝宝们的心里了，以学定教不能只停留在口头上。"这儿的"宝宝"是包含自身在内的同行人士的高兴、满足、收获的心情的体现。

"宝宝"还可以指代他人，是对他人的情感的体现，表达对他人的同情、喜爱、戏谑或调侃，如特朗普宝宝、普京宝宝。"宝宝"流行语还可以用来指代说话者所针对的所有服

务对象，主要用于网络营销、网络推广、网络宣传、电子商务、微信销售用语等，以宣传产品，招揽生意，与客户或用户群体拉近心理距离。如，兴盛优选的宝宝们，你们昨天购买的货已经到了；湘农青年的宝宝们；湘科院的宝宝们，等等。

现在的"宝宝"称谓也有些源于名号的某个字的叠加，如知名演员王宝强，粉丝们亲切地称之为"宝宝"，一是源于名字含有"宝"字，二是体现出观众粉丝对他的喜爱，喜爱他的憨厚老实，赞赏他从草根到明星的奋斗经历，欣赏他的在电影电视中塑造的角色，更赏识他的表演能力。湖南某高校校长名字中有一个"宝"字，在2018年毕业典礼上，毕业生们齐声高呼"宝宝辛苦了"。一声"宝宝辛苦了"体现了毕业生们对在母校四年的生活和学习的感恩，对母校校长工作的认可、赞赏和对校长的爱戴，也反映出新时代的大学生对情势和新事物的认知能力及大学生求新求变的心理（张雪梅、陈昌来，2015）。此类"宝宝"称谓，听起来自然、顺耳、亲切，无任何违和或拗口的感觉，主要是缘起于近几年的"宝宝"流行语，一方面是名字的代号，另一方面是对自己喜欢或关注的人的爱称或调侃，也体现出人们在和谐的生活和工作环境中，语言自由，心态乐观，轻松友好的精神面貌。理论上来说，无论男女老少皆有可能使用"宝宝"流行称谓语，而且无论男女老少皆有可能被称作为"宝宝"。

五、结语

网络流行语"宝宝"作为信息时代的语言变体，反映了语言与社会发展的密切关系（曹慧萍，2013）。随着社会的发展，时代的变迁，"宝宝"语义有了很大的扩展，"宝宝"的感情色彩也变得更丰富，也表现出了鲜明的主观评价意义，具有丰富的表情功能和特定的修辞效果，也体现了人与人之间的和谐关系、社会的和谐进步，这正是"宝宝"得以迅速流行的关键。

参考文献

[1] 朱晓文. 称谓语的多角度研究 [J]. 修辞学，2005（4）：21.

[2] 王晓易编辑. 浙江在线 - 浙江老年报，2016-8-30.

[3] 张雪梅，陈昌来. 网络流行语"逆天"的演变与成因 [J]. 当代修辞学，2015（6）：64.

[4] 曹慧萍. 浅析网络"卖萌"语言 [J]. 语文知识，2013（4）：56.

作者简介

范丽群（1975—），女，湖南农业大学副教授，硕士，研究方向：语言与文化、社会语言学，E-mail：610707397@qq.com。

空缺理论下的汉僧语音对比研究

费燕洪

（科伦坡大学孔子学院，斯里兰卡科伦坡，00200）

【摘要】文章从共时角度对比现代汉语同现代僧伽罗语的异同，分析两者在元音、辅音和声调方面的异同，客观展示两种语言的语音面貌。同时结合空缺理论，揭示了汉僧语言之间存在的空缺类型分为"声母空缺""韵母空缺""声调空缺"，简要分析了母语为僧伽罗语的学习者在汉语语音学习方面的重难点，提出相应的语音教学策略——"借助他语，正向迁移""夸张训练，强化记忆""善用手势，正确示范""有序过渡，运用语流"，从而实现更为有效的汉语语音教学。

【关键词】汉语；僧伽罗语；语音对比；语音教学；空缺理论

一、引言

当前形势下，海外汉语教学发展得如火如荼，截至2019年底，全世界有162个国家和地区建立了550所孔子学院和1172个孔子课堂，有3万多所中小学开设了中文课程，4000多所大学设立了中文院系或课程，还有4.5万所华文学校和培训机构开展中文教育，全球学习中文的人数超过2500万人（孔子学院总部，2019）。在此"汉语热"的全球大背景下，斯里兰卡的汉语教学也呈现出一派蒸蒸日上的景象，针对性的汉语教学研究也逐步增多，但有关语音对比的研究却是屈指可数。

从语言谱系来看，汉语属于汉藏语系，僧伽罗语属印欧语系。从使用者来看，汉语属于汉民族的语言，是世界上使用人数最多的语言，使用人口超过14亿；而僧伽罗语属于僧伽罗族的语言，是斯里兰卡官方语言之一，使用人口占总人口的87%，超过1660万[①]。本文将以现代僧伽罗语与现代汉语（以下简称"僧伽罗语"和"汉语"）的语音进行对比，发现二者之间的相似处和不同处。同时，本文将以对比为基础，基于空缺理论和实际教学，以发现汉语语音重难点，探索更加适合于母语为僧伽罗语的学习者（以下简称"僧伽罗语母语者"）的汉语语音教学策略。

二、汉僧辅音对比

（一）汉语辅音

现代汉语有22个辅音，分别是：b[p]、p[pʰ]、m[m]、f[f]、d[t]、t[tʰ]、n[n]、l[l]、z[ts]、

---

① 该数据截至2016年，见https://en.wikipedia.org/wiki/Languages_of_Sri_Lanka。

c[tsʰ]、s[s]、zh[tʂ]、ch[tʂʰ]、sh[ʂ]、r[ʐ]、j[tɕ]、q[tɕʰ]、x[ɕ]、g[k]、k[kʰ]、h[x]、ng[ŋ]，最后一个ng[ŋ]仅充当鼻韵母韵尾，不承担声母的作用。

汉语辅音的主要特点包括：

（1）汉语辅音以清辅音为主，共有17个：b[p]、p[pʰ]、f[f]、d[t]、t[tʰ]、c[tsʰ]、s[s]、zh[tʂ]、ch[tʂʰ]、sh[ʂ]、r[ʐ]、j[tɕ]、q[tɕʰ]、x[ɕ]、g[k]、k[kʰ]、h[x]，浊辅音仅有5个，分别是：m[m]、n[n]、l[l]、z[ts]、ng[ŋ]；

（2）汉语辅音以塞音、塞擦音和擦音为主，占18个，其中塞音和塞擦音有送气、不送气的对立；

（3）汉语辅音以舌尖音（包括舌尖前、舌尖中和舌尖后音）和鄂音（包括软腭和硬颚音）为主。

表1　汉语辅音

发音方法		塞音		塞擦音		擦音		鼻音	通音	边通音
		清音		清音		清音	浊音	浊音		浊音
发音部位		不送气	送气	不送气	送气					
唇音		b[p]	p[pʰ]					m[m]		
唇齿音						f[f]				
齿间音										
齿龈音	舌尖前音			z[ts]	c[tsʰ]	s[s]				
	舌尖中音	d[t]	t[tʰ]					n[n]		l[l]
卷舌音	舌尖后音			zh[tʂ]	ch[tʂʰ]	sh[ʂ]	r[ʐ]			
硬颚音				j[tɕ]	q[tɕʰ]	x[ɕ]				
软腭音		g[k]	k[kʰ]			h[x]		ng[ŋ]		

（二）僧伽罗语辅音

僧伽罗语有42个辅音字母（Disanayaka, J.B., 2012：83），其中包括塞音20个：ප[p]、ඵ[pʰ]、බ [b]、භ[bʰ]、ථ[θ]、ථ[θʰ]、ද[ð]、ධ[ðʰ]、ට [t]、ඨ [tʰ]、ඩ [d]、ඪ[dʰ]、ච [tʃ]、ඡ [tʃʰ]、ජ [dʒ]、ඣ[dʒʰ]、ක[k]、ඛ[kʰ]、ග [g]、ඝ [gʰ]；擦音5个：ස[s]、ෂ[ʂ]、ශ[ʃ]、හ[h]、ඃ [h]；颤音1个：ර[r]；鼻音11个：ම[m]、ඹ[mb]、න [n]、ඳ[nð]、ණ[n]、ඤ[n]、ඬ[ndʒ]、ඟ[ŋg]、ඞ[ŋ]、ඦ [ŋ]；通音3个：v[ʋ]、ෆ[f]，ය[j]；边通音2个：ල[l]，ළ[l]。

僧伽罗语辅音的特点主要有：

（1）从发音方法来看，僧伽罗语辅音有塞音、擦音、颤音、鼻音、通音和边通音；

（2）僧伽罗语辅音存在清浊对立和送气、不送气对立，但仅限于塞音部分；

（3）存在大量的浊辅音，僧伽罗语42个辅音中，浊辅音有25个；

（4）有颤音ර[r]。

表2　僧伽罗语辅音

发音部位	塞音				塞擦音		擦音	颤音	鼻音	通音		边通音
	清音		浊音		清音	浊音	清音	浊音	浊音	清音	浊音	浊音
	送气	不送气	送气	不送气								
唇音	ප[p]	ඵ[pʰ]	බ[b]	භ[bʰ]					ම[m] ඹ[mb]			
唇齿音										ෆ[f]	ව[ʋ]	
齿间音	ත[θ]	ථ[θʰ]	ද[ð]	ධ[ðʰ]					න①[n]			
齿龈音							ස[s]	ර[r]	ඳ[nð] ඥ[ɲ]			ල[l]②
卷舌音	ට[t]	ඨ[tʰ]	ඩ[d]	ඪ[dʰ]			ෂ[ʂ]		ණ[ɳ] ඬ[ɳɖ]			ළ[l]
硬颚音	ච[tʃ]	ඡ[tʃʰ]	ජ[dʒ]	ඣ[dʒʰ]			ශ[ʃ]		ඦ[ndʒ]		ය[j]	
软腭音/声门音	ක[k]	ඛ[kʰ]	ග[g]	ඝ[gʰ]			හ[h] අඃ③[h]		ඟ[ŋg] ඞ[ŋ] අං④[ŋ]			

（三）汉僧辅音异同

1. 汉僧辅音相似点

（1）汉语和僧伽罗语都有塞音、擦音、鼻音和边通音。

（2）二者都有清浊和送气、不送气的对立。

2. 汉僧辅音相异点

（1）辅音数量上看，僧伽罗语辅音数量多于汉语，而且辅音中有大量的鼻音，数量达到11个。

（2）辅音类型上看，僧伽罗语辅音中有颤音、边通音，汉语没有；汉语有塞擦音，僧伽罗语则没有。另外，僧伽罗语的塞音有清浊之分，汉语的塞音只有清音，而没有浊音。

（3）发音方法上看，汉语辅音主要以送气、不送气对立，包括6对12个辅音，而僧伽罗语中送气、不送气的对立仅仅是一部分，所占辅音虽有20个，但还不到辅音总数的一半。另外，僧伽罗语辅音中存在长短对立，共10对20个辅音，汉语中则没有长短对立。

（4）发音部位上看，僧伽罗语有齿间音，汉语无。另外，相比汉语，僧伽罗语的唇音和软腭音更加丰富。

---

① 在现代僧伽罗语口语中，辅音ත和ණ在发音上并无区别。

② 在现代僧伽罗语口语中，辅音ල和ළ在发音上并无区别。

③ අඃ与其他辅音字母拼合时，以◌ඃ的形式写在改字母右侧，如◌ඃ、◌ඃ。

④ අං与其他辅音字母拼合时，以◌ං的形式写在改字母右侧，如◌ං、◌ං，以上具体见：A.W.L. Silva. *Sinhalese for Beginners (5th Edition，Revised)* [M]. Colombo: Author Publication，2015:2-4。

三、汉僧元音对比

（一）汉语元音

1. 单元音

汉语共有10个单元音，分别是：a[A]、o[o]、e[ɤ]、ê[ɛ]、i[i]、u[u]、ü[y]、-i[ɿ]、-i[ʅ]、er[ɚ]，其中，前七个单元音为舌面元音，后面两个-i[ɿ]、-i[ʅ]为舌尖元音，最后一个er[ɚ]为卷舌元音，如表3所示。

表3　汉语单元音

发音部位		舌面音				舌尖音		卷舌音
舌位前后		前	央	后		前	后	央
唇形圆展		展	圆	展	展	圆	展	圆	展
舌位高低	高	i[i]	ü[y]		u[u]	-i[ɿ]	-i[ʅ]	
	半高			e[ɤ]	o[o]			
	中							er[ɚ]
	半低	ê[ɛ]						
	低			a[A]				

综合上表，我们可以发现，汉语单元音的主要特点有如下几点：

（1）汉语单元音通过发音部位的不同来区别意义，分为舌面音、舌尖音和卷舌音；

（2）汉语单元音通过舌位高低来区别意义；

（3）汉语单元音中的舌面音、舌尖音圆唇和不圆唇对立，区别意义；

（4）舌面音和舌尖音通过舌位的前后对比来区别意义。

2. 复合元音

汉语共有13个复合元音，包括9个双元音和4个三元音，双元音有ai[ai]、ei[ei]、ao[ɑu]、ou[ou]、ia[iA]、ie[iɛ]、ua[uA]、uo[uo]、üe[yɛ]，三元音有uai[uai]、uei[uei]、iao[iɑu]、iou[iou]。

（二）僧伽罗语元音

1. 单元音

僧伽罗语单元音比汉语单元音多两个，共12个，分别为：අ[a]、ආ[a:]、ඔ[o]、ඕ[o:]、එ[e]、ඒ[e:]、ඇ[æ]、ඈ[æ:]、ඉ[i]、ඊ[i:]、උ[u]、ඌ[u:]，如表4所示。

表4　僧伽罗语单元音

发音部位		舌面音					
舌位前后		前		央		后	
发音长短		短	长	短	长	短	长
唇形圆展		展		展		圆	
舌位高低	高	ඉ[i]	ඊ[i:]			උ[u]	ඌ[u:]
	半高	එ[e]	ඒ[e:]			ඔ[o]	ඕ[o:]
	中						
	半低						
	低	ඇ [æ]	ඈ [æ:]	අ[a]	ආ[a:]		

结合表4，我们可以发现，僧伽罗语单元音有这些特点：

（1）单元音分长短，对立有序，严格区别意义；

（2）单元音中，前元音和央元音为不圆唇元音，后元音为圆唇元音；

（3）12个单元音均为舌面音。

2.复元音

僧伽罗语中除了上面的12个单元音，还另有4个复元音，均为双元音，分别为：ඓ[ai]、ඖ[au]、ඍa[ru]、ඎa[ru:]。其中，复元音ඍa[ru]和ඎa[ru:]为整齐对立的短元音和长元音，和前面的12个单元音一样，通过长短区别意义，同时，这两个长元音为圆唇元音，且为卷舌音。另外两个复元音ඓ[ai]和ඖ[au]则不分长短、展圆。

（三）汉僧元音对比

1.汉僧元音的相同点

（1）从发音部位来看，汉语和僧伽罗语均有舌面音和卷舌音。

（2）从发音内容看，僧伽罗语的单元音ඉ[i]、උ[u]、ඔ[o]和汉语中的单元音i[i]、u[u]、o[o]发音相同，僧伽罗语中的复合元音ඓ[ai]、ඖ[au]和汉语中的复合元音ai[ai]、ao[au]发音相同。

（3）从舌位高低来看，僧伽罗语和汉语均有以"高、半高、低"为区别特征的单元音。

2.汉僧元音的相异点

（1）从元音数量来看，僧伽罗语有16个元音，而汉语则有23个元音。

（2）从发音长短来看，僧伽罗语中长短音对立清晰，且成对出现，严格区别意义，但是汉语元音不区分。

（3）从发音部位来看，僧伽罗语元音中但是同汉语一样，舌面元音占多数。虽然僧伽罗语和汉语一样都有卷舌元音，但二者存在差异，僧伽罗语的卷舌音为复合元音，有两个，分别是ఴa[ru]和ఴaa[ru:]，而汉语只有一个卷舌音er[ɚ]。另外，僧伽罗语没有舌尖元音，汉语有两个。

（4）从舌位高低来看，僧伽罗语没有中元音和半低元音，而汉语有。

（5）从唇形圆展来看，汉语元音借用唇形圆展区别意义，如，i[i]和u[y]、-i[ɿ]和-i[ʅ]、e[ɤ]和o[o]，而僧伽罗语不借助唇形圆展区别意义。

（6）从元音构成复杂程度来看，僧伽罗语的16个元音分别为单元音和双元音，而汉语则除了10个单元音和9个双元音，还有4个三元音。

四、汉僧声调对比

（一）汉语声调

现代汉语有四类声调，分别是：阴平（一声）、阳平（二声）、上声（三声）和去声（四声），按照赵元任五度标记法的分类方法，这四声调的调值分别是：55、35、214和51。由于汉语声调的音高形式有平升曲降的不同，就产生了不同语素的意义，所以汉语声调具有区别意义的作用（黄伯荣、廖旭东，2007）。

（二）僧伽罗语语调

虽然僧伽罗语没有声调，不像汉语一样，用音高变化来区别意义，但是僧伽罗语通过语调来区别意义，去表达说话人的态度、感觉。僧伽罗语有平调、升调和降调三种语调（Disanayaka，1991），分别如下。

（1）平调。平调传达一种非终结的含义，如：

Amma pansal gihilla........ba:vana: karanava.（此处为僧伽罗语英语转写，下同）

妈妈去了寺庙……冥想。

（2）升调。升调传达一种意外、惊讶的含义，如：

Amma pansal gihilla？

妈妈已经去了寺庙？（言外之意：你确定她已经去了？）

（3）降调。降调传达一种终结的含义。

Amma pansal gihilla.

妈妈已经去了寺庙。

（三）汉语声调和僧伽罗语语调对比

如前所述，僧伽罗语语调分为平调、升调和降调，也有音高的变化，能够区别意义，从这一点上看，和汉语声调具有同样的作用。但二者也有不同之处：汉语的声调是针对汉字的，也就是针对汉字的单个音节的，而僧伽罗语的语调则是针对句子的。

五、从空缺理论谈汉僧语音对比下的汉语教学

（一）空缺

空缺是指某个民族所具有的语言、文化现象，在另一民族之中并不存在（何秋和，1997），该理论源自俄罗斯心理语言学，用来解读异文化中不理解和异常陌生的地方。广义的空缺包括语言空缺和文化空缺，狭义的空缺仅指语言空缺，语言空缺指由语言符号承载的语义、文化信息空缺，包括语音空缺、语法空缺、词汇空缺和修辞空缺（何秋和，1997）。文化空缺分为绝对空缺和相对空缺，前者指一种文化中存在，而在另一种文化中却不存在的现象，后者也可以称为部分空缺，是指两个对比项只有部分相同，其余部分出现空缺的现象（刘越莲，2008）。

具体到语言系统，空缺则表现为一种语言现象，即在一种语言中不存在，但在另一种语言中存在的语言单位。从对外汉语教学的角度来看，汉语中所固有的语言、文化对外国学生来讲，是难以理解的空缺，而这些空缺的存在，又恰恰是对外汉语教学中的重点、难点所在（汪灵灵，2006）。

故而，所谓语音空缺，就是一种语言中不存在的，但在另一种语言中存在的语音成分。从僧伽罗语和汉语角度出发，语音空缺指的就是僧伽罗语和汉语相互之间不存在的语音成分，具体又可以分为声母空缺、韵母空缺和声调空缺。把握住了这些空缺的语音成分，语音教学就能取得更好的效果。

1. 声母空缺

（1）绝对空缺

声母空缺中绝对空缺的，也即汉语有而僧伽罗语完全没有的声母，共有5个，包括z[ts]、c[tsʰ]、zh[tʂ]、q[tɕʰ]和r[ʐ]。对于这类僧伽罗语中绝对空缺的声母，僧伽罗语母语者特别容易从其母语中寻找近似语音成分来帮助其习得，从而产生负迁移：

易将僧伽罗语中同s[s]相似的ස[s]迁移过来，而将z[ts]和c[tsʰ]错发成s[s]；

易将僧伽罗语中同sh[ʂ]相似的ශ[ʃ]，同ch[tʂʰ]相似的ච [tʃ]、ඡ [tʃʰ]迁移过来，而将zh[tʂ]错发成ch[tʂʰ]或sh[ʂ]；

易将僧伽罗语中同j[tɕ]相似的ජ [dʒ]、ඣ[dʒʰ]，同x[ɕ]相似的ෂ[ʂ]迁移过来，而将q[tɕʰ]错发成j[tɕ]或x[ɕ]；

易将汉语中的r[ʐ]当成僧伽罗语中的ර[r]，从而将卷舌音发成颤音。

（2）部分空缺

部分空缺的，声母部分相似的包括b[p]、p[p^h]、m[m]、f[f]、d[d]、t[t]、n[n]、l[l]、g[g]、k[k]、h[h]、s[s]、ch[ts^h]、sh[ʂ]、j[tɕ]、x[ɕ]。虽然存在于僧伽罗语中，它们的对应关系如表5所示。

表5　汉语同僧伽罗语辅音对照（部分）

汉语声母（辅音）		僧伽罗语辅音	
国际音标标注	实际发音	国际音标标注	实际发音
b[p]	b[po]	බ [b]、භ[b^h]	බ [ba]、භ[b^ha]
p[p^h]	p[p^ho]	ප[p]、ඵ [p^h]	ප[pa]、ඵ [p^ha]
m[m]	m[mo]	ම[m]	ම[ma]
f[f]	f[fo]	ෆ[f]	ෆ[fa]
d[d]	d[də]	ඩ [ɖ]、ඪ[$ɖ^h$]	ඩ [ɖa]、ඪ[$ɖ^h$a]
t[t]	t[tə]	ට [ʈ]、ඨ [$ʈ^h$]	ට [ʈa]、ඨ [$ʈ^h$a]
n[n]	n[nə]	න [n]、ණ[ɳ]	න [na]、ණ[ɳa]
l[l]	l[lə]	ල[l]、ළ[ɭ]	ල[la]、ළ[ɭa]
g[k]	g[kə]	ග [g]、ඝ [g^h]	ග [ga]、ඝ [g^ha]
k[k^h]	k[k^hə]	ක[k]、ඛ[k^h]	ක[ka]、ඛ[k^ha]
h[h]	h[hə]	හ[h]	හ[ha]
s[s]	s[si]	ස[s]	ස[sa]
ch[ts^h]	ch[ts^hi]	ච [tʃ]、ඡ [$tʃ^h$]	ච [tʃa]、ඡ [$tʃ^h$a]
sh[ʂ]	sh[ʂi]	ශ[ʃ]	ශ[ʃa]
j[tɕ]	j[tɕi]	ජ [dʒ]、ඣ[$dʒ^h$]	ජ [dʒa]、ඣ[$dʒ^h$a]
x[ɕ]	x[ɕi]	ෂ[ʂ]	ෂ[ʂa]

虽然同僧伽罗语相对应的辅音发音存在对应关系，发音近似，但其实也存在一些差异：二者实际发音存在些许差异，僧伽罗语辅音发音总体说来较为短促。

2. 韵母空缺

汉语中韵母一共有39个韵母，除了10个单元音韵母和13个复元音韵母，还有16个由元音和鼻辅音韵尾构成的带鼻音韵母。

汉语中部分元音韵母的发音，同僧伽罗语种的部分元音发音相同，共计9个，包括a、o、i、u、e、ê、ai、ao、ia。另一些汉语韵母虽然不直接存在于僧伽罗语中，但通过拼合，僧伽罗语可以拼合出和汉语韵母一样的语音成分，包括ia、ie、ua、uo、uai、iao、ian、in、ing、an、ang、iang、uang，这些都可以帮助学习者产生正迁移，促进、推动其习得。

剩下的其他韵母则是绝对空缺的：-i[ɿ]、-i[ʅ]、er、ü、üe、ün、üan、ei、uei、ou、iou、en、eng、uen、ueng、ong、iong。在实际教学中，学习者对这些韵母的反应有所不同：

-i[ɿ]、-i[ʅ]，实际分别是配合舌尖前音和舌尖后音的，学习者如果能习得舌尖前音和舌尖后音，这两个韵母就没有问题。

er，学习者容易同僧伽罗语中的ơ[r]混淆，且卷舌不到位。

撮口呼ü、üe、ün、üan，唇形不到位，容易发成齐齿呼或合口呼的唇形。

ei、uei和ou、iou，虽然不直接见于僧伽罗语中，但很多僧伽罗语母语者通晓英语，能借助英语中的[ei]，获得正迁移。

en、eng、uen、ueng、ong、iong在僧伽罗语和英语都空缺，需要通过示范讲解教授。

3. 声调空缺

僧伽罗语属于非声调语言，汉语中的四声调（包括轻声）它都空缺，这也使得学习者在学习汉语声调时不太注意音节的音高变化，声调意识较为淡薄（杨刚、朱珠，2013）。但正如上文所述，僧伽罗语有平调、升调和降调三种语调，会不自觉地借助僧伽罗语中的语调来学习，从而产生语言的正迁移和负迁移，正迁移帮助学习者习得声调，负迁移则导致他们发出了洋腔洋调。

（二）汉语语音教学策略分析

教学策略指对完成特定教学目标而采用的教学顺序、教学活动程序、教学方法、教学组织形式和教学媒体等的总体考虑（崔永华，2008），此处的教学策略指为提升僧伽罗语母语者学习汉语语音效果的教学方法。

1. 借助他语，正向迁移

两种语言结构相同之处会产生正迁移，两种语言的差异产生负迁移（刘珣，2000）。对于容易产生负迁移的差异部分，教师应视为重难点，在教学中予以重视，比如，汉语元音er和辅音r在僧伽罗语中空缺。另外，教师可以视情况指出二者差异，并寻找其他方法来正确引导。比如，ei虽然在僧伽罗语中空缺，但英语中有存在，教师就可以借助英语来引导。产生正迁移的相同部分，教师只要稍微关注即可。比如，san[san]在僧伽罗语中用" සන්"，发音一样，教师不需要花很多时间在上面。

2. 夸张训练，强化记忆

连通理论认为，通过视觉、听觉、触觉和知觉多种渠道，人脑能将获得的信息存储在由形似神经元的大量接点组成的神经网络中，节点间的联结力度或因被激活而加强，或因被抑制而减弱（彭建武，2002）。夸张法就很好地体现了这一理论，它是教师对一些学习者不易掌握的难点进行夸张演示、训练，使学习者在夸张的口型、音量、语速、手势等辅助下，加深肌肉、大脑对特定声韵调的记忆，比如，僧伽罗语母语者发阳平呈现"高开低走"的特点（杨刚、朱珠，2013），教师除了使用手势来辅助教学，还可以将阳平的发音长度拉长，音量提高，反复训练，加深学习者记忆。

3. 善用手势，正确示范

手势法是语音教学的惯用的有效方法，能够直观演示不同的语音成分，生动形象：手臂的高低转折可以模拟四声调的音高变化，手掌的开合可以演示撮口呼、齐齿呼、合口呼、开口呼的唇形差异，两个手掌合作可以演示舌位高低和在口腔内的大致位置，举例如下。

撮口呼ü属于绝对空缺的汉语元音，僧伽罗语母语者无法从僧伽罗语和英语中找到相对应的语音成分，因而常常发成齐齿呼或者合口呼。其实撮口呼的关键是唇形，只要让学习者发准唇形并能持续发准，问题自然迎刃而解。笔者使用"铅笔法"，示范唇形时，将一支铅笔放在上唇保持铅笔不掉，同时发撮口呼，学习者发出的音准确无误。如果要持续发准，还需保证铅笔不落，反复尝试训练，很容易就达成了。

4. 有序过渡，运用语流

在实际教学中，经过教师的严格纠音，学习者就单个音节或者单个词语的声调都能做到基本正确，但是一放到短语、句子，乃至成段的语篇中时，学习者习惯于照搬单字单音，机械地模仿、照搬教师的语音语调，洋腔洋调就暴露出来了。

因而，教师应该遵循"有序过渡"的原则，从单独的声韵调、单音节、双音节，逐步过渡到句子（单句、多句），乃至段落语篇，使学习者逐步适应语流变化，做到由易到难。同时，教师还应该做到充分的操练，使学习者能够得到充分的适应和练习，如图1所示。

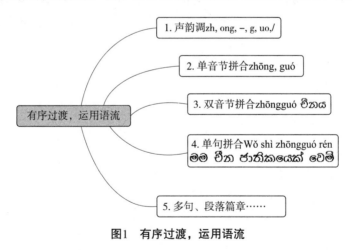

图1　有序过渡，运用语流

六、余论

本文从共时的角度对汉语和僧伽罗语语音系统进行对比，客观呈现了两种语言在辅音、元音、声调方面的异同，并结合空缺理论寻找出僧伽罗语母语者在语音学习中的重难点，从而帮助教师针对性地设计、安排面向僧伽罗语母语者的汉语语音教学，提高学习者的语音学习效率。

参考文献

［1］孔子学院总部 / 国家汉办 . 2019 年国际中文教育大会在长沙闭幕 . http: //conference2019.hanban.org/page/#/ pcpage/detailpage/newsdetail?id=42，2019-12-1.

［2］Disanayaka，J.B.，*Encyclopaedia of Sinhala Language and Culture*[M]. Colombo: Sumitha Publishers，2012.

［3］黄伯荣，廖旭东 . 现代汉语（第四版）[M]. 北京：高等教育出版社，2007.

［4］Disanayaka，J.B.，*The Structure of Spoken Sinhala*[M]. Maharagama: National Institute of Education，1991.

［5］何秋和 . 论空缺与翻译理论 [J]. 中国俄语教学，1997（2）：48-51.

［6］刘越莲 . 空缺理论在跨文化交际中的应用 [J]. 外语学刊，2008（2）：131-134.

［7］汪灵灵 . 对外汉语教学中的空缺理论应用与空缺消除方法的探讨 [J]. 湖南科技学院学报，2006（4）：200-202.

［8］杨刚，朱珠 . 斯里兰卡学生汉语四声习得的调查分析 [J]. 云南师范大学学报（对外汉语教学与研究版），2013（4）：63-68.

［9］崔永华 . 对外汉语教学设计导论 [M]. 北京：北京语言大学出版社，2008.

［10］彭建武 . 连通理论在英语词汇教学中的应用 [J]. 外语界，2002（4）：45-50.

［11］刘珣 . 对外汉语教育学引论 [M]. 北京：北京语言文化大学出版社，2000.

作者简介

费燕洪（1991—），男，汉族，江苏无锡人，北京师范大学硕士，斯里兰卡科伦坡大学孔子学院公派教师，研究方向：对外汉语教学、汉外对比，E-mail：1061925129@qq.com。

抑郁症隐喻在抑郁症诊断中的应用

——以《赶走抑郁症的阴霾》为例

郑　伟

（青岛黄海学院，山东青岛，266427）

【摘要】隐喻是一种修辞，更是一种思维方式。隐喻作为一种具有强大表达效果的语言行为和思维方式，凭借具体可感的语言表达效果被抑郁症患者广为应用，借以表达自身抑郁症难以言表的疾病感受。不同的抑郁症患者会借以不同的隐喻表达自己遭受抑郁折磨的程度。能否通过患者接受治疗时使用的隐喻帮助医学工作者辨别和分析患者所处的疾病阶段，从而实现语言学与医学的结合，为更好认识和解答抑郁症这一难疾提供帮助？本文将以抑郁症通俗文本《赶走抑郁症的阴霾》为例，探析文中通过临床记录的不同患者使用的隐喻，以期归纳出其中的规律，尝试探讨隐喻与抑郁症患病等级之间的关系，实现语言和医学的有机结合，为抑郁症的科学诊断提供间接支持。

【关键词】抑郁症；隐喻；抑郁症诊断；《赶走抑郁症的阴霾》

一、前言

抑郁症是躁狂抑郁症的一种发作形式，以情感低落、思维迟缓以及言语动作减少、迟缓为典型症状。据世界卫生组织的最新数据统计，全球有超过3亿名抑郁症患者，到2030年，抑郁症将在全球疾病总负担中排名首位。在中国，3.2%的人患有抑郁症，且呈不断上升的趋势。但目前我国抑郁症的识别率仅有30%，就医率不到10%。对抑郁症的诊断治疗对国民身心健康起着关键性作用，而抑郁症的准确诊断是其治疗的先决条件和前提依据。隐喻作为一种特殊的语言表达行为及思维方式，被誉为最适合抑郁症患者表达内心情绪的方式。英国的Jonathan Charteris-Black （2012）曾提出"像是抑郁症这样的心理疾病只有通过隐喻才能得以将其有效表达，因为只有隐喻是同时兼具语言、概念功能来表达疾病状态的来源"。这一观点说明了隐喻这一语言和思维方式在抑郁者患者生命中扮演的重要角色。

抑郁症患者在向医生陈述病情时，会不可避免地使用隐喻来描述身心感受。病情程度不同的抑郁症患者会采用不同的隐喻，借助对该隐喻的分析可以间接帮助医生了解其身心感受并诊断病情。

二、抑郁症及抑郁症隐喻

抑郁症是一种常见的精神疾病，主要表现为情绪低落，兴趣减低，悲观，思维迟缓，缺乏主动性，自责自罪，饮食、睡眠差，感到全身多处不适，严重者可出现自杀念头和行为。抑郁症根据其患病程度不同可以划分为轻度、中度和重度抑郁症，其中，轻性抑郁症常指恶劣心境和环性心境障碍，症状的严重程度是痛苦但可控的，并导致社交或职业功能的轻微损伤；中度抑郁症的症状数量、严重程度和功能受损害程度是介于"轻度抑郁症"和"重度抑郁症"的指标之间的；重度抑郁症，存在非常多的超出诊断所需的症状数量，症状的严重程度是严重的痛苦和不可控的，且症状明显干扰了社会交往、人际关系或者职业功能。

抑郁症隐喻是指有关抑郁的隐喻或抑郁症患者使用的隐喻。由于隐喻是在彼类事物的暗示之下感知、体验、想象、理解、谈论此类事物的心理行为、语言行为和文化行为，这种语言和思维手段涉及两个域之间的相似性联系，且借助隐喻更易于抒发表达抽象或难以言表的情感体验，因此成为抑郁症患者常用的语言表达手段。美国学者Sonya Pritzker（2003）曾对抑郁症隐喻做了研究，发现抑郁症患者常将自身病症表达为以下三种，即DEPRESSION IS FALLING DOWN、DEPRESSION IS DARKNESS、DEPRESSION IS LACK OF CONTROL。这一分类对分析鉴别抑郁症所发生的状态起到了良好的启示作用。

三、隐喻在《赶走抑郁症的阴霾》中的应用

《赶走抑郁症的阴霾》一书是由美国著名的临床心理学家史蒂芬·S. 伊拉迪（Stephen S. Ilardi，2018）基于自身临床经验编写的一部介绍抗击抑郁症的六步疗法——"改变生活方式疗法"的心理学书籍。书中结合作者长期的实践经验，大量记录了抑郁症患者在接受治疗过程中的实际例子。本文将以该书中抑郁症患者自述时使用的隐喻表达为研究对象，分析其在抑郁症诊断中的作用，尝试总结其中的规律，为该疾病今后的进一步科学诊断提供间接参考。

（一）轻度抑郁症患者使用隐喻特点分析

根据医学上对轻度抑郁症的描述，处于该阶段的患者往往会自觉压力巨大，态度消极，闷闷不乐，情绪焦虑，好发火、精力丧失，易疲劳，食欲不佳、体重减轻，睡眠减少或增多、多梦、易醒，注意力不集中，思维变慢，记忆力下降；头疼、心慌等多种躯体不适，工作效率或学习成绩下降；话语、社交减少等。轻度抑郁症患者使用隐喻特点主要表现为将其感受与周围环境相联系，容易受周围环境、天气的影响。

例1. 在抑郁症的阴云笼罩下，我的想法往往会变得极其消极，就算有朋友陪伴也不例外。（王岑卉，p. 126）

例2. 抑郁者引发的恐惧极其神秘，完全不同于日常体验，就像灰暗的蒙蒙细雨，会引起

生理上的疼痛。（王岑卉，P. 22）

分析：在以上两则案例中，轻度抑郁症患者将自身对病症的感受描述为"阴云笼罩""就像灰暗的蒙蒙细雨"，"阴云"和"蒙蒙细雨"两种天气状态作为轻度抑郁症患者描述心境的隐喻，所带给人的感受是压抑沉重、绵延不绝的，说明轻度抑郁症患者本身极易受到周围天气或环境变化的影响，任何一点来自外界环境的轻微变化都会引起其情绪上的低落和消极。"阴云"和"蒙蒙细雨"两个隐喻真实刻画了轻度抑郁症患者对疾病的深度感知，并从侧面体现出其失落感和消极情绪的绵延性和长期性，是对这一时期患者感受的生动描写。

（二）重度抑郁症患者使用隐喻特点分析

根据医学描述，重度抑郁症患者的症状主要表现为：有自杀倾向；影响社会功能，抑郁症患者不仅折磨自己，也会影响周围人的生活质量；病情严重的抑郁症患者，往往思维联想缓慢，并且语速慢、语音低、语量少、应答迟钝；重度抑郁症使患者行动缓慢，甚至卧床不动，呈现抑郁性木僵状态，几乎完全剥夺了患者的自理能力。从中可以看出，重度抑郁症患者较之轻度抑郁症患者，其已不仅是表现在情绪情感上的消沉和低落，更多的是行为及其生活上的退化，其表述内心感受所用的隐喻也具有更强的表现力和刻画性。

例1. 他告诉我，在住院治疗之前，他有整整一天都像胎儿似的蜷缩在家里的地板上，不停地啜泣，完全不想动弹，也没有力气爬起来。（王岑卉，p.25）

例2. 几年前，我的朋友凯伦在跟重度抑郁症作斗争时，发现自己身处一段可怕的虐待关系中。（王岑卉，P. 130）

分析：在以上两个案例中，重度抑郁症患者将自身感受分别隐喻为"像胎儿似的蜷缩在家里的地板上"以及"身处一段可怕的虐待关系"，其中"像胎儿似的"深刻表达了患者自身那种强烈的脆弱感、无助感以及无力性，能够让人深刻体会到那种状态下不停啜泣、不想动弹的行动力无助；"虐待关系"说明患者感觉重度抑郁症就像恶魔一样，使其深受虐待，"虐待"一词深刻描写了患者在身心情感上所遭受的煎熬和苦难，表达了对这种煎熬苦难的厌恶、痛恨及抵抗情绪。由此可见，重度抑郁症患者身心所受的痛苦远比轻度抑郁症患者要重，其行动能力的逐步丧失致使其在情绪情感上的挫败感迅速增加，导致其丧失对生命的渴望。

四、结语

语言和医学进行跨学科融合是实现各自价值的有效方式。隐喻作为一种文学修辞和思维方式，深刻体现在人类生活的方方面面，其深入研究可以有力推进对抑郁症这一人类社会健康隐患的科学诊断，进而从侧面间接促进文学与医学的融合式发展。本文通过实例分析总结了不同程度抑郁症患者所使用隐喻表达的特点，以期为今后相关领域的研究提供些许参考。

参考文献

［1］Jonathan Charteris-Black.（2012）. Shattering the bell jar: Metaphor，gender and depression. *Metaphor and Symbol*，（27）：199–216.

［2］Sonya Pritzker.（2003）. The role of metaphor in culture，consciousness，and medicine: a preliminary inquiry into the metaphors of depression in Chinese and western medical and common languages. *Clinical Acupuncture and Oriental Medicine*，（04）：11–28.

［3］（美）史蒂芬·S.伊拉迪（Stephen S.Ilardi）著，王岑卉（译）.《赶走抑郁症的阴霾》. 北京：人民邮电出版社，2018.

作者简介

郑伟（1994—），女，英语硕士，青岛黄海学院助教，研究方向和兴趣为隐喻，E-mail：2210350946@qq.com。

计算机英语user-friendly的语用意义和思想内涵研究

胡啸冲

（内蒙古电子信息职业技术学院，内蒙古，010070）

【摘要】本文从 user-friendly 的语用意义和思想内涵方面分析了计算机技术解决人类复杂问题的模式，用具体事例解析了易用、易理解和易操作的计算机技术的科技含量和实际应用意义，从中得到了从复杂到简单的思维模式的文化和思想内涵，该文章在看待计算机逻辑思维和方式方法上具有独特的思考和价值意义。

【关键词】转换；兼容；人性化设计；思想内涵；回归

研究进化论的专家王立铭说人类的进化一直处于从简单到复杂的过程，因此形成了复杂的社会和组织。随着人类大脑的进化和发育，人类的科学技术进步也越来越发达，越来越繁复。从20世纪发明无线电电子技术到现在的计算机技术，人类已经形成了一个庞大的多样化的科学技术系统，已经进入了数字化时代。

计算机已经成为我们基本生活的一部分，我们每天都要使用计算机或手机进行工作和生活，年轻一代是伴随着计算机长大的一代，已经达到没有一天可以没电脑没手机的地步。人类好像再也无法离开计算机技术，计算机已经变成我们容易理解、容易使用和容易操作的（user-friendly）的技术和工具。

20世纪70年代和80年代用户想要进入计算机系统操作程序很复杂，需要记住和输入一系列命令才能看到D盘里的内容，就是复制、粘贴和回应一个简单的计算机命令，也需要专家来操作，人和计算机的交互很困难，是一般人不敢想的事情。

1984年苹果公司的Macintosh 第一次使用了鼠标和图形用户界面，这个设计的唯一目的就是让人能利用这些工具和计算机进行更好的交互。几年后Windows 投放市场，有了这个user-friendly系统，才让计算机更容易进入，慢慢在普通人群中普及。

最初，各种电子设备的兼容性与转换性很差，各种产品的USB插口规格也不一样，使用起来很不方便。虽然产品的种类逐渐变多，分工也越来越细，但互相合作共同解决问题的理念还没有建立，有些设备还只是专业人士才会使用的设备。

随着时代的发展，利用计算机资源解决工作和生活中的复杂问题已经成为人们的日常行为，user-friendly的理念也逐渐深入人心，目前多数设备都能兼容和转换，并且越来越好用，因此user-friendly也被赋予了更多的思想内涵。

User-friendly是计算机英语中的一个半技术性词语，最早使用在用户界面中，表达界面友好，现在意为用户容易使用、容易理解、容易操作，和friendly这个词语的原意有一点关联但又不相同。

　　以计算机网页设计为例，怎样的网页才是user-friendly，评价标准涉及了很多方面，用下面的英语词汇就能判断出什么是好用的网页：Appealing,professional, easy navigation, consistent layout, fast-loading pages, simple and clear message, error-free, regularly updated, cross-platform/browser compatibility, social media integration , security等。如果一个网页满足了这些要素，确定就是一个好的网页。

　　评价词汇中有easy navigation, fast-loading, simple and clear message, cross-platform/browser compatibility and social media integration, 就是容易导航，能快速下载，有简单和清晰的信息平台，能跨平台阅读或浏览器兼容和社交媒体的整合性好，这些内容充分体现了user-friendly 的思想内涵。

　　软件的实际应用和开发还得融入用户心理学理念，如网页设计中不能有太多图片，图片多下载时间长，用户容易放弃；不能有太多链接，容易打不开让用户失去耐心而分散注意力。好的网页设计能把文本内容、图形图像、图表信息和各种设计内容都放在一起，还容易操作和控制。不管设计什么产品，如果能以user-friendly为评判标准，就能少被淘汰。

　　由于计算机技术越来越user-friendly ，促使有关页面设计的软件非常流行和有用， 就是出版社使用的Desktop publishing（DTP）桌面出版系统也能被普通用户使用，过去想出版一本书很不容易，现在则因为计算机技术的user-friendly ，普通人也能实现自由出版图书的梦想。

　　DTP就是用计算机设计和出版书籍、小册子、时事通讯、杂志和其他印刷品。DTP系统中心实际就是一个网页设计程序，在这个网页上设计和构图DTP文档，商业的DTP打印机可以将文档直接打印成印板，不需要胶片作为中介媒体和步骤，这种新技术叫作Computer-To-Plate（CTP）or direct to plate，这种机器叫作plate -setter.

　　这种CTP印版机可以直接产生书籍打印出版版，但是这种CTP印版机比较贵，普通人没有购置的必要。如需想把自己的作品打印装订成册，需要我们把编辑好的PDF格式文档发给出版社印刷就行了，或在出版社设计好的页面模版里自己编辑内容和图片，这样出版社就能为我们出版和印刷我们想要的书了。

　　说到PDF格式，目前已经是一个非常user-friendly的文件格式，过去它与word文档不能转换，现在可以，因此被人们普遍使用。PDF的优点是能在任何浏览器上打开，能在各处发布和打印，比如能发布在网站或DVD上，能粘贴在E-mail，还可以直接打印出版成书。好用，意味着能转换能兼容还易于用户操作，这就是user-friendly 的思想内涵，计算机技术一直在朝着这个方向发展和努力。

　　虽然科学技术和人类进化一样变得越来越复杂，分门别类和分工也越来越细，但解决问题使用的工具需要简单、好用和人性化。人性化其实也是user-friendly 这个词语的又一思想内涵。User 在计算机英语中的含义是用户，计算机用户包括正常人和身体机能有缺陷和有运动障碍的所有人群，所有的用户都有权利使用计算机作为工作和生活的工具。

　　所谓"人性化"设计是设计师通过对设计形式和功能等方面的"人性化"因素注入，赋予设计物以"人性化"品格，使其具有情感、个性、情趣和生命。通过对设计物功能的开发和挖掘，在日臻完善的功能中渗透人类伦理道德的优秀思想如，平等、正直、关爱等，使人感受到人道主义的真情。

计算机设计的人性化越来越关注社会弱势群体，设计师只有用心去关注、关注人性，才能以包含人道主义精神的设计去打动人，让弱势群体和正常人一样享受现代化计算机设备，这就是user-friendly被赋予的人性化含义。

让盲、聋、哑和有运动障碍人群（motor-impaired person）在使用计算机时user-friendly确实需要我们脑洞大开。眼睛看不见的用户，他们的视觉和听觉特别灵敏，就是谚语"上帝给我们关上一扇门，就会打开一扇窗户"的道理。因此，我们的思维方式就要另辟蹊径，简单地讲，就是他们总有能用的器官，只要我们正常人麻烦一点把各种功能转换一下，就能让计算机为他们服务了。

我们已经开发了很多user-friendly的人性化产品和软件，比如为盲人开发了布莱诺盲文软件，盲文键盘让他们能够输入信息，计算机软件再把盲文转换成正常文字，就能和正常人交流了，需要打印时，软件再把正常文字转换成盲文，布莱诺压纹打印机输出信息，再供盲人阅读。对于稍有一点视力的，用屏幕放大器把字放大到16倍。除此之外，还可以用声音合成器和光学字符识别技术帮助他们更好地使用计算机。

聋哑人也需要克服很多困难才能与计算机进行交互，首先他们使用的计算机要有视觉警示功能，如屏幕电子闪光条提示收到信息和拼写错误，还有电子记事本和聋人使用的文本电话，他们不能直接使用计算机的某些功能，但通过转换他们也就能顺畅地使用计算机和各种电子设备了。

事实上最初为残疾人研发出来的计算机人性化设计，后来发现为正常人使用也很方便，如声音识别系统，在微信聊天系统里文字和声音可以自由转换，电子记事本的软件可以把会议的主要内容打在计算机屏幕上，这样的设备就是记者使用起来也很实用和方便，不用使用录音转换文字这个复杂过程，就可以很快出稿，这些设计让我们的计算机使用起来更加user-friendly。

警示系统在正常人的计算机和手机中一直在使用，如微信中收到新信息的红点设计，邮箱和微信用数字提醒未阅读件数和输入文本信息时英语拼写错误虚线提醒等多种视觉提醒设计。日常生活中利用图片、符号和闪光效应的提醒应用更是数不胜数，最为典型的是红绿信号灯和交通标识的提醒服务。

正常人是全方位地使用我们的各种感官和身体机能，而残疾人是用他们仅能使用的器官使用计算机，但是只要这个计算机是符合他们身体条件的人性化设计款，他们也能使用计算机和各种电子设备。

我们为有运动障碍的人设计的计算机键盘就有人体学功能键盘和屏幕键盘，有可调节的各种形状的用肌肉或呼吸控制的开关和语音识别系统等，处处体现着计算机技术的人性化关怀。

霍金让我们知道了计算机眼动系统电脑的厉害，眼动系统电脑包括视觉成像照相机和图形图像处理软件，眼睛盯住屏幕键盘的字母2～3秒就可以把所要内容打在屏幕上，这是计算机高端软件和硬件结合的技术，最后阶段霍金就是靠着这样的计算机在做学术研究，创造人类科学发展史上的奇迹的。

人类的科学技术进步是建立在反复试错和反复迭代的基础之上，万事万物都不完美都有缺陷，一旦发现计算机的缺陷，人类就会想办法克服困难让计算机在最大范围内为我们所用。人性化的计算机辅助技术（assistive technologies）解决了各种电子设备兼容性差和转换困难的问题，计算机的辅助技术应用实际上是计算机的高端技术成果。

人类进化论中人类趋于系统和组织复杂化，但使用的工具和产品最终不应该复杂化，实际应用中太过复杂的东西终将被淘汰和弃用，往往最简单的组织系统才是最长久和经得起考验的系统。复杂的系统运营起来难度大，有时甚至是一个环节的失败就会导致整个系统的失败，所以有细节决定成败一说，而以user-friendly为标准的系统则简单到回归自然。

这些从复杂回归简单的技术不仅可以帮助各类人群使用计算机，而且间接地推动了计算机技术的发展。User-friendly理念蕴含着丰富的思想文化和科技内涵，简单为大，是一种人类进化中反向解决复杂问题的思维方式。什么时候人类创造出了克服一切障碍，让所有人群都觉得好用和易于操作的"简单计算机"，就代表我们已经具备了顶级的科学技术发展水平。

参考文献

[1] Santiago Remacha Esteras，《剑桥计算机通用英语》编写组编 . 剑桥计算机通用英语 [M]. 北京：外文出版社，2017.

[2] 王立铭 . 生命科学 50 讲 [EB/OL]. 见 https: //www.dedao.cn. 2021 年 10 月 13 日 .

[3] 贺挺，廖亮，吕明 . 人性化设计中的关怀与伦理 [J]. 山西科技，2005(1)：1.

作者简介

胡啸冲（1964—），大学本科，学士学位，内蒙古电子信息职业技术学院副教授，研究方向：行业英语教学、职业教育，E-mail：swallow_1964@163.com。

英语教学语法体系中的矛盾现象*

唐晓东　　宁　强

（大连民族大学文法学院，辽宁大连，116600；大连民族大学外国语学院，辽宁大连，116600）

【摘要】文章指出并分析了现行英语教学语法体系中存在的八个矛盾现象，具体涉及短语和分句的划分、小品词、补语、基本句型结构、独立主格结构的界定，不及物动词和形容词的及物性问题，分词的问题，以及名词短语的述谓性问题。

【关键词】英语教学语法；短语和分句；小品词；补语；独立主格结构

一、引言

语言研究如同其他学科一样，可以从最简单、最普遍的基本现象为初始起点，但往往越是普遍存在的现象，越容易为人们所忽视（陆丙甫，2012）。长期以来，英语教学语法体系中便存在着一些似乎是自相矛盾的问题，本文予以指出，希望能够引起关注，并在接下来的研究中得到合理的解释。首先界定"教学语法"这一概念。

关于"语法"概念的内涵，吕叔湘（1983）和胡明扬（1985）将之进行三分：理论语法（吕称系统语法）、参考语法（胡称习惯语法）、教学语法（吕称规范语法），金立鑫（2019，个人通讯）在此基础上加入了客观语法，并对四种语法做出如下描述。

1. 客观语法，制约语言生成和理解的一套规则系统，存在于语言使用者的大脑中，属于一种客观存在。

2. 理论语法，对客观语法的描写。由于不同学者不同的语言观以及不同的研究方法或研

* 本文系2020年辽宁省社会科学规划基金项目阶段性成果：少数民族大学生英语学习者口笔语语料库建设与应用研究（L20BYY031）；2020年大连民族大学人文类人才引进科研启动基金项目阶段性成果：汉英名词空间限定的句法表征——类型学视角。

究视角，理论语法只能是对客观语法的假设，并且也永远只能是对客观语法的逐步逼近。

3. 参考语法，也称语法手册，以语言学基本理论（或工具）对一种语言的句法和形态做全面描写，为普遍语法提供真实的语言样本和语料。

4. 教学语法，适用于学校语法教学的系统，教学语法是由不同理论语法综合而成的系统。教学语法追求的是简洁性、解释性和实用性（或许在一致性上有所妥协）。

To cognize is to categorize （Harnad，2005）。要认识一个事物人们通常要先将其归类（分类）。分类的方法和标准有很多，不同方法和标准会让人们从不同角度去认识和发现这个事物。这就像持不同语言观的语法学家们用不同的研究方法或研究视角去解读语法，丰富了我们对语言和语法的认识的同时，却也在一定程度上造成了语法理论体系中看似矛盾甚至错误的种种。

二、对"短语"和"分句"的划分

语言是形式与意义的结合，形式与意义结合的单位从小到大依次为语素（morpheme）、词（word）、短语（phrase）、分句（clause）、句子（sentence），共五个层级的语法单位（grammatical unit）。各级单位是相对而言的。同一个形式可能分别属于语素、词、短语甚至句子。请看下例画线部分：

（1）a. certain / ly（语素）

　　b. certain / certainly（词）

　　c. It's certain. / It's certainly true.（短语）

　　d. It is certain，though，that Chuck is not a man of culture.（COCA_FIC_2016）（分句）

　　e. It's certain. / It's certainly true. / It is certain，though，that Chuck is not a man of culture.（句子）

（1）中，a、b、c中的三个certain尽管形式相同，功能上却分别为语素、词和短语；d中划线部分为两个分句，分别是一个主句和一个从句，二者构成一个句子；e中划线部分为三个句子，前两个句子都只含有一个分句，第三个句子（即d）含两个分句；e中的两个It's certain形式相同，功能上都是分句，但前者为句子，后者为主句。

可以看出，在语法体系中，或者说在人类认识世界的过程中，针对某一特定问题，在分类标准的选择上，会很大程度地左右研究和判断的结果。

传统语法曾经从形式上定义过"短语"，将含有两个或两个以上词的单位称为短语，但从功能上来讲，很多由一个词构成的语言单位也可归类为短语，如I am here中的here，在词典中为副词，在话语中则为副词短语（词要先变成短语才能进一步组成分句），而good doctor虽然由两个词组成，却难于在分句中独立充当句法成分（名词要受到一定的限定方能成为名词短语，从而在分句中充当指称性成分，如a good doctor），因此是否可以称之为短语也只能在具体的句法关系中确定。这也符合Saussure指出的语言单位的价值取决于其所处的相互关系。为此，现代语法学家大都采用语法功能标准，将分句的直接构成成分（a constituent）称之为短语（a phrase），包括主要谓语动词（Quirk et al.，1985：40）。

换言之，英语简单句的直接构成成分都是短语。

与语素、词和短语三个层级采取功能标准正相反，在短语与分句这两个层级间，大部分语法学家严格采取形式标准，将时间限定动词作为判断分句的唯一标准。请看下例：

（2）a. We love our great motherland. 简单句（Simple Sentence）（张道真，2002：7）

b. Honey is sweet，but the bee stings. 并列句（Compound Sentence）（张道真，2002：7）

c. Do you see what I mean? 复合句（Complex Sentence）（张道真，2002：7）

d. It would be dark before he could reach the village，and he heaved a heavy sigh when he thought of encountering the terrors of Dame Van Winkle. — W. Irving 并列复合句（Compound-complex Sentence）（章振邦，2017：10）

很多其他语法学家如Quirk等（1985：987）和薄冰（2000：510）等均有此划分。

但矛盾的是，在分句的界定上，Quirk等（1985：992）、章振邦（2017：371）和Crystal（2008：78）同时也采用了功能标准，将英语分句划分为限定分句、非限定分句和无动词分句，限定分句含有限定性动词，非限定分句含有非限定性动词（即动词不定式、-ing和-ed结构），无动词分句不含任何动词。

张道真（2002：595）和薄冰（2000：288）坚持形式标准。将分句严格界定为含有限定性动词的结构，将功能标准下的非限定分句和无动词分句界定为短语。

本文将Quirk等和章振邦对分句的定义界定为功能标准下的定义，因为Quirk等（1985：992）提出之所以将非限定和无动词结构界定为分句，是因为它们内部（internal structure）也有着完整的功能性结构成分（functional elements，即指称语和述谓语），与时间限定分句并无两样。

再如下例：

（3）a. You can tell whoever is waiting that I will be back in ten minutes.（Quirk et al.，1985：1047）

b. Collecting stamps was her hobby，but she has given that up.（Quirk et al.，1985：1049）

Quirk等将（3）画线部分都归类于名词性分句（nominal clause），从句法功能上分析，二者确实都充当名词性成分，一个为间接宾语，一个为主语。但句法形式上，a为分句，b为短语，似乎将二者从功能上统称为名词性结构更为准确。

此外，非限定分句、无动词分句无论从形式还是功能上都难以与短语区别开来，这也是一个问题，在判断句子为简单句或复合句时，会造成麻烦。"这类短语在概念上很接近从句，很多可以改为从句。但谈句法问题时主要还应从结构上去看，如果结构上是短语，还是以不说成从句为好，否则容易引起混乱"（张道真，2002：661）。比如（3a）为复合句，这毫无疑问，间接宾语和直接宾语都是含有限定动词的分句；（3b）按照形式标准为并列句，由两个简单句并连构成，但按照功能标准，是否应分析为并列复合句？

如果通过规定的方式标明句子只能由限定分句构成，非限定分句和无动词分句不能构成句子，那么，将它们界定为分句的意义何在？非限定分句和无动词分句与短语又如何区分？

三、对"小品词"的界定

小品词（particle）是既重要又模糊的一个句法概念，它没有被归类到常规词类中，拉丁语称为little part，英语称为little word，包括否定小品词not，与动词搭配的小品词如make up中的up（Leech，2006：79）。再如下例：

（4）a. Tom was taken in.

　　　b. Tom took on the task.

传统语法也将（4）中in/on等类的"小品词"界定为介词型副词（prepositional adverb）（Quirk et al.，1985：713；Leech，2006：85；章振邦，2017：299；薄冰，2000：431）。介词型副词指与介词同形的副词，因此它不同于介词，不需要宾语（Leech，2006：90）。张道真（2002：440）直接将介词型副词称为副词。

Tavora（2014：186）将小品词界定为难以被划入任何现有词类（如名词、动词等）的一类功能词，因此，人们试图将所有难以划归类别的词都纳入小品词范围，小品词因此成了一个混杂和模糊的类别（a catch-all term for a heterogeneous set of words that lack a precise lexical definition）。

韩景泉（2018）将"不及物介词"（小品词）归类为介词。Crystal（2008：383、494）认为介词同动词一样，也有及物（transitive）和不及物（intransitive）之分，及物介词有宾语，不及物介词没有宾语，如：She was walking along the river和She was walking along。

传统语法将类同（4）中take in和take on类语法化程度较高（已成为固定搭配短语）的"动词+小品词/介词型副词/副词"结构归类为phrasal verbs，两个句子分析为主动宾结构。如果我们将介词型副词类的小品词直接划归副词类，那么，并未发生语法化（尚未成为固定搭配短语）的"动词+副词"结构要如何界定？如下例：

（5）a. Let the poor guy in.

　　　b. Leave the light on.

张道真（2002：371）将（5）界定为主动宾补结构，显然已经将"小品词"分析为副词，可以独立充当句子成分，张道真给出主动宾补结构的语例中还包括：

（6）a. Why don't you turn the TV on?

　　　b. Please count me in (out) on the project.

如果我们把补语前移至动宾之间，可得：

（7）a. Why don't you turn on the TV?

b. Please count <u>in (out)</u> Tyler on the project.（可别度领先原则（陆丙甫，1998）要求代词型宾语前置于宾语补语，因此本句用Tyler替换me）

（7）中turn on与count in似乎也可分析为phrasal verbs，因此两个句子也可以分析为主动宾结构（这也体现了类别间的连续性和模糊性）。

增设句法语类的品种势必加大句法系统的复杂度，从而增加理论负担。从简化语法系统的角度出发，理论构件与假设越少，理论系统就越精简、越具优越性（韩景泉，2018）。

因此，理想的办法是将小品词归入已有语类，王国栋（2004：509）也有介词转化成副词的介绍，并给出了Is there anybody in?这样的例句。

四、对"补语"的界定

传统语法的英语补语包括主语补语和宾语补语，主语补语也叫表语，如She is a doctor中a doctor为主语she的补语，还有宾语补语，如She considered me a fool中a fool为宾语me的补语，是对宾语的描述（Crystal，2008：93；章振邦，2017：15；张道真，2002：339）。传统语法的宾语补语还包括下例画线部分，表达动词作用于宾语而造成的结果：

（8）a. She made me <u>a fool</u>.

b. They stroke the metal <u>flat</u>.

薄冰（2000：461）对宾语补语的界定同上，对主语补语的界定更接近状语，如：

（9）a. <u>Tired and sleepy</u>，I went to bed.

b. He came home <u>sick</u>.

薄冰对（9b）的界定与张道真（2002：358）对（10）的界定在很大程度上是一致的：

（10）a. Ten others lay <u>wounded</u> there.

b. She sat <u>motionless</u> with horror.

Leech（2006：22）认为补语的概念较为模糊，但它的本质就是附加在一个成分上以补全该成分的语义或句法结构，如表语（主语补语）和宾语补语，分别附加在系动词和宾语后使语义和句法结构得以完整。生成语法更进一步，与结构核心相对的所有补足成分都叫作complement，包括动词的宾语，虽然与传统教学语法中的complement使用同一个名称，但内涵已经完全不同。

事实上，生成语法的complement仅指句法结构方面与结构核心相对的结构补足成分，与传统教学语法中的subject/object complement有本质性区别，subject/object complement主要指与主语/宾语有语义述谓关系的非主要谓语成分。

邵菁、金立鑫（2011）指出应将生成语法的complement与传统教学语法的complement区分开，并建议使用"补足语"来翻译生成语法中的complement，并将汉语原有的"补语"进一步划分为后置状语和次级谓语。金立鑫（2009、2011）就汉语补语的内涵和外延问题也有较为客观和深入的探讨，虽然汉英两种语言存在一定差别，本文在此不便过多参考有关汉语补语问题的相关研究，但金立鑫（2011）有关术语使用问题的观点也正是本文写作的出发点和最终目的之一：术语使用问题，不是对与不对的问题，而是哪个更有解释力的问题。

综上，理论要保证自身的解释性、自洽性、简洁性和系统性，就要尽量避免其对于相关概念的模糊界定，比如上述的"小品词"和"补语"。如果重新界定"小品词"和"补语"，英语基本句型结构也需要进行重新审视。

五、英语句型结构的划分

传统语法对英语基本句型结构的划分和界定基本一致：

（11）a. Tom laughed. 主动结构（SV）

　　　b. Tom needs help. 主动宾结构（SVO）

　　　c. Tom gave Lily a hug. 主动宾宾结构（SVOO）

　　　d. Tom is happy. 主系表（主动补）结构（SVC）

　　　e. Tom made Lily angry. 主动宾补结构（SVOC）

Quirk（1985：53）有如下例句：

（12）a. I have been <u>in the garden</u>.

　　　b. You must put all the toys <u>upstairs</u>.

Quirk等将（12）的句子分别界定为SVA和SVOA结构，A代表adverbial。章振邦（2017：7）将句子He lives in Beijing./The train leaves at four.界定为SVA结构，原因是有些状语如果删除会导致句子结构不完整、意义不明确。

本文认为The train leaves at four与The train left yesterday类属同一句型：主动结构，只是在语义表达方面更侧重时间状语这个信息焦点。

结合（9）、（10）、（12），似乎在表语、状语、补语三者之间存在一定的功能连续性。张道真（2002：661）主张将类同（12a）这种状语和表语界限很不清楚的句子统一称为表语，对语言学习相对更有利。

此外，由于语法化程度的不同，部分动词组合被分析为phrasal verbs、prepositional verbs、phrasal prepositional verbs三类。Quirk等（1985：1150）将drink up类（无须接续宾语）动词组合称为phrasal verbs，将dispose of类（需要接续宾语）动词组合称为prepositional verbs，将get away with类（drink up类动词组合后接续介词短语）动词组合称为phrasal-prepositional verbs。为方便讨论，本文将所有动词性的组合统称为动词组合，phrasal verbs/prepositional verbs/phrasal-prepositional verbs都属于语法化程度较高的动词组合，Quirk对这类

语法化程度较高的动词组合的进一步分类符合客观实际。

Payne（2011：154）指出并不是所有的"动词+介词"组合都是prepositional verbs，只有具备semantic/structural shift的组合方能称为prepositional verbs。这里的semantic/structural shift是指动词组合的语法化现象，这也在句子句型结构之间造成了一定程度的连续性，如下例：

（13）a1. John <u>looked up</u> all the new words.（phrasal verbs）

　　　a2. John <u>looked</u> all the new words up.

　　　a3. John <u>took out</u> an apple.

　　　a4. John <u>took</u> an apple out.

　　　b1. John <u>takes after</u> his dad.（prepositional verbs）

　　　b2. John <u>went into</u> the room.

　　　c1. John <u>looks forward to</u> that.（phrasal prepositional verbs）

　　　c2. John <u>jumped forward to</u> the ground floor.

（13）画线部分中，a1/a2与b1/b2相比语法化程度更高，如果将传统小品词重新界定为副词，那么a1/a2分析为主动宾结构的话，a3/a4更有可能分析为主动宾补结构；同理，如果b1/c1分析为主动宾结构，b2/c2似乎更应分析为主动补结构（主系表结构）。Quirk等（1985：53）将a3/a4界定为SVOA结构，Quirk等（1985：53）、章振邦（2017：16）将b2/c2界定为SVA结构。

Berlage（2014：119）将put out、take hostage、paint green三种结构归为一类，认为三者类似phrasal verbs。根据英语句型结构，可以判断paint green为动补，那么是否可以将put out和take hostage也归类为动补结构？

英语句型结构间存在连续性现象的还有主动宾补结构和双宾结构，请看下例：

（14）a. take hostage three children

　　　b. take Wang three children

（14）中动词take的宾语很显然都是children，根据传统语法，Wang也是宾语，该结构为双宾结构，那么，是否hostage也应归类为宾语？如果可以，又如何解释put out中的out和paint green中的green？双宾结构和动补结构有何关联？这个问题已经在唐晓东、金立鑫（2019）一文中得到了的解答。

六、独立主格结构

1. 何为"独立"？

英语的独立结构（absolute construction）指与句子没有正常形式联系的看似孤立的成分，如Happy，she went to sleep中的happy（Crystal，2008：2）。

何清顺（2013）认为"独立"表现在两方面：一是与主句主语不共指，二是不需要连接词。

后者与Crystal的定义相符。Quirk等（1985）也将"独立"解释为句法上不与主句捆在一起。

英语的独立主格结构指独立于主句的非时间限定性的完整述谓结构，因其述谓对象（指称成分）为主格形式，故称独立主格结构。如Her baby asleep，she went to sleep中的非时间限定述谓结构her baby asleep独立于主句she went to sleep，且其指称成分her baby为主格形式。

传统语法认为独立（主格）结构不可以由从属连词引导，但经常可以由with引导，拉丁语的夺格结构通常被翻译成英语的"with+名词+分词"结构（何清顺，2013）。

除with外，其他介词也可引导独立主格结构，若述谓成分为不定式结构，逻辑主语通常由介词for引出，如He opened the door for the children to come in（章振邦，2009：362），He stood aside for her to enter first（王国栋，2004：314），当然，也有用with引出的，如With him to help，she could and would succeed（章振邦，2009：362），Without anybody to call him，he would most probably be late（王国栋，2004：314）。总体而言with和without用得较普遍些。

陈启贤、陈明亮（2000：151）提到独立结构中的being通常可以省略，但it/there being中的being不能省略。

2. 何为"主格"？

"格"是句法分析时用来识别名词性成分与谓词之间句法关系的语法范畴（Crystal，2008：66）。格的研究起源于对名词在句子层面分布的研究。因此，一般只有名词性成分才有格的属性。

从历史和类比的角度来看，中世纪和现代英语的独立主格结构应该使用间接格（oblique case），即独立主格结构的指称成分是由介词引导的宾格形式的名词性结构，但在中世纪后期和现代英语中独立主格结构使用的是主格。（何清顺，2013）

与格在14世纪中期开始被主格取代（Morris，1886[2010]：103）。

现代英语语法一般认为独立主格结构中的指称成分是零格名词（zero case）或主格代词，也有为宾格代词的情况（Jespersen，1949：45），因此，Jespersen认为"主格结构"这个名称是不合适的，但同时也有人认为宾格形式在现代英语中是不合格的（Stump，1985：11）。Quirk（1985）使用独立分句（absolute clause）这个名称，回避了指称成分的格问题。当然，有关"分句"的界定，前文也进行了相关探讨。

坚持独立主格结构实为宾格的学者认为，独立主格结构起源于古英语的与格独立结构，而与格独立结构来自拉丁语的夺格结构，名词的格标记消失后，人们误将与格认作主格，因此，独立主格结构是"伪装的独立宾格结构"。

何清顺（2013）用数据证明在必须使用人称代词作为独立结构的指称成分时，在主格与宾格之间，人们更倾向于选择宾格，一个很好的例证就是独立主格结构中的反身代词无法变成主格代词，如：

（15）As editor of the Criterion，Eliot at this period often used anthropological material，himself selecting books for review and reading every word of what would appear in print.

与"主格"的界定直接矛盾的是生成语法认为英语中除分句主语外的其他名词性成分（或代词）都默认（by default）为宾格（Radford et al.，2014：265）。

七、部分不及物动词和形容词的及物性问题

英语不及物动词需要后续名词性结构作宾语时，以及形容词与名词性结构组合、形容词不充当定语时，严格来讲应该是"连系动词+形容词+名词性结构"，需要使用介词这个联系项，如：

（16）a. I agree on that.

　　　c. I am aware of that.

但当名词性结构为不定式结构或从句时（形容词后有时也可接续-ing短语），便不再需要介词：

（17）a1. I agree （<u>on</u>） that we do it tomorrow.

　　　b1. I am aware （<u>of</u>） that it's urgent.

　　　a2. I agree（<u>on</u>）to disagree.

　　　b2. I am happy（<u>about</u>）to see you.

　　　c. I am happy（<u>about</u>）seeing you.

普通词典通常仅列举不及物动词和形容词的这种用法或搭配，并不做任何解释说明。生成语法用描写和规定（specify）的方式对动词进一步分类（subcategorization），主要依据动词是否可以接续宾语和接续什么形式的宾语（Cyrstal，2008：460）。但此规定性的做法无异于传统规定性语法的做法，缺乏理论解释的支持。

在形容词后从句的句法角色判定上，历来存在争议，主张为宾语的是从概念（语义）上去考虑的，但问题是通常只有及物动词才有宾语；主张是状语的则是从结构上考虑；Quirk等称之为形容词的补语（张道真，2002：662）。根据Quirk等的界定，如果将不定式短语和-ing短语视为与名词性从句同类的名词性结构，那么，（17）中括号后的名词性结构都应属于形容词短语的内部成分。王国栋（2004：649）认为（17a1b1）中括号后的名词性从句都是隐形了的介词的宾语从句，如果视为形容词的宾语从句，便会得出"及物形容词"的荒谬结论。

八、分词的问题

（18）a. <u>Seeing</u> is <u>believing</u>.

　　　b. <u>Seeing a movie</u> is not quite <u>relaxing</u>.

传统语法将a中画线部分都界定为动名词，因为二者都充当名词短语的功能（believing为名词性表语），将b中划线部分都界定为-ing分词，因为seeing和relaxing都充当动词短语的功

能。虽然b中seeing a movie与a中seeing都充当名词性成分，作主语，但b中seeing还有个宾语a movie，这就不太好处理了。

事实上，-ing短语身兼指称和述谓双重功能，既可指称，也可述谓，我们没必要分而谈之。一个不太恰当的例子：小王修了法律和英语双学位，我们没必要在小王用英语为他人辩护的时候，去判断小王到底在做辩护还是做翻译这件事（对方的律师配有专门的翻译员）。此外，-ing/-ed并不表达时间（tense），仅表达体（aspect），因此，"现在/过去"这种命名也是存在问题的。

而针对传统语法"现在分词""过去分词"的命名，章振邦（2017）（第六版）已经用"-ed分词"取代了章振邦（2009）（第五版）的"过去分词"，用"-ing分词"取代了"现在分词"和"动名词"。

九、名词短语的述谓性问题

名词短语通常用来指称，用作述谓时，往往需要添加述谓性标记，如"VN"结构，这里的"V"可以是动词也可以是介词。此外，把名词短语置于"NV"结构的"V"槽位，该名词短语也会获得述谓性，充当述谓性成分。但是，下例中的名词短语似乎都在独立充当述谓性成分，这便需要进行解释了：

（19）a. Tom never forgets <u>the day</u> Mary went away.

      b. Tom went <u>that way</u>.

      c. A man <u>the size of a giant</u> came up to me. （Quirk，1985：1293）

      d. Somebody <u>her age</u> shouldn't do such strenuous exercises. （Quirk，1985：1293）

十、结语

"科学研究的程序就是：以最简单的起点状态（即一致性状态）为比较基准，去描写偏离一致性的、相对复杂的'不一致现象'"（陆丙甫、刘小川，2015）。

语言类型学认为，语言的个性可通过普遍共性得到解释。个性是因为若干共性或若干普遍原则互相竞争或调和的结果，因此，个性在本质上还是取决于共性，或者说是共性的一种特殊表现（金立鑫，2011：31）。

本文指出了传统英语语法普遍存在的相对较为典型（个性化）的问题。这也许是因为不同理论流派对工具性概念往往有不同的界定，Haspelmath（2019）也再次强调了工具性概念的重要性，并提出应该很好地区分单语语法描写所使用的工具性概念和多语语法对比所使用的工具性概念。

语言学理论应该用最少（简明）的理论解释最多的问题：语法应力求简明（Radford，

2004：9）。"分歧的看法在深入地研究的过程中，在广泛地讨论与争辩的过程中会逐步地接近起来"（胡裕树，2011：280）。相信届时本文所列英语语法的矛盾现象也定会得到较好的解决。

参考文献

[1] 薄冰 . 高级英语语法 [M]. 北京：世界知识出版社，2000.

[2] 陈启贤，陈明亮 .21 世纪活用图解英语语法 [M]. 北京：中国国际广播出版社，2000.

[3] 韩景泉 . 英语词组动词结构的句法研究 [J]. 外语教学与研究，2018（1）：3-14.

[4] 胡明扬 . 教学语法、理论语法、习惯语法 [A]// 张志公 . 现代汉语 . 北京：人民教育出版社，1985.

[5] 胡裕树 . 现代汉语 [M]. 上海：上海教育出版社，2011.

[6] 何清顺 . 基于语料库的英语独立主格结构之系统功能语言学研究 [D]. 西南大学博士学位论文，2013.

[7] 金立鑫 . 解决汉语补语问题的一个可行性方案 [J]. 中国语文，2009（5）：87-98.

[8] 金立鑫 . 从普通语言学和语言类型角度看汉语补语问题 [J]. 世界汉语教学，2011（4）：449-457.

[9] 陆丙甫 . 从语义、语用看语法形式的实质 [J]. 中国语文，1998（5）：353-367.

[10] 陆丙甫 . 作为语法分析起点之一的数量性限制 [J]. 汉语学习，2012（2）：3-13.

[11] 陆丙甫，刘小川 . 语法分析的第二个初始起点及语言像似性 [J]. 语言教学与研究，2015（4）：33-48.

[12] 吕叔湘 . 怎样跟中学生讲语法 [C]. 现代汉语讲座 . 北京：知识出版社，1983.

[13] 邵菁，金立鑫 . 补语和 Complement[J]. 外语教学与研究，2011（1）：48-58.

[14] 唐晓东，金立鑫 . 汉英双宾结构分析——类型学视角 [J]. 新疆大学学报，2019（3）：123-129.

[15] 王国栋 . 英语深层语法 [M]. 北京：商务印书馆国际有限公司，2004.

[16] 张道真 . 张道真实用英语语法（最新版）[M]. 北京：外语教学与研究出版社，2002.

[17] 张国宪 . 性质、状态和变化 [J]. 语言教学与研究，2006（3）：1-11.

[18] 章振邦 . 新编英语语法教程（第五版）学生用书 [M]. 上海：上海外语教育出版社，2009.

[19] 章振邦 . 新编英语语法教程（第 6 版）学生用书 [M]. 上海：上海外语教育出版社，2017.

[20] 赵振才 . 英语常见问题解答大词典 [M]. 哈尔滨：黑龙江人民出版社，1998.

[21] Berlage，E. *Noun phrase complexity in English*[M]. Cambridge: Cambridge University Press，2014.

[22] Bright，J. W. The objective absolute in English. *Modern language notes*，1890（3）：159-162.

[23] Crystal，D. *A Dictionary of Linguistics and Phonetics*（6[th]edition）. Oxford: Blackwell Publishing，2008.

[24] Harnad，S. To cognize is to categorize: cognition is categorization，in Henry Cohen and Claire Lefebvre（eds.），*Handbook of Categorization in Cognitive Science*. Amsterdam: Elsevier，2005: 20–44.

[25] Haspelmath，M. How comparative concepts and descriptive linguistic categories are different，in Daniel Van Olmen，Tanja Mortelmans，and Frank Brisard（eds.），*Aspects of Linguistic Variation*. Berlin: De Gruyter，2019: 83-113.

[26] Jespersen，O. *A modern English grammar on historical principles*[M]. London: Allen & Unwin，1949.

[27] Kellner，L. *Historical outline of English syntax*[M]. London: Macmillan，1892.

[28] Leech，G. *A Glossary of English Grammar*. Edinburgh: Edinburgh University Press，2006.

［29］Morris，R. *Historical outlines of English accidence: Comprising chapters on the history and development of the language and on word formation*[M]. Charleston: BiblioBazaar，1886.

［30］Payne，T. E. *Understanding English Grammar: a linguistic introduction*[M]. Cambridge: Cambridge University Press，2011.

［31］Quirk，R.，S. Greenbaum，G. Leech and J. Svartvik. *A Comprehensive Grammar of the English Language*. London/New York: Longman，1985.

［32］Radford，A. 2004. *Minimalist syntax: exploring the structure of English*[M]. Cambridge: Cambridge University Press，2004.

［33］Radford，A.，M. Atkinson，D. Britain，H. Clahsen and A. Spencer. *Linguistics: An Introduction*[M]. 北京：外语教学与研究出版社，2014.

［34］Tavora，G. *Acquisition of English Grammar*. Birmingham: Koros Press Limited，2014.

作者简介

唐晓东（1982—），男，大连民族大学文法学院副教授，博士，研究方向：普通语言学、语言类型学，E-mail：106684522@qq.com。

宁强（1980—），男，大连民族大学外国语学院教授，博士，研究方向：语料库翻译学，E-mail：ningqiang@dlnu.edu.cn。

"一带一路"沿线四国外语教育规划及启示研究 [*]

鲍　昕　裴正薇　卫婷曼　黄舒瑶

（南京农业大学，江苏南京，210095）

【摘要】"一带一路"建设背景下，我国外语教育建设面临着新的挑战，现存问题亟待解决。本文聚焦于沿线四国外语教育，通过文献研究及访谈法，由宏观、中观以及微观角度切入，研究其可借鉴之处，为我国外语教育进一步改革提出建议。

【关键词】"一带一路"沿线国家；外语教育；改革规划

一、引言

自共建"丝绸之路经济带"和"21世纪海上丝绸之路"的重大倡议提出以来，"一带一路"布局深入推进，我国与沿线国家的经济文化交往愈加广泛深入。语言是中国走向世界的"桥梁"，助推中国企业"走出去"、中国文化"走出去"，为建构新型大国关系服务。为充分发挥语言的重要作用，我国当前的外语教育规划亟须调整。首先，我国小语种专业建设虽然逐渐被重视，但语种布局严重不平衡，呈现出"英语一家独大"的局面。其次，"一带一路"建设对通用语即英语人才的要求很高，传统外语教育已难以满足复合型、外向型、国际化人才的战略需求。此外，新时代外语教育应从"全球治理"高度规划学科发展战略，坚持主体意识、坚持本土创新与国际视野相结合，走出具有中国特色的外语学科建设和发展之路。唯有如此，方能在实现自身跨越发展的同时助推"一带一路"建设。本文通过文献研究与访谈法，研究"一带一路"沿线国家外语教育规划，为我国的外语教育规划改善提出切实可行的建议。

二、"一带一路"沿线国家外语教育规划研究现状

（一）理论框架

在研究过程中，我们考虑过数种理论框架支撑研究，包括沈骑（2011）提及的邓恩的

---

[*] 本文系江苏省高等学校大学生实践创新训练计划项目"'一带一路'沿线四国外语教育规划研究与启示"（202010307151Y）及江苏高校哲学社会科学研究重点项目"高校大学生对'一带一路'沿线11国英语口音的态度及影响因素研究"（2018SJZDI163）的阶段性研究成果。

"信息转换分析模式"、戴伊提出的八种分析模式、霍格伍德和刚恩提出政策研究的三个维度：过程、内容和价值，以及程京艳（2015）提出的外语教育政策评估框架。最终我们选择程京艳后实证主义方法论下的外语教育政策评估框架。该评估框架将事实与价值相结合，拓展评估主体，使其多元化。其研究主体从政府、学界到高校和个体等各个层面进行延伸，不同层面的研究进行自上而下和自下而上的相互作用，并基于共同利益进行协调合作。可见，外语教育规划研究需从三个层面进行：宏观——国家外语教育政策；中观——各级学校外语教育规划；微观——家庭及个人对于外语教育的态度。

（二）研究国家

我们研究的沿线国家分别为俄罗斯、哈萨克斯坦、巴基斯坦和印度。

俄罗斯不仅是"一带一路"沿线的重要国家，也是上海合作组织和金砖国家的成员国，与我国联系密切。国际化背景下，当代俄罗斯对其外语战略进行现代化升级。俄罗斯注重外语政策长远战略规划，及时制定并完善一系列的规则制度，且与70余个国家达成了教育学位、学历的互认协议，极大促进了多语种外语教学普及。俄罗斯迄今已构建起一整套外语战略体系。其外语战略对我国外语教育建设有着很大的借鉴意义。

哈萨克斯坦作为中亚地区最大的国家，是中国实现"一带一路"倡议的关键环节。哈萨克斯坦正逐步实施"三语政策"，多语现象普遍，把握其语言政策特点及教育现状对我国推进"一带一路"外语人才建设有很大的借鉴意义。

巴基斯坦在"一带一路"倡议中具有重要战略地位。作为一个多民族、多语言的国家，其语言生态丰富。在语言政策方面，巴基斯坦通过增强语言认同加强国家认同，而乌尔都语和英语的博弈也从未停止。且国内学界目前对于巴基斯坦语言状况和语言政策方面的研究较为缺乏。研究巴基斯坦外语教育规划，可借鉴其语言教育政策，找到在大力推行国家通用语言、增强对中华民族共同体的认同和推广外语学习、增强国际竞争力之间的平衡点。

中国和印度两国长久以来互联互通、互学互鉴。印度语言教育的三语方案既巩固了印地语的官方语言地位又使英语的影响力得到增强，同时也保护了地方民族语言的发展。其外语教育规划造就了社会良好的外语教育环境，对高端人才培养产生了积极的影响：印度软件开发和IT应用型人才具有庞大的规模和雄厚的实力。对印度的外语教育政策进行深入研究，可以有效促进中印两国教育和文化方面的交流，延续两国互学互鉴的文化交流的传统友谊。

（三）研究现状

鉴于"一带一路"建设的快速实施和对四个国家语言政策进行一定了解的需要，我们共研读了相关文献77篇，其中英文文献20篇、中文文献57篇，从已有研究中总结归纳出四个国家的语言教育现状。

1. 宏观层面

四国的语言教育政策与历史背景息息相关，语言政策的内容（如语种选择等）及阶段性演变都受其影响。四国积极推出多语政策，在保证本土语言的地位的同时，推广外语学习，以融入国际社会（周丹，2019）。同时，四国均强调母语教育的重要性，确保本土语言的地位，保护本国的语言文化。此外，中国影响力的扩大和"汉语热"的掀起使得各国顺应时代发展潮流，纷纷将汉语教学纳入外语教育体系中，进一步完善和丰富其语言政策。

四国均借鉴其他国家的语言教育计划以获启示，甚至与别国合作构建更先进的外语教育政策。俄罗斯于2003年加入"博洛尼亚进程"，外语教学活动以欧洲委员会制定的标准展开，其发展战略旨在融入欧洲教育一体化空间。目前，俄罗斯与70余国达成了关于教育学位、学历的互认协议，极大地促进了俄罗斯多语种外语教学普及（万青松、万秋波，2018）。

2. 中观层面

各级学校落实了政府所制定的的多语计划，对原有的教学内容进行相应的调整，且不同阶段有对应的教学内容和教学方式（王曦，2008）。大部分国家拥有公立和私立两种学校系统，两者的教学内容和教学方法有所差异（Karim，2014：157）。英语在各级教育中有着重要地位，学校普遍重视英语教学，以之为教学媒介语言（Channa，2017）。各级学校积极尝试语言课程和其他专业知识的融合，以全面提升学生素质能力（樊昕怡、王钢、崔益畅，2018）。

但四国在学校教育方面均仍存在一些问题，比如政治化色彩较强、师资力量较弱、教材相对落后与教育经费缺乏，学生主要靠模仿和记忆学习，质量低下等（曾婷，2020）。

3. 微观层面

四国学生学习外语具有一定的目的性，其目的有：西方文化的影响下探索外部世界的需求、提高个人竞争力和满足就业的要求（司玉英，2007）。四国国民均重视外语学习，并且家庭对孩子语言学习也有很大的影响，家庭所处社会阶级、父母对于语言的态度观念等因素均影响着个体的语言学习。

现有文献研究中，基于"一带一路"背景下语言政策研究的英文文献较少。由于"一带一路"的快速实施，现有大部分语言政策的研究相对滞后，少有研究紧密结合"一带一路"背景，紧跟时代变化趋势，对研究成果进行更新。本研究在"一带一路"背景下获取最新信息，及时推进研究进展。此外，现有研究大多采取文献分析法，鲜少应用调查法。本研究主要采用调查法中的访谈法，与在华留学生进行访谈交流，倾听个体的声音，了解其家乡的语言教育实际情况，丰富研究资料。

三、研究方法

（一）研究问题

本研究旨在回答两个问题：一是"一带一路"沿线四国是如何学习外语的？二是其外语教育规划对于我国外语教育规划改革有何种启示？

当今我国外语教育规划仍存在问题，针对"一带一路"沿线国家的外语教育规划研究仍处于起步阶段。其中许多国家外语教育规划独特，初步研究发现一些国家外语政策一方面有其先进性，值得学习；另一方面也存在缺憾，应引以为戒，因而有着较强的研究意义。

（二）研究对象

本研究从"一带一路"沿线国家来华留学生入手，从宏观、中观以及微观三个层面上进行以外语教育规划为主题的访谈。访谈询问其外语教育经历，归纳总结出其国家外语教育规划及实施效果，探寻"一带一路"沿线国家外语教育对我国外语教育的启示。

我们共有效采访到10位受访者，年龄为21—32岁，其中男女各5人，本科生4名、研究生6名。受访者分别来自巴基斯坦、哈萨克斯坦、印度及俄罗斯，就读于南京农业大学、南京邮电大学等高校的各个专业，涉及工商管理、国际贸易、动物科学、临床医学等。

（三）研究工具

本研究采用的研究方法是访谈法。通过研究性的交谈，研究者有目的地通过口头谈话的方式从受访者处收集或建构第一手资料。访谈法获取信息的方式较为直接，在实施过程中，能面对面与受访者交流，了解其所思所想，同时也能给受访者充分的表达空间，可以产生新的思考和碰撞，使研究结果升华。

本研究通过联系留学生收集其所在国外语教育具体信息，结合实际情况设计访谈。基于前期研究，访谈在三个层面上进行。宏观上，了解国家外语教育规划及社会外语学习氛围、外语相关证书考试等情况；中观上，聚焦学校课程设置、师资力量、教学方式、教学媒介、考核方式等方面，了解外语政策在不同学校的实施情况以及受访者个体的评价；微观上，了解受访者家庭环境、成长经历等微观层面的因素对外语学习的影响。最后，我们针对留学生的汉语学习情况，了解其中文水平以及中文在不同国家的地位。访谈设计中共10个条目，其中1—3属于宏观层面；4—6属于中观层面；7—9为微观层面；10则与中文相关。

（四）数据收集

我们共有效采访10位留学生，受疫情影响，访谈采取线上形式，主要使用英文访谈。访谈历时一个多月（2021年1月17日—2月23日），平均用时约30分钟。访谈前，我们收集受访者个人基本信息，保证其符合研究要求。此外，初步了解受访者的基本情况，根据受访者个人经历设计合适的访谈问题。而后，我们在访谈开始前征得受访者同意，保持全程录音。获取录音材料后，我们对访谈内容进行记录转写。首先根据访谈提纲将受访者的回答转换成文字形式，但文字形式的访谈内容仍较口语化，且受受访者与访谈者在访谈过程中的思维影响，访谈内容跳跃性较强，逻辑不清晰。因此，我们进一步将其按宏观、中观以及微观三个层面划分，将跳跃性的回答整理为有层次、有条理的文稿。

（五）数据分析

转写完成后，我们将得到的文稿按国别分类，形成完整的访谈信息；将各个国别的访谈信息在宏观、中观以及微观三个层面上横向对比，比较多个受访者提供的信息，获得有效内容。同时，结合文献研读成果，结合国别总结摘录访谈结果，以回答所提出的研究问题。

四、结果与讨论

（一）"一带一路"沿线四国如何学习外语

"一带一路"沿线四国外语政策的相关文献内容主要停留在政策描述阶段，比如政策制定的历史背景、政策的具体内容、政策的目的等，此外还包括学校外语教学的安排，比如不同教育阶段课程设置、语言与专业学科相结合等。这些内容在访谈过程中都有所体现。四国外语政策在综合考虑历史背景以及国际局势的前提下制定。其中，英语无论是否为四国的官方语言，都得到了充分的重视。四个国家中，就连英语学习起步最晚的哈萨克斯坦也将五年前"中学阶段学生开始学习英语"的规定更改为"一年级学生就开始学习英语"，此外的三个国家规定学生可以从很小的时候就开始学习英语。但在访谈中，我们也得出了许多文献研究中尚未涉及的结论。

1. 政策落实情况

通过文献研究我们发现，四国外语政策的描述呈现出的往往是政策积极的一面，即四国外语教育政策的执行取得了良好的效果，但对政策实施的具体内容则避而不谈或者一笔带过。通过访谈对应国家的留学生，我们对该国的政策实施情况有了大致的了解。尽管四国都十分重视外语政策实施，为外语教育政策的执行提供了大量的人力、物力和财力资源，但由于种种因素，比如经济发展不平衡，不同地区之间的政策落实情况有着明显的差异。小城市的一些学校中，所用的课本内容已经不能适应发展需要，教师也并非全员接受过专业培训。通常情况下，教师还是根据课本内容按部就班地进行教学，很少会自己准备其他材料进行课程教学。当然，经济落后地区在全国占比较小。整体上看，学校不仅重视外语理论教学，而且注重学生的外语实践能力，努力培养适应国家需要的人才，比如四国中的考试内容均包含口语，并且所占的比例可观。几乎所有口语考试都由教师一对一考核，可见其重视程度。

2. 学校教学效果

学校的课程设置对学生的阅读量有很高的要求。以英语为例，在那些把英语当作教学媒介语的国家，学生要能够熟练阅读不同学科的英语文本，而在设置独立阅读课的国家，阅读材料通常是英语诗歌、英语文章和小说节选章节等内容。这使得学生的阅读量相当大，相应地学生掌握的词汇量也十分可观。除了理论知识熟练掌握之外，学校也十分重视学生的口语能力培养。与中国学生的"哑巴外语"相比，四国学生在外语口语方面的表现喜人，直观反映出学校真正的教学效果。教师为提高学生的上课积极性，会采用多种方式进行教学，比如提供充分的发言机会、鼓励小组讨论、进行互动游戏以及充分利用互联网资源播放最新的音、视频等。从受访者的反馈上来看，学生认为多媒体工具以及多种多样的教学方式让课堂更生动有趣，因而学生愿意积极参与其中，把握机会，提升口语能力。此外，巴基斯坦以及印度把英语当作教学媒介语应用于其他学科的课堂教学中，使学生在学习学科知识的同时不断练习外语，在很大程度上提高了学生的外语水平。学生在接受学校外语教育之外，也主动利用互联网资源，通过网课或者其他视频资源自学。

3. 汉语热

近年来，随着中国经济的蓬勃发展和国家影响力的增强，"一带一路"倡议深入推进，汉语在世界语言版图中的位置越来越重要，汉语学习者飞速增加，掀起了"汉语热"。巴基斯坦及俄罗斯的留学生均在访谈时提及汉语学习热潮——"巴基斯坦的一些学校设立了汉语课程""汉语在俄罗斯很流行"。除了学生对汉语的兴趣日渐浓厚之外，家长也十分支持孩子学习汉语，受访者Yerkin的父母出于对当时中国在国际上的影响以及汉语在世界范围内的传播的考虑，认为学习汉语会有更大的机遇，因此鼓励他到中国学习，并且在他学习汉语的过程中不断地鼓励支持他。尽管在这些国家，汉语是一门较新的语言，缺乏一定的师资力量，因而课程安排也相对较少，但这并不妨碍汉语在社会中越发流行，地位也越来越高。

（二）对我国外语教育规划改革的启示

1. 宏观层面

宏观上，我国应在坚持当前外语政策的前提下，结合时事做出调整。我国近年越发重视小语种专业建设，除了英、日和俄之外，德、法和西语也被纳入高考外语的范畴（教育部，2020），但外语教育仍"英语一家独大"，语种布局严重不平衡。我国应注重外语语种的多样性，提高针对性，拓展大学外语专业种类，推动小语种专业建设。在发展外语教育的同时更应重视学生对中国优秀传统文化的学习，坚定文化自信，从而维护汉语的地位。

此外，中国幅员辽阔，经济水平差异大，普遍存在师资配备、教学资源与技术设备的分配不均等问题，这导致各地学生外语水平参差不齐。访谈中，一些来自欠发达城市的留学生也指出其所在地区教育水平较低，可见教育资源分配不均的问题也存在于其他国家。因此，我国还需完善外语教师资格认证制度，培养师资队伍，更新教材内容，使教学资源更好地对接国家战略需求。

2. 中观层面

中观上，学校的外语教学不仅需重视理论知识积累，更应注重实际运用能力的培养。尽管我国外语教育已普及，但一直面临种种质疑。我国目前的外语教学水平、教学方法费时较多，收效却少。解决这一问题，需从教学方向上进行改变。受应试教育的影响，外语考试种类繁多，学生负担重，积极性也不高，考试对教学的积极导向作用难以发挥。研究中，我们了解到巴基斯坦的一些学校并没有英语考试；俄罗斯虽然有考试，但是并非强制性。这一机制对教师来说，减轻了教学压力，授课时也能更自由地根据学生情况进行教学。

结合我国外语教育现状，应试教育整体利大于弊，因此取缔考试显然不现实。但在建立更加科学的评测体系之前，我们可以适当调整考试内容，如调整听、说、读、写在考试中的比重。访谈中我们了解到，一些国家的外语考试中听、说、读、写各占25%，除传统的笔试之外，还有专门的口语考试，由教师一对一考核，确保学生的外语能力能够得到多方面的发展，但我国目前的考试理论知识占比约60%，导致学生成绩与外语能力不成正比。

在调整考试各部分内容比重的前提下，我们还需对课程设置以及教学方式及内容进行一定的调整。目前，外语非通用语专业普遍存在教材不足和质量不高的问题，教材在内容定位以及编排上提升空间还很大（文旭等，2020），相应的课堂内容需要调整。访谈中我们发现印度、俄罗斯等国学生掌握的词汇量十分可观，一方面是由于在课程设置上这些国家的阅读教材内容广泛涉及经典英语诗歌、英语文章和小说节选章节等内容，在基础教育阶段的阅读量要比中国学生更为丰富；另一方面是因为中国学生的词汇量主要服务于理论化的考试，学生缺乏将词汇应用于实践的机会。因此，教学过程中，应为学生提供充足的实践机会，确保学生的参与度，进而营造良好的外语环境。此外，为加深学生的记忆，教师在上课时也应该采用多种教学工具辅助教学。这对教师的教学水平来说是一种挑战，为确保教学质量，学校需要加强对在职教师的培训，培养高水平师资队伍。

3. 微观层面

微观上，学生应摆正外语学习的态度，变被动应试为主动学习。此前，我国的外语环境匮乏，有限的使用和需求一直是阻碍我国外语学习者提升语言能力的一个重要因素，而互联网的发展为外语学习带来无限可能，提供了丰富的外语学习资源。访谈中，几乎每一位留学生都有通过网课或者其他视频资源自学语言的经历，并且学习效果明显。练习对于学习语言非常重要，但中国学生大多数由于天性羞于在公众场合使用外语，再加上缺乏外语环境，因而语言实践机会十分匮乏。为解决这一问题，学生自身需要提高自主学习能力，充分利用互联网资源进行学习，主动寻找使用英语的机会。同时也要转变自己的心态，任何语言的学习都是一个长期积累的过程，决不能急功近利。

此外，家庭对于个体的外语学习发挥着不可或缺的作用。访谈中，大多留学生在外语学习过程中，其家庭都起着重要作用。但这一重要作用并非体现在强制子女补习，而是体现在引导子女了解一门外语，激发学习兴趣，在子女主动学习前提下为其提供精神支持或学习资源。由此可见，外语学习过程中，家庭应在个体主动学习的基础上予以支持鼓励。

结合文献研究与访谈结果，我们研究了"一带一路"沿线四国外语教育规划，发现其在宏观、中观、微观三个层面上均有可取之处。借鉴其外语教育规划，我国外语教育规划需改善语种规划，致力于教育资源发展与均衡分布；而学校应适当调整考试内容，并调整课程设置以及教学方式以适应新形势；微观的个体和家庭则应充分重视外语学习，摆正心态，主动通过多渠道学习。

参考文献

［1］Channa，L.English in Pakistani public education: Past，present，and future[J]. *Language Problems and Language Planning*，2017（41）：1-25.

［2］Karim，S.，Haq. N. Culture of language learning: A comparative study of English language textbooks used in Pakistan[J]. *Journal of Language and Linguistic Studies*，2014，10（2）：157-168.

［3］程京艳 . 我国外语政策与规划的研究现状及发展趋势 [J]. 外语教学，2015（05）：69-72.

［4］樊昕怡，王钢，崔益畅，俄罗斯复合型外语人才培养的策略与启示 [J]. 中国冶金教育，2018（03）：51-53.

［5］教育部 . 普通高中英语课程标准（2020 年版）[S]. 北京：人民教育出版社 .2020.

［6］司玉英 . 印度的语言政策与语言教育 [J]. 扬州大学学报（人文社会科学版），2007（06）：37-41.

［7］沈骑 . 全球化背景下我国外语教育政策研究框架建构 [J]. 外国语（上海外国语大学学报），2011，34（01）：70-77.

［8］万青松，万秋波 . 俄罗斯外语战略简析 [J]. 俄罗斯研究，2018（03）：143-172

［9］王曦 . 印度语言教育及启示 [J]. 齐齐哈尔医学院学报，2008（23）：2902-2903.

［10］文旭，文卫平，胡强，陈新仁 . 外语教育的新理念与新路径 [J]. 外语教学与研究，2020（01）：17-24.

［11］周丹 . 全球化背景下哈萨克斯坦作为主权国家的语言政策 [D]. 上海外国语大学，2019.

［12］曾婷，高等教育国际化背景下中亚高校多语教育探析 [J]. 语言政策与语言教育，2020（01）：37-38.

作者简介

鲍昕（2000—），女，南京农业大学外国语学院，本科在读，英语专业，E-mail：1499396370@qq.com。

裴正薇（1973—）女，南京农业大学外国语学院教授，博士，研究方向：应用语言学、二语语音习得、外语教育，E-mail：wei@njau.edu.cn。

卫婷曼（1999—），女，南京农业大学外国语学院，本科在读，英语专业，E-mail：vistarwtm@163.com。

黄舒瑶（2000—），女，南京农业大学外国语学院，本科在读，英语专业，E-mail：1148062799@qq.com。

法律英语写作"任务复杂度"研究

——以法学专业与外语专业学生写作为例

史红丽

（中国政法大学，北京，100088）

【摘要】法律英语写作是一项"任务复杂度"很高的语言输出任务，但在国内相对研究较少。本文以"任务复杂度"为切入点，尝试分析影响法律英语写作质量的关键因素。通过法学专业和外语专业学生的法律英语写作样本的对比实证研究，本文发现二语习得水平显著影响学生的法律英语写作质量。鉴于此，本文又进行了为期8周的"法律英语干预"教学实验，该实验有效地提高了法学专业学生的法律英语写作能力。

【关键词】法律英语写作；任务复杂度；语言复杂度；法学专业；外语专业

一、引言

法律英语写作是一项"任务复杂度"很高的语言输出任务。根据Frear和Bitchener（2015）的观点，二语写作中的"复杂度"既指"认知任务复杂度"，也指"写作复杂度"，前者反映了任务设计中那些为了增加任务难度而做的调整，后者则体现为写作输出语言的多样性和精细性。张煜杰、蒋景阳（2020）也认为二语写作中的"任务复杂度"主要表现为写作任务的认知难度，会影响写作产出的质量。确切地说，这里的"认知难度"是指"认知加工难度"。任务越复杂，认知加工难度越大（Kasiri & Fazilatfar，2016）。而认知加工难度的增加是否会影响到写作产出的质量则是二语写作研究中一个相当重要的问题。

写作本身就是一个"多因素的、复杂的、循环的心理认知过程"（Hyland，2003转引自张煜杰、蒋景阳，2020）。二语写作由于使用了非母语进行创作因而又增加了写作任务的难度。这个难度主要是二语学习者二语语言水平程度不同所致。显然，二语语言水平的高低与二语写作产出的质量呈正相关。如果再加入认知因素，认知加工难度与二语写作的产出质量也呈正相关。二语水平和任务难度是二语写作中的两个关键因素。假设二语学习者二语水平相当，任务难度越大，写作产出的质量越低；假设二语学习者要完成的写作任务难度相当，二语水平的高低则直接决定了二语写作质量的高低。

以上两个因素对法律英语写作质量的影响尤为明显。这是由于法律英语的特殊性导致的。法律英语不仅是专业学习，同时也是二语学习。目前，国内法律英语专业仍隶属于外语专业（张法连，2019）。法律英语中涉及专业知识的部分需要经过系统的学习才能获得，而其中涉及英语语言的部分也需要系统的二语习得才能获得。与非专业性的二语写作相比，法律英语写作无论是在任务难度还是语言难度上都略胜一筹。其中，任务难度主要表现在使用准确恰当的法律专业知识阐释和分析法律现象；语言难度主要表现为使用规范的行业用语来表达相关的法律概念和法律条文。这就造成法律英语写作要比一般性质的二语写作更加困难。

　　鉴于此，本文拟对认知难度和语言难度这两项指标在法律英语写作中起到的作用进行测试和分析。在认知难度上，考查了影响法律英语写作的语境与非语境因素；在语言难度上，借鉴了张煜杰、蒋景阳（2020）关于句法复杂度与词汇复杂度的相关分析；在研究受试上，本文对比了法学专业学生与外语专业学生的法律英语写作表现；在研究文本上，本文采用了议论文类型的法律英语写作语料。

二、研究设计

（一）受试者

　　本研究的受试者是北京某高校102名法学专业的学生和24名外语专业的学生，共计126人。笔者在入学／开学一个月之后，分别向各班布置了第一次写作任务，该任务要求以上研究对象撰写一篇长度在200字左右的涉及教材中的法律话题的作文，题目自拟，体裁为议论文，写作时长为一周。之后，笔者收集齐126份作文，其中有2份为记叙文被排除，最后共计有124份有效样本，其中24份样本来自语言学专业学生，100份样本来自法学专业学生。

（二）测试设置

　　本研究设置了五个参数用于比对语言专业的样本和法学专业的样本之间的差异。参数一考查篇章框架的合理性与逻辑性；参数二考查句法复杂度与复句正确率；参数三考查语篇衔接指标和语篇衔接标识语的使用情况；参数四考查了样本里的整体表述是否符合英文习惯；参数五考查学术思想的深度表达。

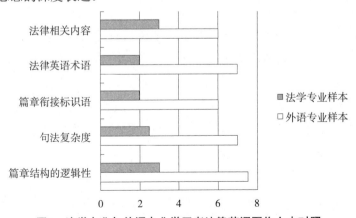

图1　法学专业与外语专业学习者法律英语写作文本对照

（三）样本分析

在对比分析相关数据之后，本文有以下发现。

（1）语言专业样本篇章架构更加合理，行文更加逻辑。语言专业样本显示，学习者已经基本掌握了议论文体裁的法律英语写作的要旨，在一定程度上具备了问题意识，基本能够按照提出问题—分析问题—解决问题这样的标准议论文程式行文。尽管还存在所提问题过于宽泛，焦点不明确；分析缺乏新意，偏离主题；论证不充分，结论过于仓促等问题。相比之下，法学专业样本显示，多数学习者没有掌握如何正确撰写议论文体裁的学术英语作文。很多学习者没有提出任何具体问题，全文整体结构更类似记叙文，就某个法律话题或提出一些自己的感想，或简述这方面的个人经历，文中既没有问题又缺乏相关分析。整个文章的结构松散、逻辑性弱。

（2）语言专业样本中句法复杂的句子使用率更高。法律英语写作能力的重要衡量指标之一就是对句法复杂度高的句子的掌握和应用。句法复杂度包括5个方面，包括"长度、主从关系的数量、并类关系的数量、详细指数和固定形式的频率"（侯俊霞、陈钻钻，2019：64）。语言专业样本使用复句的频率和正确率远高于法学专业样本。前者不仅在复句数量上高于后者，在复句句式变化上也多于后者。后者使用的复句多为并列关系，较少有主从关系，有一小部分学习者甚至出现全文都使用简单句的情况。

（3）语言专业样本中使用更多的篇章衔接标识语。判定法律英语写作能力的高低还可以根据其是否能恰当使用篇章衔接的标识语。在法学专业样本中，多数学习者仅使用了少量的且语力地较低的显性衔接标识语，有的甚至没有使用任何衔接标识语。而反观语言专业样本，不仅有能够表达复杂照应关系的标识语，有的甚至使用了隐形地语义链接手段。缺少必要的、恰当的语篇衔接标识语大幅降低了法学专业样本的流畅性和可读性。

（4）语言专业样本的表述更符合英文习惯。若具体到词语、词语搭配层面，语言专业样本更加倾向于选择规范的学术词汇，而法学专业样本在选择词汇时出现更大的不确定性，经常在正式词汇与口语词汇之间跳跃，从而造成全文文体的不统一。前者的表达更符合英语习惯，而后者的表达更多时候是从汉语直接对译为英文，造成信息传达误差。

（5）语言专业样本展示出更好的学术思想深度表达。由于使用复句的比例较高，因此语言专业能够表达更复杂、更细致的学术思想。相比之下，法学专业样本中复句所占比例少，由此表达的学术思想也比较单一。

综上所述，以上五点原因造成法学专业样本无法表达深刻系统的学术思想。这是典型的语言能力不足而导致的思想表达匮乏。法律英语写作能力上的欠缺已经严重地阻碍了法学专业学习者使用英语正常表达学术观点的可能性。

三、"任务复杂度"带来的问题及解决方案

（一）"任务复杂度"与法律英语写作困难

以上调查结果表明，对于法学专业学生而言，"任务复杂度"带来的问题并不是认知加工问题，而主要是英语语言使用问题，尤其对于长句的掌握和应用；对于外语专业学生而言，同样的写作任务，其"任务复杂度"相对较低，不管是在语言难度还是认知加工难度方面，这是因为较高的英语水平降低了语言难度，减少了认知加工时间，使得外语专业学生法律英语写作的平均水平高于法学专业学生。

这一调查结果还表明，法学专业学生在法律英语写作中遇到的困难主要是源于其有限的二语语言水平问题，而不是专业知识应用问题。二语习得本身是一个极其复杂的过程。"二语发展过程中，学习者与其他变量构成的系统在与环境进行信息、能量和资源交换时，相互适应、自我组织，系统有序性不断增加……"（雷鹏飞、徐锦芬，2018）。同样，二语写作由于是语言输出行为，因而甚至可以说是一个更加复杂的认知加工过程。想要提高法学专业学生法律英语写作质量，就首先要解决其法律英语能力不足的问题。鉴于此，本研究尝试在教学中制定新的方案，重点干预法学专业学生的法律英语语言的习得和表达两个方面，并就此进行了为期8周的教学实验研究。

（二）解决方案

本研究从北京某高校法学专业的4个班级中各抽取了5名学生，共计20名学生进行先导研究。这20名学生先按照其法律英语水平分级，分为5个不同级别的实验小组，经过为期8周的语言干预实验，本研究有以下发现，见表1。

表1　法学专业学生"法律英语写作语言干预"先导研究

组别	标准	语法评分		句法评分		术语评分		逻辑评分		综合得分	
		第1周	第8周	第1周	第8周	第1周	第8周	第1周	第8周	第1周	第8周
1	高级组	8.5	9.2	8.0	9.1	8.5	9.5	7.8	9.0	32.8	36.8
2	次高级组	8.0	8.8	7.7	8.5	7.5	9.0	7.0	8.5	30.2	34.8
3	中级组	6.5	7.5	6.0	7.0	5.5	7.5	5.0	7.0	23.0	29.0
4	次中级组	5.0	6.5	4.5	6.5	5.0	7.0	4.5	6.0	19.0	24.5
5	初级组	4.5	5.5	3.0	4.5	2.5	4.0	2.5	4.0	12.5	18.0

数据分析：据表1的数据，为期8周的"法律英语写作语言干预"为有效实验。在经过系统地、有针对性地对受试法律英语写作的语言问题进行干预之后，5个级别的实验组均有显著提高，其中尤以初级组的数据变化最大。这说明，"语言干预"可以有效地降低"任务复杂

度"，法律英语语言能力的提高会在很大程度上降低"任务复杂度"，从而使得法学专业学生法律英语写作质量有显著进步。

（三）结语

本研究试图从"任务复杂度"视角分析影响法律英语写作的关键因素，旨在通过实证研究，找到提高法律英语写作的有效教学方法。本研究发现，法学专业学生和外语专业学生在完成相同"任务复杂度"的法律英语写作任务时，前者的写作质量要远远低于比后者。经分析，两类学生写作质量上的差异多源于二语习得程度的不同。二语习得程度高的外语类学生法律英语写作质量更高。鉴于此，本研究对法学专业学生进行了针对性的、个性化的"语言干预"教学实验。实验结果证明，"语言干预"可以有效地提高法学专业学生的法律英语写作能力。

参考文献

[1] Frear，Mark Wain and Bitchener，John. The effects of cognitive task complexity on writing complexity [J]. *Journal of Second Language Writing*，2015，（30）：45-57.

[2] Kasiri，Forough and Fazilatfar，Ali Mohannad. The impact of task complexity on cognitive processes of L2 writers and writing quality: the case of writing expertise，L1，and lexical retrieval [J]. *Procedia-Social and Behavioral Sciences*，2016，（232）：561-568.

[3] 侯俊霞，陈钻钻. 中国工科大学生英语写作能力发展轨迹历时研究 [J]，中国外语，2019（3）：63-72。

[4] Hyland，Fiona. Focusing on form: student engagement with teacher feedback[J]. *System*，2003（2）：217-230.

[5] 雷鹏飞，徐锦芬. 任务重复对学术英语写作的影响：以动态系统理论为视角 [J]，外语界，2018（5）：46-54。

[6] 张法连. 法律英语学科定为研究 [J]，中国外语，2019（2）：4-9。

[7] 张煜杰，蒋景阳. 任务复杂度对二语写作复杂度和准确度的影响 [J]，西安外国语大学学报，2020（4）：49-54。

作者简介

史红丽（1980—），女，中国政法大学教师，硕士，研究方向：语言教学与法律语言学，E-mail: hongli3622@163.com.

《商务英语本科教学指南》指导下商务英语课程思政教学实践研究

——以《综合商务英语》为例[*]

桂 祯

（湖南涉外经济学院，湖南长沙，410205）

【摘要】英语教学是学生接触英语国家文化和意识形态的主要途径，但有时学生会在中西文化冲突中迷失方向。根据《商务英语专业本科教学指南》（以下简称《指南》），与传统外语专业相比，商务英语专业具有跨学科特点，更凸显语言、跨文化和商务的综合性，《指南》明确了新时期商务英语人才的素质要求，包括：正确的世界观、人生观、价值观，良好的道德品质，中国情怀与国际视野，合作精神和创新精神等。因此，商务英语教师不仅要传授语言知识，还要培养学生的思辨能力、创新能力和社会责任感。

【关键词】商务英语；课程思政；实现路径

一、思政教育的内涵

习近平总书记在全国高校思想政治工作会议上强调，"要把思想政治工作贯穿教育教学全过程，实现全程育人、全方位育人"。他还指出："其他各门课都要守好一段渠、种好责任田，使各类课程与思想政治理论课同向同行，形成协同效应。""课程思政"是新时代高校将思想政治教育融入整个人才培养体系，实现"三全育人"的主要渠道。

高校教育要坚持以立德树人为根本任务，加快推进教育现代化步伐，积极建设教育强国，努力培养德智体美劳全面发展的社会主义建设者和接班人。在商务英语课程的教学过程中，教师首先要认识到"课程思政"在立德树人方面的时代价值，其次要引导青年学子以批判的眼光学习西方文化，最后也是最重要的一点，要培养青年学子对民族文化的自信（夏文红、何芳，2019：108-109）。

* 基金项目：湖南省普通高等学校课程思政项目"后疫情时代外语课程思政教学生态模式的建构与推进路径研究"（HNKCSZ-2020-0692）阶段性研究成果。湖南涉外经济学院2021年教学改革研究项目"《商务英语本科教学指南》指导下《综合商务英语》课程思政教学实践研究"（湘外经院教字〔2021〕28号）阶段性研究成果。

二、《综合商务英语》课程与思政教育的有机结合

《综合商务英语》是商务英语专业的语言基础课，具有工具性，学生要掌握听、说、读、写、译的基本技能；同时，在语言教学过程中，教师还要培养学生的国际化视野和跨文化交际能力，商务英语教育的思政属性不可忽视，该课程具有实施课程思政的三大优势。

（一）《综合商务英语》课程目标契合思政育人目标

课程思政强调所有课程都要围绕"知识传授与价值引领相结合"的课程目标，强化思想政治教育的春风化雨和潜移默化，构建全方位、全过程、全员立体化"教书育人"的新格局（刘正光，2021）。《综合商务英语》的课程目标是培养学生扎实的英语语言基础，即听、说、读、写、译各方面的能力，要求学生掌握英语国家文化知识、跨文化知识和商务文化知识，为下一步学习商务英语专业课程打下基础。可见，《综合商务英语》注重知识、能力、文化素养的课程目标与思政育人目标一致。

（二）课程属性辅助隐性教育发挥

《综合商务英语》课程占时多，每学期64学时，共256学时，教师采用面授方式，"课时长"和"互动多"的课程特点为"渗透式"隐性思政教育创造了条件，有助于教师从语言、行为、思想、素养方面引导学生。相对于思想政治理论课，《综合商务英语》作为语言基础课，将思政教育融入主题提炼、案例分析、小组讨论等形式中，将显性教育和隐性教育相结合，"显"是为了明确目标，"隐"是为了落到实处，实现思政无痕、育人无声（刘正光、岳曼曼，2020：21-29）。

（三）教学内容蕴含思政元素

本课程选用新世纪商务英语专业本科系列教材中的《商务英语综合教程》，单元主题明确，文体多样，语言精练，思想内涵深刻，反映了经济全球化和互联网时代的特点，涉及中外文化、商业道德、企业职责、科技创新、社会保障体系、幸福观等话题，为充分挖掘思政元素提供了良好素材（闵翠，2020：133-135）。

三、《综合商务英语》课程思政的实现路径

如何将思政教育融入商务英语课程中，从而起到价值引领的效果，是高校商务英语教师必须思考的问题，可从教师、教材、教学方式、评价方式等方面进行探索。

（一）提高商务英语教师的思政能力

商务英语教师应掌握扎实的商务专业理论和知识，应具备先进的课程理念、良好的教学

管理与评价能力，提升在教学中运用现代教育技术的水平。教师可定期开展思政教研活动，密切关注国内外热点新闻、中国党政要闻，参加课程思政教学比赛以及听取课程思政讲座等，通过跨学科教师团队集体备课的方式，深入研究和解析教材，挖掘其中蕴含的德育教育元素。教师只有增强对中华文化和社会主义核心价值观的自豪感和认同感，才能在课堂上将思想、道德和教育能力融为一体，实现真正的教书育人（周艳艳，2021：72-74）。

（二）重构教材内容，强化思政主题

教材是传播新知识、新思想、新观念的重要载体，是教学内容的主要载体，也是实现教学目标的基本保证，为培养具有前瞻思维、国际眼光的人才提供有力支撑。因此，教材的部分内容需要从六个方面进行重构：一是替换和优化课文，增加中国文化主题选文，服务于讲好中国故事，增强中国文化自信；二是词汇部分要体现单元主题的意义内涵，符合单元思政主题的需要；三是增加段落翻译，介绍与单元主题对应的中国文化，促使学生更好地认识英汉文化的异同，学会客观辩证地对待异质文化，增强学生的中国文化传播能力；四是阅读部分增加开放式问答题或小组讨论题，加深学生对课文内容的理解，培养学生的团队合作精神。五是写作部分的设计应围绕学生自身生活展开，引导学生更好地理解单元的思政内涵，并能在日常学习、生活、实习中自觉践行相应的思政要素。六是案例分析部分的设计应以近年来的中国传统企业成功的经典案例为基础，提升学生的自主探索能力和综合分析能力，培养学生的工匠精神。

（三）优化"教学形式"，采用混合式教学方法

混合式教学通常包含三种：线上教学和面对面教学混合、教育技术的混合和教学方法的混合。

线上教学和面对面教学混合。教师通过网络技术和虚拟网络环境如"超星"或者"泛雅"平台等进行教学，同时可利用社交软件等进行指导。

教育技术混合。在进行网络教学时，混合使用不同的学习媒介和软件。如引导学生通过使用如学习强国、数据中国、国务院、腾讯会议和钉钉等App以及学校或企业推出的网络课程实现远程学习。

教学方法混合。在教学中混合使用情景教学法、任务型教学法、项目教学法、案例教学法和产出导向法等。

混合式教学形式具有民主、开放、沟通性和协商性的特征，需要学生具有民主、平等、开放的意识和包容的精神，从而培养学生的大局意识、沟通能力与合作能力，建立和谐的人际关系，实现共同进步。

（四）教学评价内容和方式多样化

《指南》强调商务英语专业的教学有效性评价以产出为导向，以数据为依托，确保评价的信度和效度。教学评价方案要明确评价内容、标准和程序，采取形成性评价和终结性评价相结合的评价方式，加强教学过程中的诊断性评价，突出形成性评价在教学评价中的重要作用；加强对学生解决复杂问题能力和高阶思维能力的评价，促进教师教学质量和学生学习效果持续提升（王立非、崔璨，2020：5-11）。

形成性评价考核占总评的40%，包括：平时成绩：出勤、团队汇报、商务场景模拟、案例分析等占20%；在线学习和练习占20%。终结性书面考试的考核占总评成绩的60%，主要通过期末闭卷考试进行考核。将专业知识考核和价值取向融为一体，这样的评价方式更尊重学习者的智力、经验和交际能力，对于学生的自主学习能力、团队合作能力、信息搜索和整合能力、数字化技术素养，以及脚踏实地、躬身实践、精益求精的"工匠精神"都是锻炼和提高。

（五）丰富课外实践活动，渗透思政主题

为增强和巩固商务英语专业课程思政建设成效，教师可组织学生参与能够兼顾商务英语学习和思政教育的课外实践活动，并将学生在这些实践活动中的表现纳入思政课程的评价体系之中。例如，组织学生参加中国日报社"21世纪可口可乐杯"全国大学生英语演讲比赛、"外研社杯"商务英语实践大赛、跨文化能力大赛、营销大赛、跨境电商大赛等，以此提高学生的商务技能，培养学生的创新精神和团队合作精神；在品牌商利用各种营销手段庆祝西方的圣诞节、情人节、亡灵节、万圣节的同时，鼓励学生用传统的方式庆祝相对应的中国节日，如春节、七夕节、中元节等，以此提升学生的文化自信和爱国情操；利用在全球疫情期间和自然灾害期间涌现出来的优秀企业家及其感人事迹，开展专题学习活动，对学生进行爱国主义教育，增强学生民族自信心和社会责任感等。

四、总结

商务英语专业需培养具有扎实的英语语言基础、丰富的商务专业知识、良好的人文素养、中国情怀与国际视野的国际化复合型人才，课程思政给商务英语教师带来新的挑战，对教师的思政能力、课堂设计和组织能力提出了更高的要求，因此，商务英语教学应该从语言、商务、政治立场和人文素养等方面来实现"三全育人"的目标。

参考文献

[1] 韩玲 . 文化自信视阈下高职英语课程思政的四维路径 [J], 中国职业技术教育，2020（35）：65-69.

［2］蒋洪新.“一带一路”倡议与中国外语教育改革 [J]，外语教学，2020（1）：1-2.

［3］李欣，冯德正.商务英语专业课混合教学的“课程思政”行动研究 [J]，外国语文，2021（37）：19-26.

［4］刘正光，岳曼曼.转变理念、重构内容，落实外语课程思政 [J]，《外国语》，2020（5）：21-29.

［5］刘正光，钟玲俐，任远.落实新《指南》，对接“立德树人”新需求——“新目标大学英语”《综合教程》修订的理念与特色 [J]，外语界，2021（2）：25-30.

［6］闵翠.商务英语专业课程思政教育探索与实践——以《综合商务英语》为例 [J]，佳木斯职业学院学报，2020（10）：133-135.

［7］饶妙，邓建平.融入思政隐性教育的商务英语课程设计 [J]，闽南师范大学学报（哲学社会科学版），2019（4）：33.

［8］滕丽梅.基于“产出导向法”的综合商务英语课程思政教学设计研究 [J]，大学，2021（28）：128-130.

［9］王安琪，隗雪燕.大学英语“课程思政”改革初探 [J]，北京教育：高教，2020（7）：48-50.

［10］王立非，崔璨.落实《商务英语专业本科教学指南》，推进商务英语人才培养 [J]，外语界，2020（3）：5-11.

［11］夏文红，何芳.大学英语“课程思政”的使命担当 [J]，人民论坛，2019（30）：108-109.

［12］岳曼曼，刘正光.混合式教学契合外语课程思政：理念与实践 [J]，《外语教学》，2020（6）：15-19.

［13］赵晶晶.“课程思政”思想范式下跨文化能力培养研究——以《综合商务英语》为例 [J]，浙江万里学院学报，2020（4）：49-52.

［14］周艳艳.高校商务英语专业课程思政探索与实践 [J]，河南教育（高等教育），2021（4）：72-74.

［15］周正秀.课程思政体系下的高校综合英语课程教学研究——以商务英语专业为例 [J]，当代教育实践与教学研究，2020（3）：87-88.

作者简介

桂祯（1988— ），女，硕士，湖南涉外经济学院讲师，研究方向：商务英语教学，E-mail：123536176@qq.com。

基于混合式教学的商务英语写作课程设计研究*

崔春萍　胡寻亮

（广东水利电力职业技术学院外语系，广东广州，510925）

【摘要】 依据建构主义理论，将"任务驱动、项目导向、支架式教学、合作学习"等教学模式通过线上线下相结合的方式有效融入写作课程，展示商务英语写作课程设计的案例分析，阐述该课程的改革与实践研究成果。

【关键词】 混合式模式；商务英语写作；课程设计

一、研究背景

2013年，习近平提出"一带一路"的伟大倡议，中国与周边国家贸易合作和交流日益频繁，中外贸易的频繁交流给商务英语人才提供了很多的机遇，但同时也提出了更高的要求和挑战。在英语听、说、读、写、译五项技能中，其中说和写是学习者的两种重要的语言输出技能。王守仁认为，在交际过程中，英语口语很重要，英语写作也同样重要，甚至更重要，使用场合也更多（王守仁，2011）。比如，一般日常性的英文信函和商务性信函在国际商务交流中都起着重大的作用。但是目前在高校商务英语写作教学过程中，仍存在许多现实问题。

（1）高校扩招，学生数量增多，大班授课普遍，学生英语写作水平参差不齐，教师在有限的时间内无法顾及不同水平的学生，无法对每个学生都做出针对性考核评价，而只能基于全班总体水平进行教学。

（2）重输入、轻输出的授课模式导致了许多英语教师把教学重点放在词汇和阅读上，认为通过背诵范文、记忆句型，学生就会习得写作技能。学生只是机械地从输入到输出进行单词和句型的"搬迁"，这种从课本到作业本的单一模式固化了学生的思维，限制了学生的想象力。

（3）英语教学环境还不够完善。从当前的高校英语的教学现状来看，虽然随着多媒体教育技术应用和教学条件的改善，高校英语课程在教学方式和教学手段等方面有了较大进步，但相对可使用的教学资源还很匮乏；再者，教师的信息化技术还有待提高，无法满足学生对知识的大量需求。

---

*　课题基金项目：教育部职业院校外语教育教学研究课题（WYJZW-2020-1290）。

因此，将线上、线下混合式教学模式融入商务英语写作教学中，可以弥补大班授课时间的不足，也可以在空间上给学生提供更多更广泛的信息资源，更重要的是通过网络平台教学可以提高学生学习的兴趣，同时也提高教师的信息化教学能力。

二、混合式教学模式的概念及应用

"混合式教学"定义是由斯密斯·J与艾勒特·马西埃将传统学习理念与E-learning纯技术学习理念相结合提出的。北京师范大学何克抗指出：混合式教学模式就是把网络资源的优势和传统教学的优势有效地结合起来，既发挥了教师的指导作用同时又激发了学生的学习积极性和主动性。其理论基础包括建构主义学习理论、结构主义理论、人本主义学习理论等，其中建构主义学习理论对英语写作教学影响最大。"混合式教学"模式的兴起给英语课堂教学提供了诸多便利。比如英语写作教学，多年来一直沿用传统的教学模式，背诵范文、记忆句型，机械地从输入到输出进行单词和句型的"搬迁"。长期以来，学生对英语写作很困惑，对课堂教学产生了严重的厌学心理。针对此情况，2018年，本课程组成员通过研讨、学习，积极探索英语写作课的教学方法，使用批改网，让学生使用职教云平台，采用不同的媒体和信息，比如QQ、微信、课前预习微课、课堂视听动画、微知库资料查阅等方法让学生通过网络学习提升学习兴趣。通过这种方式确实对英文写作教学有了一定的帮助，在竞赛和写作水平方面也有较大的提升。但是，由于课程设计不够完善，层次结构不够到位，课堂教学针对性不强，覆盖面不广，所使用的教学手段还是不能最大效能地发挥其作用。因此，作者带领团队以课程设计为研究视角，深化对该教学模式进行深入的研究与实践。

三、混合式英语写作教学的设计原则

英语写作其实是通过英语的书面表达进行沟通最终达到交流的目的。在教学过程中，我们首先以商务为背景，以英语为基础，以写作为目的的基础上坚持"四位融合"原则，即：教师、学生、任务和环境相融合。课前给出任务，课中分组训练，课后拓展反馈。整个教学过程既有"教、学、做、评"的动态平衡，又有课堂情感因素和环境的辅助，让师生在完成任务的过程中有效互动（William & Burden，1997）。课堂教学的建构与设置充分体现"以学生为中心"的教学理念。

其次，坚持"合作学习"原则。合作学习也是上述"四位融合"原则的一部分。建构主义心理学强调：学习过程要以学习者为中心，既要注重个体又要注重互动式学习模式，即主体性学习、个性化学习、合作式学习、自主性学习相融合。授课过程中，我们按照学生的英语基础将其分成A、B、C、D四个等级，再将四个等级交叉组合分成若干小组，这样分组起到以优带弱、互促互学的效果。

最后强调课程思政，将团结协作、诚信待人等思政元素融入课程设计中，让学生知道在今后的工作岗位上诚信、品德是第一位。

四、教学设计与实施

（一）任务驱动教学设计与实施

课前线上互动：一是通过平台发布任务，比如我们在UMU平台上设计一个广告动漫，提出招聘的工种、资历要求等问题，然后让学生以小组为单位讨论如何写出一篇有效的求职信，把讨论的结果反馈到平台上；二是结合本单元生词和常用句式表达，制作单词学习卡和句型互译，以小组为单位完成课前平台任务。

课中线下实操：在教师的指导下以小组合作的形式让学生完成一篇完整的写作，然后进行展示汇报。教师将学生的汇报进行评价和总结，并且以同类写作的范例为模板进行分析对比，让学生既遵循写作的规范性又有思维的灵活性。这样既提高了学生的学习兴趣，也培养了学生的合作精神。

课后线上拓展：一是以小组为单位让学生去观察身边亮点、校园趣事等，拍成英文视频；二是以个人形式写日记或周记，然后上传到指定的平台，由教师点评反馈。

（二）支架式教学设计与实施

支架式教学法基于建构主义学习理论，是指教师为学习者提供外部支持，帮助学生完成无法独立完成的任务。随着活动的进行逐渐减少外部支持，让学生独立活动，直到最后完成才撤去支架。此教学法对于高职院校的学生尤为重要。在教学过程中，我们根据学生不同的学习能力和学力水平布置任务，把总任务再分成多个子任务，这些任务由易到难，由简单到复杂，层层递进，由教师引导学生去学习探究、讨论、归纳和总结，然后帮助学生解决问题，整个教学贯穿搭建支架—布置任务—创设情景—学习探究—评价反思这一主线完成任务，线上：教师布置任务—提供学习方法—学生共同探讨—发布讨论结果；线下：小组互评—教师总结—共同反思—作品回炉—成果展示，最终通过线上线下相结合的模式完成。

五、写作课程的设计——以商务英语专业为例

根据以上课程设计的理念，本课程在调研的基础上，设计出商务英语专业英语写作课程的整体设计方案，现对部分内容进行展示。

（一）内容分析

一是掌握商务+英语+写作这一基本线索；

二是依据人才培养方案，立足区域的国际商务人才需求，结合本地丰富的外贸方面的资源和学院现有的教学环境优势，合理规划本课程内容。

（二）学情分析

分析学生目前的知识水平、信息化使用的程度、写作过程中会遇到的重难点等。

（三）教学目标

知识目标：掌握商务背景知识、信函的基本内容和格式，书写准确恰当的信函。

技能目标：熟练掌握英语的基本写作，掌握英语写作技巧，能够写出规范而有效的英文应用文写作。

素质目标：培养学生知识迁移能力、互动沟通能力、团队合作精神和国际视野，将思政元素融入课程中。

（四）教学方法

采用线上线下混合式教学，实现以学生为中心，教、学、做、评一体化的和谐信息化课堂。教师主要使用任务教学法、情景教学法、支架式教学法，学生的学法包括自主学习法、合作学习法、归纳法、表演展示法。

教学过程：课前导学、课中学练、课后拓学相结合

课程的总体设计如下表所示。

序号	知识模块	知识目标	能力目标	教学方法	教学评价
1	商务背景知识模块	掌握商务背景知识、跨文化知识以及国际商务通识	了解贸易国家文化背景和礼仪，了解商务活动所涉及的权利和义务，写作要准确无误，精确到标点符号	任务驱动、任务训练	
2	英语语言知识模块	要掌握常用词汇和句式表达、英语语言表达的准确性	要有准确的英语语言表达能力，语法、语句、礼貌用语、交际礼仪等方面都要得体，要有一定的阅读能力和交际能力，让听、说、读、写、译起到互促的作用	情景教学法、支架式教学法	
3	英文写作技巧模块	掌握信函的基本体裁、内容、格式和写作技巧	用正确的英文撰写有效的应用文写作	收听英文影像资料，阅读书信范例，强化训练	

六、结语

笔者带领课题组成员以职业教育的理念为依据，以建构主义理论为基础，进行了混合式商务英语写作的教学设计，并针对外语系商务英语专业课程开展了两年的教学改革与实践，取得了明显的效果：该专业的两门课程被列入省级在线课程建设并通过验收；一门课参与国家级商务英语专业资源库建设，担任该课程的教师在参加广东省信息化课堂教学竞赛中获得一等奖，并在学院的教师能力测评中获优秀等级；《商务英语写作课程》获得校级金课立项。据问卷调查反馈显示，该专业毕业生的语言交际能力和书信沟通能力受到用人单位的一致好评，满意度达到96%以上。

参考文献

［1］王守仁，关于高校大学英语教学的几点思考 [J]，外语教学理论与实践 2011（01）：1-5.

［2］Williams，M. and Burden，R. *Psychology for Language Teachers: A Social Constructivist Approach*[M]. Cambridge: Cambridge University Press，1997.

［3］如何实现信息技术与学科教学的"深度融合" [J]，教育研究，2017（10）：89.

［4］张奕，大数据时代的大学英语写作教学改革 [J]，教育教学论坛，2020（06）：370.

作者简介

崔春萍（1967—），女，广东水利电力职业技术学院外语系主任，教授，研究方向：应用语言学、外语习得，E-mail：cui1686@163.com。

胡寻亮（1976—），男，广东水利电力职业技术学院外语讲师，研究方向：应用语言学、翻译研究，E-mail：528281805@qq.com。

"课程思政"背景下的《大学英语》教学改革研究

【摘要】 目前我国高校的大学英语课程作为一门公共必修课，面临着学校投入不够、学生重视不足、教材教法滞后等诸多现实问题。把课程思政引入大学英语课程，可以有效解决目前的各种弊病。尽管课程思政的实施和开展阻力很大，却是实现大学英语教育文化自信、文化输出、赢得文化认同的途径。

【关键词】 课程思政；大学英语；教学模式

一、前言

"课程思政"是在2016年社会科学学术年会专题讲座中首次提出的，这一教育理念的基本含义是把思想政治素养的培养，把正确的价值观、人生观，批判性思维的能力等通识教育有机融合到专业课程的教学中。这种教育理念以课程作为载体，思政作为教学手段。这一理念势必对目前大学英语的教学内容进行重组，给教学方式带来巨大改变，也对教师能力提出了更高的要求。

二、课程思政的必要性

（一）培养四个自信

习近平总书记在党的十九大报告中强调："全党要更加自觉地增强道路自信、理论自信、制度自信、文化自信。"（覃正爱，2018）培养有"四个自信"的社会主义接班人，高校有不可推卸的重要责任，课程思政正好能肩负起这一重任。

大学英语课堂的思政教育尤其能促成大学生的文化自信，因为大学英语是"拓宽知识、了解世界文化的素质教育课程，也应是一门中国文化传播课程，兼有工具性和人文性"。（安秀梅，2018：84）英语可以作为我国文化向世界传播的桥梁，做好大学英语课程思政便能有效保证这一传播的实现。

（二）大学英语课程现状

目前，大学英语课程已经走到了一个生死攸关的转折点，大学英语课程作为高校公共必修课的地位开始动摇。重庆某985高校在大学英语的课程设置上完全取决于各二级学院，不少学院开始从砍课时、减学分，到直接取消大学英语课程。因此，从外国语学院和教师的自身切实利益出发，改革也势在必行。长期以来大学外语界也在积极探索，从翻转课堂教学模式、混合式教学模式、TBLT教学模式等各种教学方法的尝试，对大学外语改革的决心可见一斑。但是这些只是"伤筋"，而非"动骨"的改变，课程思政则是给大学英语带来一次内涵式教学的重组。

三、开展课程思政的阻力

（一）学生思政意识不足

教学功利性太强，致使社会、学校、家庭和个人对学习的认识停留在专业技能学习上。英语专业学生在对待非专业课，尤其是思政课程的重视态度和学习热情上，远远不及专业课。本研究对重庆某高校各专业200名学生对思政课程的重要性进行了线上问卷调查（见图1）。

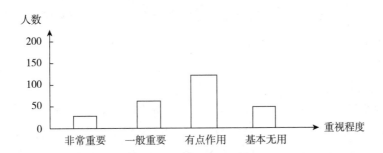

图1　重庆某高校各专业200名学生对思政课程的重要性线上问卷调查

除去9人没有参与投票，剩余的191人：认为思政课程非常重要的只有13人，认为一般重要的有35人，认为有点作用的有121人，认为基本无用的有22人。

尽管课程思政不等于思政课程，但是大学英语课的课程思政如果处理不当，会受到学生的抵触和排斥。因此如何开展课程思政是一项艰巨的任务。

（二）教师思政能力不足

长期的教育理念的培养模式，致使大学英语教师本身思政能力存在不足。十年树木，百年树人。教育工作者的思政能力的培养和提高，会是好几代人持续不断努力的结果。目前现状是多数的教育工作者自身的思政能力不足，很难培养出优秀的下一代。

从2016年课程思政首次提出至今，这短短的四年时间，虽有配套的一些教材应运而生，但是多数在用教材并没有课程思政的特点。因此能否实现课程思政，主要还是看授课教师的自身能力。这种能力没有一个考核衡量标准，很难制度化、常态化，也很难把控。

（三）重语言技能，轻语言内容的教学评价标准

长期以来大学英语课程重语音、重听说、重语法，但忽视了最重要的以语言为载体的语言内容和内涵，这一不当的评价指标也把大学英语教学带入了发展的困境。最纯正标准的英语是伦敦英语，但是美国、新加坡、印度等很多国家，这些"不标准"的英语，已经成了国家的官方语言，也已经或者逐步被国际社会认可。语言交流重在内容、思想和文化上，大学英语课程思政有助于让我国的英语教学、英语能力、传统文化得到国际社会认可和接受。

四、应对策略

（一）提升教材、教学设计中中国文化内容比例

据统计，大学英语教材中涉及中国文化的内容平均只有约2%（安秀梅，2018：85）。随着英语学习在我国各级学校的兴起，社会和学校逐渐流行"过洋节"，而中国的传统节日，比如"端午节"抢先被其他国家向联合国教科文组织申遗，我国高校的多数大学生却不能用英语说清端午的由来和风俗。在文化交流中，重在相互的学习，只有输入没有输出，得不到别人的认同和尊重，更谈不上文化自信。

（二）结合批判性思维教学

课程思政要求批判性思维（critical thinking）的教学理念，也要求在大学英语教材中设计一些深层次的思政问题。比如讲中西文化对比，可以多追问几个为什么：为什么会造成这种文化差异？为什么西方的做法不能在我国简单复制？为什么我们的文化西方社会不能认同？例如这次新冠肺炎疫情引起的全球大恐慌，中西方社会价值观不同，文化迥异，最后在对待疫情防控上就产生了巨大差异。

另外，大学生的认知能力与目前大学英语教材认知难度不相匹配。大学生对事、对物都有了较为全面和深刻的认识，过于简单的认知内容不能引起学生的共鸣。比起"如何去图书馆借书""如何介绍校园"，大学生的认知更接近"如何解决国际争端""如何看待网络暴力"。讲解这些深层次的话题就需要结合批判性思维的课程思政。

（三）弱化语音教学

1996年第1期*Nature*杂志发表了美国康乃尔大学专家们的发现：人的大脑中有一个专门负责学习语言的区域，即布罗卡斯区；12岁以前学习的外语会如同母语一样储存在这一区域，但是12岁以后则不能。不少研究也表明，12岁之后学习外语将不能去母语语音。因此，大学外语教学的重点不应落脚在语音上，这是投入和产出极不成比例的。

但是弱化并不是完全的去语音化教学，毕竟语音的规范对于听力能力的重要不言而喻。这里提出的弱化语音是指从输出端（英语口语）而非输入端（英语听力）弱化发音问题。另外，弱语音化教学也是课程思政、文化自信的一个体现方面。

（四）师资队伍的提升

课程思政需要有思政能力的教师来实现。首先要切实把好思政关，在评聘教师的时候，把思政能力作为一个重要的考核点；其次在教研教改、师资培训、继续教育方面，加强思政学习和意识形态教育。

五、结语

大学英语的课程思政是大学英语课程体现其重要性和必要性的关键点，也是解决目前大学英语发展瓶颈的关键点。要做好大学英语课程思政，需要国家、高校、教师、学生等各方面的努力，需要从教材、教学法、考核评价等各维度开展全方面的改革。大学英语课程思政符合国家需求、学校发展、教师提升和学生培养的要求，也将会给大学英语课程带来发展新契机。

参考文献

[1] 把思想政治工作贯穿教育教学全过程开创我国高等教育事业发展新局面 [N]. 中国教育报，2016-12-09.

[2] 夏文红，何芳. 大学英语"课程思政"的使命担当 [J]. 人民论坛，2019（30）：108-109.

[3] 安秀梅.《大学英语》"课程思政"功能研究 [J]. 文化创新比较研究 2018，2（11）：84-85.

[4] 覃正爱. 谈谈中国共产党人的"四个自信" [J]. 2018 年 1 月 24 日，见 http://dangjian.people.com.cn/n1/2018/0124/c117092-29783178.html。

[5] 郭爱平."课程思政"背景下高校英语教学改革研究 [J]. 内蒙古财经大学学报，2019，17（05）：138-140.

作者简介

干昭君（1982—），女，重庆对外经贸学院外国语学院讲师，研究方向：大学英语教学法、大学英语听说教学，E-mail: 546086152@qq.com。

高职英语混合式教学模式应用研究*

程晓东

（天津现代职业技术学院，天津，300131）

【摘要】高职英语教学应该深入挖掘"线上"和"线下"的教育资源，充分发挥各自的优势，实现两种教学方式的融合创新。文章系统地阐述了混合式教学的概念和特征，全面分析了高职英语混合式教学在实施过程中存在的问题，并为如何进一步完善混合式教学提出了对策建议。

【关键词】混合式教学；高职英语；线上教学；线下教学

人类社会正在从信息化、数字化时代迈向智能化时代，教师不再是知识的唯一传播者，书本不再是知识的唯一载体，教室也不再是教学活动的唯一场所，"互联网+"、云计算和大数据等信息技术在教育教学领域的应用范围不断延伸，有力地推动了混合式教学的飞速发展，学生可以随时随地进行自主学习，在电脑前完成各项学习任务，在手机上进行碎片化学习。教育与互联网的结合有助于推动优质教学资源共享，促进教育公平化，实现终身教育。

一、相关概念

线下教学是指面对面的课堂教学，线下教学充分体现了人性化，教学的整体感和现场性非常强，充分发挥教师在课堂上的主导作用，提高教学效率，及时了解学生的学习动态，评估教学效果并采取措施改进教学方法，线下教学更适合于规模化的教学需求。它的缺点在于：教学中过于强调整齐划一，难以做到因材施教，教学模式比较单一，难以激发学生的学习兴趣。20世纪90年代以来，随着互联网技术的迅猛发展，E-learning在全球教育领域得到快速普及和发展。线上教学是指通过互联网实施教学的方式。它的优势在于学习方式方便灵活，媒体呈现生动形象，教学风格富于艺术性和创造性，教学资源非常丰富，能够满足个性化学习的需求。但是，在教师的言传身教、同学的榜样示范、校园的情感互动、课堂的实习操作、学习氛围营造和学习热情激发等方面还存在明显不足。2000年12月《美国教育技术白皮书》指出E-learning能很好地实现某些教育目标，但是不能替代传统的课堂教学。

"混合式教学"（Blended Teaching）的概念出现于20世纪60年代，混合式教学是把传统教学方式的优势和线上教学方式的优势结合起来，既要发挥教师在引导、启发和监控教学过程的主导作用，又要发挥学生作为学习主体的主动性和创造性。混合式教学融合了线上教学

---

* 基金项目：教育部职业院校外语类专业教学指导委员会课题"高职英语混合式教学模式应用研究"（课题编号：WYJZW-2020-1102）。

和线下教学的优势，克服了各自的不足，它的教学方式灵活，可以随时随地进行学习，充分利用碎片化的学习时间，实现泛在学习环境。混合式教学满足了个性化的学习需求，课堂教学之余，学生根据自身的情况制订学习计划，还可以得到教师的个性化指导。混合式教学有助于促进学生自主学习能力的提高，线上自主学习需要学生自我管理，要求学生要有极强的自律性并掌握正确的学习方法。混合式教学能够发挥线上与线下的融合优势，两种教学方式各具优势，分别适应不同的课程或不同的教学内容，通过整体设计，根据教学内容和教学目标选择适合的教学方式，就能够扬长避短，获得更理想的教学效果。

二、高职英语实施混合式教学的现状分析

1. 对混合式教学的认识滞后

一些高职英语教师对于混合式教学缺乏正确认识，将混合式教学中的线上教学和线下教学视为两个教学系统，或者把线上教学看作线下教学的一个补充，把几乎所有的教学内容都安排在教室里讲授，在网课上只布置一些作业或者预习任务。另外，一些教师认为只要把线下的课程资源搬到网上就是信息化了，于是无论什么教学内容，也没有经过重新设计和调整就都堆到网页上。事实上，手机等移动设备比较适合碎片化学习，并不适合长时间的理论学习，那样会造成精力不集中和视力受损。一些教师对线上和线下教学的特点认识不够深入，致使课程设计和教学方式应用不当，未能充分发挥混合式教学的融合优势。

2. 缺乏对课程的整体设计和融合创新

一些高职英语教师课前没有对教学内容进行深入的研究，没有考虑到学生的基础和能力差异，没有掌握教学任务的重点和难点，也不清楚线上和线下教学的各自优势，机械地根据教科书的章节安排线上或线下教学，结果造成一些重点难点知识，或需要实践的内容被安排在线上自主学习，而一些比较零散的知识被安排在线下讲解。另一方面，由于没有进行有针对性的课程设计，造成线上和线下教学内容相互脱节，缺乏前后呼应和阶段总结。结果造成混合式教学流于形式，没能将信息技术、媒体技术和教育技术发展的成果转化为教学效果和教学质量的提高，没能真正实现教学思想、教学内容、教学手段和教学环境的融合创新，也没能产生"1+1＞2"的教学效果。

3. 教师信息化的能力有待提高

一些高职英语教师认为教育信息化只是把黑板换成电子屏幕罢了，没有认识到教育信息化必将带来教育思想和教学理论的深刻变革，没有认识到教学形式以及多媒体的融合将对认知理论、学习理论和教学方法的创新产生巨大的推动作用。这些教师还停留在制作简单的PPT阶段，只能简单地对文字、图片和影像进行粘贴复制，因此他们制作的网课非常单调，缺乏吸引力和创造力，难以激发学生的学习兴趣。一些年纪较大的教师由于视力下降，对于学习手机在线教学的新功能和新应用存在畏难情绪。

4. 学生缺乏学习动力和自主学习能力

学生依然是混合式教学的主体，他们要在完成线下课堂学习任务的同时，还要投入更多的时间和精力完成线上的自主学习任务。许多高职学生认为线上学习比线下学习要轻松得多，为什么会有这种感觉呢？一些高职学生缺乏学习的主动性，缺乏坚持学习的意志力和恒心，更缺乏自主学习的能力，上网课时只是进行手机签到，虽然把网课内容打开但没有仔细阅读，更不会去学习一些拓展内容。网课作业也是通过复制粘贴来应付，学习检测也不能独立完成，他们虽然上了网课，完成了作业，但是没有任何收获。

5. 网络教学平台建设有待完善

2019年末暴发的新冠肺炎疫情使网络教学平台建设大大提速，但是也存在一些问题。课程资源建设亟须加强，学校要求所有教师都要把教材、教案、微课视频上传到网上，由于时间太紧，教师没有时间对课程内容进行深入研究，对教学方案进行重新设计，仍然沿用原教材的结构，没能根据授课内容选择更有效的教学方式。教材建设滞后，目前的多数教材是专门为线下教学而编写的，无法同时兼顾线上教学和线下教学的不同特点和需求。教学评价机制需要完善，虽然线上教学平台能够通过签到、讨论、问卷、作业、测试等后台数据对学生的学习情况进行监测，但是一些学生上课时人虽然到了，但没有用心学习，甚至有些学生作业和考试都是抄别人的。网络教学平台如果不能采取措施解决学生学习动力不足的问题，就难以实现高职英语的教学目标。

6. 教学管理需要与时俱进

在教学管理层面，仍然没有将线上教学与线下教学平等看待，高职英语教师工作量仍然以线下课堂教学的课时为标准。教师线上平台建设、维护和更新管理所花费的时间和精力，以及随时随地与学生线上互动的付出得不到合理的认可。对网络课程建设中教师及教材的著作权也缺乏有力的保护。另外，目前各种教学比赛和评优活动几乎全部聚焦于线上课程设计和教案设计，而忽视了对教师在线下课堂上所展现的人格魅力、师德师风、知识储备、教学艺术等方面的有效评价，存在重成绩、轻教学的误区。

三、完善高职英语混合式教学的对策建议

1. 提高对混合式教学内涵的认识

混合式教学是在教育信息化背景下，基于成果产出理念形成的一种现代教育模式。在信息技术飞速发展的今天，高职英语教师为了实现更理想的教学效果，通过对现有的线下和线上教学资源进行优化整合，对课程体系进行重新建构，形成了一种新的教学模式。两种教学方式之间相互渗透、相互补充、相互促进，克服单一教学方式存在的缺点，追求融合优势的最大化。同时，我们还要认识到混合式教学不是在传统课堂教学的基础上添加一些线上的学习任务，而是要通过不断地探索和创新认知理论、教学理论、教学方法、评价体系、教育技

术来实现高职英语教学目标。通过线下学习与线上学习、自主学习与课堂学习、结构化学习与碎片化学习，以及学习资源、评价方式和支持服务的深度融合来实现教学质量的全面提升。

2. 做好教学要素的融合创新

互联网改变了传统教育要素的职能。家和学校在传统教育模式中的作用是明显不同的，教育资源都集中在学校，教学活动都集中在教室，教学的主导者是教师。而混合式教学将学校和家庭的界限模糊了，"家庭+网络"也可以是学校，家长或者电脑也可以成为教师，学生在一定程度上可以自主管理自己的学习。教学活动随时随地都可以进行，不再受时空的限制。我们需要对教学资源进行重新整合，更充分地发挥教师、学生、家长、学校、家庭和互联网在英语教学过程中的作用，才能获得最理想的教学效果。另外，高职英语混合式教学不仅仅是两种教学形式的结合，更重要的是要明确教学目标，重新进行课程整体设计，创新教学方法，采用最适当的教学方式，实现线上和线下教学的紧密衔接，才能发挥混合式教学的融合优势。

3. 提升英语教师的信息化能力

混合式教学对英语教师的要求不是降低了而是提高了，因为再先进的教育技术也不会自动发挥作用，仍然需要优秀的教师去驾驭，任何教育改革都要通过教师的教学行为去落实，因此教师在教育信息化时代必将发挥更加重要的作用。英语教师虽然不再全程主导教学活动，但是教师对课程的规划设计、对学生自主学习能力的培养、对学习活动的正确引导和监督将对理想教学效果的实现起到至关重要的作用。高职英语混合式教学的优势能否发挥取决于新技术与教学过程的深度融合，取决于教学方法的创新，取决于教师教学管理能力的提升。因此，它对教师的专业理论水平、教学艺术水平、课程设计水平、融合创新水平和信息化能力水平等都提出了更高的要求。每名教师都应该不断地学习新知识，掌握新技术，更新教育理念，创新教学方法，对现有课程体系进行全面改革。

4. 激发学生持久的学习动力

在高职英语混合式教学中，教师在教室面对面授课的比重将会减少，而学生自主学习的时间将会增加，因此混合式教学成功的关键就是要激发学生持久的学习兴趣和动力，充分调动学生学习的主动性和创造性，学校和教师应该采取适当的激励措施。英语网课学习平台通过将学生的学习时长、作业情况、活动参与情况以及学习检测等情况记入平时成绩，从而在线上学习中营造出良性竞争的学习氛围。教师还可以将优秀学生的作业、课上交流及成果展示的音视频发布到班级群里，让这些学生从学习中获得成就感，激励和带动其他同学一起努力学习。线下教学也可以采取口头表扬、作业展示、上台演讲和加分鼓励等方法来激发学生学习英语的兴趣。

5. 打造优质的英语网络学习平台

高职英语混合式教学的开展离不开网络学习平台的支持，教育管理部门应该统筹规划，超前设计，并争取得到社会各方面的支持。高职院校也可以合作开发英语网络课程，整合各院校的优质教学资源共同建设，向所有学生开放共同受益，最大限度地发挥英语网络学习平台的规模化效应，实现教育资源使用价值的最大化。另外，英语网络学习平台的建设还应该注重实用性，所选取的学习素材要与高职英语课程目标密切衔接，突出职业特色。在建设之前要多听取教育专家和一线教师的意见，在使用阶段要注意收集教师和学生的反馈意见，及时做好维护升级和更新改造工作。

6. 更新理念创新教学管理制度

高职英语教学要根据课程内容的特点和需要来选择适当的教学方式，指导学生在线上自主学习，培养自主学习能力。然后，学生带着问题来到课堂，教师重点解决那些带有共性的重点难点问题，组织学生进行小组讨论，学生运用课上所学的语言知识和技能进行成果展示。通过教师的点评、学生互评以及自我评价来提高学生的语言应用能力。另外，教学评价是英语教学中不可或缺的，关系到教学成果的检验和巩固。英语课不能仅仅通过一次期末笔试来对学生进行评价，应该加强过程性评价，将线上评价和线下评价结合起来，建立多元化的评价体系。

四、结束语

高职英语混合式教学融合了线上教学和线下教学的优势，使学习更加便利，满足了个性化学习的需求。同时，我们还要清醒地认识到混合式教学只是一种教学模式，我们还需要采取有效措施激发学生的学习兴趣，培养他们的自主学习能力，提高教师对混合式教学的认识以及信息化能力，创新教育理论和教学方法，完善教学评价体系，开发新的教育技术，才能实现高等职业教育的人才培养目标。

参考文献

[1] 陆晓华. 混合式教学模式在高职英语教学中的应用研究 [J]. 湖北开放职业学院学报，2018（21）：173-174.
[2] 王琼，武晓燕. 基于 SPOC 的高职英语混合式教学有效性研究 [J]. 扬州大学学报，2017（8）：89-91.

作者简介

程晓东（1968— ）男，硕士，天津现代职业技术学院副教授，研究方向：英语教学、职业教育，E-mail：13820317365@139.com。

"1+X"证书VETS等级标准与高职英语课程标准的对比研究[*]

杨红全　　刘　洋

（北京经济管理职业学院，北京，100102）

【摘要】 在最新公布的"1+X"证书制度试点的第四批职业技能等级证书名单中将实用英语交际（VETS）职业技能等级证书纳入其中，旨在考核认定职业教育在校生、毕业生和社会成员在职场使用英语完成工作的技能水平，为国家和社会培养符合时代需求的高素质、国际化、复合型技术技能人才。本文将VETS的等级标准和高职英语课程标准进行对比，从而为高职英语教学改革提供参考。

【关键词】 "1+X"证书；实用英语交际（VETS）；高职英语；标准对比

一、引言

2019年4月，教育部、国家发改委、财政部、市场监管总局四部门印发《关于在院校实施"学历证书+若干职业技能等级证书"制度试点方案》的通知，要求从2019年起，各高职院校要在10个左右领域，以服务国家需要、市场需求、学生就业能力提升为重点，启动"1+X"证书制度试点工作。在最新公布的"1+X"证书制度试点的第四批职业技能等级证书名单中将实用英语交际（VETS）职业技能等级证书纳入其中，旨在考核认定职业教育在校生、毕业生和社会成员在职场使用英语完成工作的技能水平，为国家和社会培养符合时代需求的高素质、国际化、复合型技术技能人才，这也是唯一的英语类职业技能等级证书。2021年公布了《高等职业教育专科英语课程标准（2021年版）》（以下简称"新课标"），在"1+X"证书制度和职业教育"三教"改革背景下，将VETS的等级标准和高职英语课程标准进行对比，对高职英语教学改革有一定参考价值。

二、理念均融入了职业性

VETS的时代性体现在培养具有中国情怀和国际视野的国际化人才，致力于提升职业教育人才的国际竞争力，其设计理念包括突出应用、服务职场、驱动发展。注重学用结合，强调

---

* 基金项目：教育部外语教指委2021年外语职业教育产教融合专项重点课题：校企双元合作开发活页式教材《学前教育系列英语实操教程》的实践与研究（WYJZW-2021-1010）；教育部外语教指委2021年度职业院校外语教育改革研究重点课题：1+X证书与高职商务英语专业的课证融合研究（WYJZW-2021-2018）。

成果导向，面向典型领域，依托真实场景，拓宽国际视野，提升职业能力。新课标坚持立德树人，突出学科核心素养，突出职业特色，提升信息素养，尊重个体差异，促进学生英语学科核心素养的发展，培养具有中国情怀、国际视野，能够在日常生活和职场中用英语进行有效沟通的高素质技术技能人才。

三、素养目标吻合

经过对比，VETS证书的包含的目标有对接职场的能力、跨文化交际能力、语言沟通能力、终身职业发展能力。新课标的素养目标包括职场涉外沟通、多元文化交流、语言思维提升、自主学习完善。两者的目标要求基本是一致的。

VETS证书		新课标	
目标	目标要求	目标	目标要求
在真实工作任务中用英语解决实际问题的综合能力	对接职场的能力	职场涉外沟通	在职场情境中，能够运用英语语言知识和语言技能比较准确地理解和表达信息、观点、情感，进行有效口头沟通和书面沟通
拓宽国际视野，立足中国、面向世界所需综合素养提升	跨文化交际能力	多元文化交流	能够识别、理解、尊重世界多元文化，拓宽国际视野，增强国家认同，坚定文化自信，树立中华民族共同体意识和人类命运共同体意识；在日常生活和职场中能够有效进行跨文化交际，用英语传播中华文化
用英语进行沟通，培养善于思考、理性分析、团队合作的思维	语言沟通能力	语言思维提升	能够识别和理解英语使用者或英语本族语者的思维方式和思维特点，提升自身思维的逻辑性、思辨性与创新性
提升职业能力，实现"新手—能手—高手"的职业终身发展	终身职业发展能力	自主学习完善	做好自我管理，养成良好的自主学习习惯，多渠道获取学习资源，自主、有效地开展学习，形成终身学习的意识和能力

四、内容模块相对应

VETS考试共有初、中、高三个级别，每个级别都面向事务安排、产品操作与研发、客户服务、业务推广和商品交易五个典型工作领域，并从中提取最具代表性的不同职业发展阶段的典型工作任务。新课标分为基础模块和拓展模块，基础模块为职场通用英语，其主题类别包括职业与个人、职业与社会、职业与环境三个方面，每个方面包含若干专题，每个专题包含不同话题。拓展模块包括职业提升英语、学业提升英语、素养提升英语。本部分将VETS中级的典型工作任务与新课标的基础模块相关内容进行对比。VETS证书中典型工作任务与新课标中建议的职场情境任务基本相同。

VETS中级		新课标			
工作领域	典型工作任务	建议职场情景任务	主要话题	专题	主题类别
事物安排	文件处理	文件处理 活动组织 产品说明 技术服务 客户管理 参访接待 反馈处理 市场调查 产品推介 营销策划 商务谈判 订单管理 交易善后	1-2国情社情	1.人文底蕴	职业与个人
事物安排	活动组织		2-1职业类型	2.职业规划	职业与个人
事物安排	后勤保障		2-2职业选择	2.职业规划	职业与个人
产品操作与研发	操作说明		2-3创新创业	2.职业规划	职业与个人
产品操作与研发	技术服务		2-4职业发展	2.职业规划	职业与个人
产品操作与研发	产品研发		3-1职业理想	3.职业精神	职业与个人
客户服务	客户资源管理		3-2职业道德	3.职业精神	职业与个人
客户服务	客户参访接待		3-3职业规范	3.职业精神	职业与个人
客户服务	客户反馈处理		4-1产品质量	4.社会责任	职业与社会
业务推广	市场调研		4-2公益事业	4.社会责任	职业与社会
业务推广	产品推介		4-4企业使命	4.社会责任	职业与社会
业务推广	广告宣传		5-3技术应用	5.科学技术	职业与社会
商品交易	交易磋商		6-1职场文化	6.文化交流	职业与社会
商品交易	合同签订		7-2绿色发展	7.生态环境	职业与环境
商品交易	订单管理		8-2生产环境	8.职场环境	职业与环境
商品交易	交易善后		8-4职业安全	8.职场环境	职业与环境

五、阅读材料类型相匹配

VETS中级的考试任务有六个，共有18篇不同形式、长短不一的阅读材料，主要涵盖了独白、公司简介、邮件、报告、图表、调研报告、活动海报。新课标基础模块语篇类型包括应用文（书信、公告、通知、纪要、便条、广告、简历、调查问卷、宣传册、常见票据、日程安排、工作计划、议事日程等）、说明文（公司概况介绍、操作指南、使用手册、成果和产品介绍；事件说明、现象说明、过程说明、图表说明、事理阐释等）、记叙文（个人故事、职场人物介绍、短篇小说等）、议论文（论说文、时事观点、职场案例分析、评论、书评等）、融媒体材料（一般网络信息、电子邮件、手机短信、博客、知识类或科普类网页等；音频或视频节目等），内容包括了VETS的阅读材料。

六、职业英语技能能力要求一致

VETS考试的中级英语语言能力大致对应中国英语能力等级量表（CSE）的四级水平和欧洲语言公共参考框架（CEFR）的A2较高水平、B1较低水平。中级主要对应的学段是高职公英和高职英专，即所有高职生。因此，将VETS中级能力要求与新课标基础模块职业英语技能对比发现，两者的能力要求基本一致。

VETS中级		新课标	
技能类型	能力要求	能力要求	技能类型
听力、阅读（输入）	能听懂熟悉话题、语速正常的独白和对话，如非专业性讲座、访谈；能读懂语言简单、题材广泛的材料，如公司介绍、信函等；能对内容做出推断，理解说话人的意图、观点和态度	能运用英语完成与职业相关的理解活动，例如能听懂、读懂、看懂用英语描述的工作流程、产品说明书等；能从不同视角理解语篇的主题和内容；能分析、推断作者的意图和态度	理解技能
口语、写作（输出）	能就熟悉话题与他人进行交流，语音语调较为自然，用词较为恰当，语法较为正确，使用有效的交际策略；能围绕熟悉话题进行书面表达，中心思想明确，语义较为连贯，结构较为清晰完整，用词较为恰当，语法较为正确，使用有效的写作策略	能运用英语完成与职业相关的表达活动，例如能介绍自己的工作经历、企业的基本业务、企业的主要产品等；能在职场环境下进行简单的中英互译活动；能运用英语表达有创新性的观点；能用图像、声音、图表等非文字资源创造性地表达意义	表达技能
交流技能	根据业务管理要求及项目实际情况，能实用英语完成较复杂的职场口头和书面交际任务，解决活动组织、产品推介、交易磋商、开放性问题，提出建议和方案，满足经济性、合理性等要求	能运用英语完成职场中的互动活动，例如能进行日常商函往来或面对面日常业务交流；能运用英语克服跨文化交际中的困难。	互动技能

数字经济时代背景下，各行各业、各级各类岗位对技术技能人才国际化的需求极为迫切，提升各专业学生在职场使用英语完成工作的技能水平具有高度必要性和紧迫性。基于VETS进行高职英语的"三教"改革，推行课证融合，将有效提高人才培养质量，提升学生就业竞争力，推进职业教育国际化，满足社会用人需求，为国家培养高素质、国际化、复合型技术技能人才，在各行业领域传播中国声音，展示中国形象，贡献中国方案。

参考文献

［1］中华人民共和国教育部制定. 高等职业教育专科英语课程标准（2021 年版）. 北京：高等教育出版社，2021.

［2］"1+X"使用英语交际职业技能等级证书. 外研在线 . 2021.2.

［3］"1+X"使用英语交际职业技能等级证书资料汇编. 外研在线 . 2021.3.

作者简介

杨红全（1982—），男，硕士，北京经济管理职业学院副教授，研究方向：高等职业教育英语教学，E-mail：hongquanyang@biem.edu.cn。

刘洋（通讯作者）（1987—），女，硕士，北京经济管理职业学院讲师，研究方向：高等职业教育英语教学，E-mail：liuyang@biem.edu.cn。

POA视域下大学英语翻转课堂模式的探讨*

单燕萍　陈建丽

（云南师范大学文理学院，云南昆明，650222）

【摘要】信息技术的发展为移动技术的普及提供了基础，为翻转课堂的实现创造了条件。《普通高等学校本科专业类教学质量国家标准》和《大学英语教学指南》（2020版）对大学英语教学提出了新的要求。本文以地方应用型大学英语翻转课堂改革模式为例，对POA指导下大学英语翻转课堂的教学模式、效果、面临挑战和解决途径进行探讨。

【关键词】POA（产出导向法）；大学英语；翻转课堂；教学

一、引言

根据GSMA发布的《2021年全球移动趋势报告》，至2020年底，中国有12.2亿人订阅移动服务，占全国人口的83%。相比66%的全球平均采用率，中国已跻身于全球最发达的移动市场。目前，中国已有超过9.9亿人使用移动互联网服务，预计到2025年，这一数字将再增加2亿人。"信息技术的迅猛发展，使教育断不能'独善其身'，信息技术已渗透教育的方方面面，并推动着教育的根本性变革"（戴朝晖，2019）。2018年初，《普通高等学校本科专业类教学质量国家标准》提出新时代高等教育教学应突出体现的三大原则，即学生中心、产出导向和持续改进。通过十余年的探索，文秋芳教授及其团队针对我国外语教学的现状，研究实践的"产出导向法"（Production-oriented Approach）充分体现了这三大原则。《大学英语教学指南》（2020版）提出："各高校应充分利用信息技术，积极创建多元的教学与学习环境。""鼓励教师建设和使用微课、慕课等，实现课堂翻转。大学英语教师应掌握扎实的学科专业理论和知识，具备先进的课程理念和教学管理与评价能力，提升在教学中运用现代教育技术的水平。"

二、POA指导下大学英语翻转课堂教学模式的可能性及意义

POA即"产出导向法"，是一种系统的英语教学理论体系，主要针对不同水平英语学习者提出不同的课程教学内容、教学流程。因此，"产出导向法"注重英语课程的"教学产出"，是有完整规划的英语教育体系，以学习为中心组织英语课程教学理念、教学假设，将

---

* 本文系2020年产学合作协同育人项目立项资助项目，项目编号：202002110024。

"有效学习"作为课堂教学质量、学习学习状况的衡量标准，对学生的选择性学习、产出任务学习做出客观评价。由于课时有限，大学英语授课教师很难在课堂上完成教学大纲规定的"输入"目标，学生的"输出"培养更无从谈起。翻转课堂可帮助教师实现将课堂的导入部分转化为课前任务，学生自主安排时间在教师指导下进行网上学习和互动，促成有效学习的发生。

从教学理念来看，POA理论包括"学习中心""学用一体""文化交流""关键能力"，强调学以致用、学以成才，学和用无缝对接。翻转课堂可帮助教师实现将课堂的导入部分转化为课前任务，学生自主安排时间，在教师指导下进行网上学习和互动，促成有效学习的发生。而翻转课堂是将传统教学中的知识传授提前，学生借助教学信息资源在课前自主学习知识点，而在课堂上通过输出和师生互动讨论等完成知识的内化（Sams & Bergmann，2013）。"翻转课堂能够帮助学习者更有效地在新知识和认知结构之间建立联系，能更高效地实现知识内化，符合POA外语教学理论体系的原则"（胡杰辉，2017：21）。

从学习假设来看，POA理论倡导"输出驱动假设"，主张输出比输入对外语学习的内驱力更大；培养说、写、译的表达性技能更符合社会需求，强调学用一体。文秋芳（2017）表示POA中的"输出驱动"，逆转"先输入、后输出"的传统教学顺序，让学习者尝试输出，使他们自己意识到产出的困难，然后教师有针对性地提供相关输入，帮助学生吸收、消化和运用。这与"个性化教学"和"学用一体"的翻转课堂模式契合。

从教学流程上来说，POA主张"驱动—促成—评价"三阶段互动教学流程。驱动环节通过产出尝试让学生认识到自己的不足之处，调动学习积极性，刺激学习欲望。促成环节针对学生在初次产出时的问题，有针对性地为学生提供支持和帮助，实用目的与完成学习目标的产出活动。在评价阶段，学生或教师进行反馈，以评促学。翻转课堂是学生在课外通过视频或其他课程资料完成直接教学，而将课堂实践战略性地用于集体或个体活动，提升教学效果，实现个性化教学（Sams & Bergmann，2013）。POA和翻转课堂在流程上具有统一性。

目前很多高校的大学英语课程学分学时压缩，如果仍然以课堂教师统一讲授、学生集中听讲学习的传统模式进行教学，难以实现原有内容和强度的有效教学，难以完成大学英语服务人才培养的任务。如何优化教学设计，利用压缩后的课时达到教学效果？如何驱动学生进行主动学习，以学习为中心实现学习目标？在这样的转变下，需要教师改变教学理念和模式，以学情为基础，以人才培养为目标，有效提升教学效率，达成教学目标。翻转课堂是这一改变的助推器，而POA理论为实现教学转变而开展的教学活动领航指南。

三、大学英语翻转课堂模式构建

研究人员工作单位为独立设置的本科层次民办普通高等学校，地处西南边疆多民族省份，由于学校性质和招生政策等原因，生源中本地学生占学生总数的77.5%，其中高考英语成绩达到90分及以上的同学不及学生总数的1/3。

研究单位大学英语课程实行分级教学，学生入学后参加学校统一组织的入学考试，根据入学英语考试成绩划分级别，因材施教开展大学英语的课程教学。此次研究在大学英语课程中的综合课程中开展，对于课程部分内容进行语言学习输入—输出翻转，旨在提升教学效率，具体模式如下。

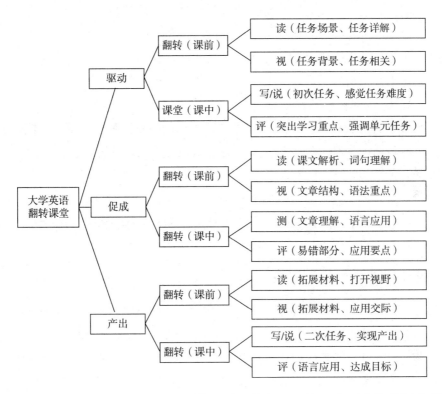

通过驱动、促成和产出三个阶段完成单元话题任务，而这三个环节均将语言学习的输入和输出环节进行翻转，通过"读""视""产（写/说）""测""评"五个专项活动，精心编排教学内容，优化课堂教学。

在驱动环节，教师通过课前补充阅读和视频观看内容营造任务场景，明确教学目标。课中通过组织学生进行任务相关产出活动，让学生在教学最初就明白自己与学习目标间的差距，从而发现自身在完成任务时的不足，激发学生学习兴趣，形成后续学习的驱动力（张丽霞，2019）。通过翻转材料阅读和视频观看与产出活动顺序，学生可以根据自身的实际情况在课前自主安排学习的时间和次数，在了解任务背景和目标的前提下进入课堂进行一次产出，在产出过程中暴露出不足，调动学习的积极性。

促成环节中，教师在课前向学生发布课文理解和课文重难点解析，并在智慧教学平台设置课文重难点讨论板块，打通学生自学过程中的困难解决通道，让学生有疑便查、有难可问、有问有答，从而培养学生自主学习的信心和形成同伴互助学习的氛围。将传统教学中课文讲解的部分放到课前让学生完成，这一做法对于研究单位的学生非常有挑战性，但是意义重大。课中教师根据学生课前自主学习的内容和反馈的重难点进行针对性的小测验，测验结束系统即是反馈结果，有效地掌握学生自学中存在的问题和困难，在课中持续强化和训练，引导学生有意识地运用所学的语言和结构，为产出任务做好准备。

在产出环节，教师课前明确产出场景和产出任务，发布相关的阅读和视频等拓展材料让学生，对已学的内容进行反复强化训练，拓展学生的产出思路。对于产出任务，教师在课前也会相应进行分解，引导学生明晰思路组织内容。课堂中，学生根据要求，通过写或说的形式，完成产出任务，实现把学过的语言用起来的目的，让学生感受学习的成效，提升学生问题解决能力。产出结束后教师和学生对学生产出的内容进行师—生评价和生—生评价，帮助学生了解学习效果，支持学生持续改进。

经过4个学期的尝试和探索，86%的学生对于POA指导下的翻转课堂教学模式表示认可。大部分学生表示翻转课堂对于形成自主学习的习惯很有帮助，并且语言应用能力、团队合作能力和信息技术素养也得到了提升。

四、POA 指导下大学英语翻转课堂的挑战和措施

（一）循序渐进改变学生学习习惯

大学英语翻转课堂对于学生提出了更高的要求。结合研究单位的实际情况，绝大部分大一学生在大学英语翻转课堂实施之初有比较大的抵触心理，认为翻转课堂与之习惯的高中英语课堂相距甚远，难以接受。研究者在教学实践中收到的来自教学班；代表意见，主要针对两个方面：一是课堂教学让学生英语产出的的活动过多难以适应；二是课后学习和练习要每天布置而不要每周集中布置。安梅（2020：181）指出："学生自主学习能力的强弱也是决定翻转课堂能否有效的另一关键因素。"研究人员工作单位的学生大部分基础较为薄弱，在中学阶段没有形成较好自主学习能力，多数学生在中学阶段已经适应了教师"投喂"式的学习，自主学习能力较低。在课堂上，学生习惯了教师讲授的方式，认为教师才是课堂的中心。部分学生在作文中甚至表示进入大学之后，教师不再严格要求自己，让他们无所适从。与以往教学实践类似（田秀峰、马瑞贤，2018），研究单位大学英语课程从传统课堂到翻转课堂经历了3个月左右的适应期，之后大部分学生基本能够按照要求进行自主学习并较为配合地完成课堂活动。

在翻转课堂实施前给予学生一个"过渡期"非常必要，不仅可以较为顺利地帮助学生从心理上、意识上和行动上完成从被动学习向自主学习的一个过渡，为后期教学活动的实施打下基础；而且有助于教师充分掌握学情，对今后组织教学活动起到积极的作用。

（二）全方位提升教师教学素养

根据POA，教师应该是课堂教学的设计者(designer)、组织者(organizer)、引领者(leader)和指挥者(director)。教师除了为学生提供支持和帮助外，在整个教学过程中还起着更为重要的主导作用（文秋芳，2017）。这对教师提出了更高的要求。翻转课堂对于大学英语教师而言，需要投入更多的时间和精力来学习和优化教学设计、组织和评价。翻转学习三要素的其中之一为师生关系，好的教学本质上是一种人与人之间的互动，在互动中学生的兴趣和热情得到激发（Bergmann & Sams，2014）。教师和学生间互动的成功与否对于学生学习有重要影响。所以教师在掌握教学能力之外，还要了解学生心理，熟悉沟通交流的有效方式。不仅如此，翻转课堂要求学生在课前进行自主学习，收集视频、改编视频甚至录制教学视频均成为翻转课堂教师的必备技能。

学校教学管理部门应鼓励并支持教师们利用信息技术手段进行自我提升，并且为一线教师接受相关培训创造条件。学校可设置教学改革和教学团队等项目鼓励教师回归教学，进行教学研究，并且为优质教学项目和团队提供培育和进一步发展的机会。

五、结语

"移动技术不仅为学生创造了进行自主重复练习的可能性，还提供了符合个人学习习惯并能摆脱时间及地点限制的学习平台"（高颖，2018：105），这是翻转课堂较于传统课堂的优势之一。借助信息技术，在POA的指导下翻转课堂为大学英语课堂教学提供了一条有效的路径。但是现实问题，如班级规模大、生师比高、学校网络建设等，在一定程度上制约了课堂教学改革，需要得到学校层面的重视和支持。

参考文献

［1］Bergmann, J., & Sams, A. Flipped learning: Gateway to student engagement[J]. *International Society for Technology in Education*, 2014.

［2］Sams, A., & Bergmann, J. Flip your students' learning. Educational leadership[J]. *International Society for Technology in Education*,（2013）.70（6）：16-20.

［3］《2021 年全球移动趋势报告》[R]. 伦敦：GSMA 智库，2021.

［4］安梅. 少数民族地区高校英语翻转课堂：基于 POA 理论的探讨 [J]. 2020（4）：178-182.

［5］戴朝晖. 基于慕课理念的大学英语翻转课堂研究 [M]. 青岛：中国海洋大学出版社，2019.

［6］高颖. 基于 POA 理论的大学英语翻转课堂教学模式实证研究——以听说教学为例 [J]. 电化教育研究，2018（12）：102-107.

［7］胡杰辉. 外语翻转课堂促学效能差异的对比研究 [J]. 外语界，2017（6）：20-28.

[8] 教育部高等学校大学外语教学指导委员会.《大学英语教学指南》(2020 版)[M]. 北京：高等教育出版社，2020.

[9] 田秀峰，马瑞贤. 产出导向理论下的大学英语翻转课堂教学模式的构建与优化 [J]. 英语广场，2018（9）：76-78.

[10] 文秋芳."产出导向法"的中国特色 [J]. 现代外语，2017（03）：348-438.

[11] 张丽霞. 产出导向法视域下的大学英语教学研究 [M]. 北京：经济管理出版社，2019.

作者简介

单燕萍（1982—），女，硕士，云南师范大学文理学院通识教育教学部副教授，研究方向：英语教学、教师发展，E-mail：79404512@qq.com。

陈建丽（1987—），女，硕士，云南师范大学文理学院通识教育教学部讲师，研究方向：英语教学，E-mail：2444857283@qq.com。

混合学习环境下艺术类大学英语"双主式"多模态教学模式研究

高艳春

（天津天狮学院，天津，301700）

【摘要】针对艺术类大学生认知特征和学习特点，依托混合式学习环境，依据张德禄教授多模态教学设计应遵循的原则，构建"双主式"多模态大学英语教学模式，旨在以学生为中心，发挥学生在新媒体和多模态学习选择中的主体性及教师在学生学习过程中的主导作用，以实现教学过程中"学生主体"和"教师主导"的平衡，并通过测试、问卷调查和学生反馈收集数据验证该模式的教学效果。结果表明：该模式有助于激发艺术类大学生学习英语的兴趣，增强学习英语的信心，改善教学效果，提高学习成绩，实现英语教学和艺术修养提升的真正融合。

【关键词】艺术类学生；学生主体；教师主导；双主式；多模态教学

一、引言

2020年5月4日，教育部高等教育司司长吴岩在教育部新闻发布会上建议："在线教育仍然可以和课堂教育并行，也可以采取混合式教学……引导学生探究式和个性化学习，从单纯的知识传递向知识、能力、素质的全面培养转变。"意味着传统意义上的课堂教学与现代信息技术融合的在线教学将长期共存，混合式学习将成为我国高等教育的新常态。混合式学习环境不仅为高校教师使用多模态的教学资源提供平台和便利，同时也对教学资源模态的选择与课堂设计提出了新的要求。如何有效开展多模态教学、成功选择媒体和模态，以调动学生的学习兴趣、增加学习动力、降低学习焦虑、促进深化学习，是混合学习实践的一个重要议题（雷茜，2018）。

艺术类学生是英语学习的特殊群体，其英语基础薄弱，个性自由，形象思维能力优于逻辑思维能力，具有独特的英语学习特征。然而，国内大多数高校针对艺术生的大学英语教学仅在课程难度方面有所调整，并未针对艺术生的学习特点和群体个性展开个性化教学模式设计，专门针对艺术生的大学英语教学模式探索仍极度缺乏（肖红，2017），导致艺术生的大学英语教学长期被边缘化，学生在课堂上的参与度和主动性也不甚理想，英语课堂是长期困扰英语教学及教师的一大难题。

二、文献综述

混合式学习是把传统学习方式的优势和数字化学习的优势结合起来，既要发挥教师引导、启发、监控教学过程的主导作用，又要充分体现学生作为学习过程主体的能动性、积极性和创造性（何克抗，2016）。混合式学习模式在大学英语教学领域中应用的早期研究主要集中在教学设计方面，即混合教学模式整体建构以及教学理论指导下的混合学习活动设计等。马武林（2011）、刘小梅（2016）等均通过构建混合式教学模式，证明了这一模式有助于培养学生的自主学习能力、提高教学质量。随着相关研究的深入，研究者逐渐关注到混合教学中的学习者要素。章木林（2017）、任艳等（2019）等通过在混合教学中凸显学生的学习主体地位，提高了学生自主学习能力及学习满意度。

"多模态"教学主张利用网络、图片、角色扮演等渠道和多种教学手段来调动学习者的各种感官，使之协同运作积极参与语言学习，旨在培养学习者的多元能力（曾庆敏，2011）。张德禄（2010）探讨了多模态外语课堂教学设计中模态选择的原则以及教学设计的基本程序。更多学者从教学经验出发，探讨多模态教学在大学英语视听说（曾庆敏，2011）、阅读（吕美嘉等，2014）、写作（许幸等，2018）等不同类型课程教学中的应用。综合以上研究发现，多模态教学通过调动多感官协同参与学习，降低认知负荷，激发学习动机、学习兴趣，提升自主学习能力，进而提高学习成绩。至目前，大学英语混合教学及多模态教学的研究绝大部分都聚焦在教学模式的普适性研究上，在"以学生为中心"这一点上，缺少专门针对艺术类学生这一特殊群体的教学模式研究。

艺术类学生善于创新、创造且想象力丰富，充分利用混合学习环境下的多媒体资源有助于发挥艺术生的这一学习特长。鉴于此，本研究基于何克抗教授（2016）关于混合式学习"学生主体，教师主导"的原则，在张德禄（2010）多模态教学设计应遵循的原则及基本程序的基础上，契合艺术类大学生的学习风格，建构混合学习环境下"双主式"多模态教学模式。

三、混合学习环境下"双主式"多模态教学模式的建构

本研究融合实体教室、学习通、微信及学习App、互联网平台等，搭建了基于学习软件、社交媒介和实体教室三位一体的混合学习环境，综合使用多模态学习资料，基于每一阶段的教学目标，设计以教师为主导、学生为主体的多模态输入和输出活动，力求发挥学生的积极性和主动性，提高教和学的效果。

第一阶段为多模态自主学习。自主学习过程即学生自主制定学习计划，采取学习策略，主动参与语义建构的过程。教师指导学生明确学习方向，从内部提供学习动力，学生主体作用实现了目标自主、计划自主和策略自主，激发学习兴趣。比如针对"Chinese Calligraphy"这一主题，学生在规定的时间内找到图片、PPT、短视频、动画等多模态资料，并以小组为单

位分别绘制了书法演变的历程，书法种类的树形图，书法家简介的PPT或视频等，多角度了解这一主题。教师引导学生结合课文中与主题相关的高频词汇对资料去粗取精，学习小组再次利用多模态资源深入解读和注释课文，加深对文章主题的理解，并顺利完成导学任务。

第二阶段为多模态合作探究学习。合作探究学习即学生小组内或组间合作提出问题、合作解决问题的过程，旨在引导学生运用集体智慧主动参与语义建构。为了提高小组合作探究学习的有效性，组员分工明确，角色互相轮换，充分调动学生参与语义建构的积极性。比如，在"Sport and Mass Media"这一课中，学生找到不同媒体对同一赛事的文字或视频报道，教师引导学生分析报道关注点的不同。学生提出问题：为何不报道球员的自身技术而关注球员的家庭?小组合作分析课文，总结媒体的特点，了解媒体对球员及社会的作用。组员轮流担任采访者、被采访者、记录员、观众等角色，从不同角度表达观点。小组自主选择interview、视频、PPT、口头汇报等多模态形成学习成果，学生成为模态的发出者和设计者，提高了个体的自我效能感，获得了积极的情感体验，激发了学习能动性（彭梓涵等，2019）。

第三阶段为多模态交互学习。交互学习是互动交流式的学习方式，教师是学生共同讨论探索知识的带头人，组织学生共享学习成果，延伸交流话题，鼓励学生敢于质疑和讨论，促使学生更主动地学习和表达。同时建立评价机制，将知识点测试的终结性评价与对学习过程中个人主体性发挥情况的形成性评价相结合，有利于激发学习主动性。如学习"The Sportsmanship"一课时，有的小组用role-play表演了整个故事，表演结束后，教师邀请其他同学就该组是否完整地表现故事情节发表评论；有的小组用思维导图清楚地展示了故事发展脉络，其他小组可纠错或提出建议。对能力较弱的学生，教师给出明确提示，要求学生根据理解再加工后讲解给其他学生，这一过程有助于加深学生对文章的理解，促使其弥补认知漏洞。在交互学习的过程中，学生经过交流、对比、思考和辨析，实现深入学习，培养思辨能力和创新精神。

四、"双主式"多模态教学模式效果检验

（一）研究对象与课程描述

本研究的研究对象为天津某高校艺术类专业二年级本科生。作者基于大学第一学年的学情分析及前测分析结果，挑选了两个在学习成绩、学习状态等方面无显著差异的平行班作为实验班和控制班，各96人。两个班的教学目标相同，纸质教材内容相同。但在实验班实行"双主式"多模态教学模式，凸显"教师主导，学生主体"，要求学生完成多模态输出；在控制班则采用传统授课模式，教师发布学习任务，控制课堂及学习进度，学生按要求完成作业，不强调多模态语言输出。研究周期为两个学期，每学期32课时，共64课时。

（二）数据收集与分析

本研究通过语言知识测试、教学效果问卷调查及学情反馈收集数据，综合分析评价"双主式"多模态教学模式对艺术类大学生英语学习效果的影响。

1. 实验班与控制班在研究前后成绩对比分析

前测结果表明，实验班和控制班的综合知识测试成绩在教学实验前没有显著差异（P=0.853>0.05）。经过一个学期的教学，两组的中测英语成绩均有所提高。但两组之间仍没有显著差异（P=0.175>0.05）。一年的实验结束后，实验班和控制班的成绩出现0.05水平的显著性（t=−2.134, p=0.044<0.05），实验班的成绩平均值（82.88）明显高于控制班的平均值（76.17）。由此可见，"双主式"多模态教学模式对提高学生的学习成绩具有较大的促进作用。

2. 问卷调查结果分析

激发艺术类大学生的英语学习兴趣，培养自主学习能力是本研究的出发点和落脚点。采用问卷调查的方式可以全面了解该教学模式对学生学习状态的影响。问卷采用Likert 量表形式，从"1=完全同意"到"5=完全不同意"共5个等级。以选择"完全同意"和"同意"两项比例之和作为基础数据，表明大学英语"双主式"多模态教学模式对艺术类大学生的英语学习起到正向促进作用。

（1）"双主式"多模态教学模式对学生学习态度的影响

通过调查数据分析，82%的学生认为英语学习过程中可发挥专业特长，降低学习难度，减轻学习压力；77%的学生认为自主选择多模态语言输入及输出方式，锻炼了听力和口语表达，也增强了学习英语的信心；71%的学生喜欢并享受学习的过程；69%的学生认为自主选择模态完成学习任务可以降低学习焦虑；66%的学生认为该种教学模式督促学生自主参与到学习过程中，可以促进学习积极性和主动性。可见，混合学习环境下的"双主式"多模态教学模式契合艺术类学生的学习风格，自主选择多模态进行语言输出的设计满足学生崇尚自由的特点及个性化学习需求，引发学生参与热情，最大限度地激发学习兴趣，能够正向引导英语学习行为。

（2）"双主式"多模态教学模式对学生自主学习能力的影响

经过一学年的"双主式"多模态教学实践，约74%的学生能够自主制定学习目标，艺术类大学生自由散漫且英语基础薄弱，自主学习能力的培养离不开教师的帮助，75%的学生认为教师的指导和监控很有必要。教师强化自己在学习各个阶段的显性或隐性存在（章木林，2017），通过面对面、网络平台等为学生提供咨询、指导、答疑、评价和反馈，发挥"脚手架"的作用。教师的全程"在场"给予学生学习英语的信心和情感支持，激发内在学习动力，保证学生在规定的时间内完成学习任务。62%的学生可以自主选择学习策略。教师教学中发现学生在选择学习策略的同时也改变了学习态度，提高了自主管理和协调学习的能力。

（3）"双主式"多模态教学模式对学生学习效果的影响

经过分析，79%的学生在一学年的实验学习之后，英语综合测试成绩有所提高，与语言测试结果相吻合。多模态学习有利于丰富学生的感官认知，进而强化记忆，实现认知内化，有助于培养学生的语言应用能力。大多数学生的词汇量、口语表达能力和阅读理解能力都有所增加和提高。调查中发现，基础较好的学生能更快适应此种教学模式，语言应用能力明显提高。基础较差的学生进步较慢，在有限的时间内无法有明显的改善。因此"双主式"多模态教学模式的实行需要长时间坚持和师生的共同努力才能取得更加理想的效果。

3. 学情反馈日志分析

本研究在一学年的实践后，收集了实验班学生的学情反馈日志，综合了解学生自身的学习体验。大部分学生都认为实行"双主式"多模态教学模式是一个"正确的决定"。双主式教学模式凸显学生的学习主体性，使学生获得"学习主人翁"的愉悦体验，激发了学习动机，英语学习兴趣提高了，"愿意主动阅读感兴趣的英语文章"。自主选择与专业相关的多模态资料输入和输出，可"将专业和英语结合在一起，学有所用"。因此，大多数学生"希望这种教学模式一直持续下去"。

同时，学生也指出了学习过程中存在的问题，比如，"词汇量少，理解能力不够"，限制了学生学习主体性的发挥；网络平台的答疑互动效果不好，有的学生"看不懂教师的回复"，或者"问题太多，不愿意在线上与教师交流"。

五、结语

本研究基于混合学习环境，在针对艺术类学生的大学英语教学中实施"双主式"教学，重视发挥学生在多模态资源获取及产出活动中的主体性，在改变学习态度、提升自主学习能力、优化学习效果方面发挥了积极作用。针对学情反馈中存在的问题，教师还需更加详细地了解学情，教学设计中注意异质分组及分层教学，以更有效地改善教学效果。本研究仍存在一定的局限性，比如只选取了个别专业做样本，在推广性上可能存在一定的不足。艺术类专业有很多种类，今后可以针对更大规模的学生样本进行研究，以更好地考察新模式在艺术类大学英语课堂教学中的应用效果。

参考文献

[1] 何克抗 . 教育信息化发展新阶段的观念更新与理论思考 [J]，课程 . 教材 . 教法，2016（2）：3-8.

[2] 雷茜 . 基于设计学习的外语本科生多元读写能力培养模式研究 [J]，解放军外国语学院学报，2018（3）：19-25.

[3] 刘小梅 . 新型混合式大学英语视听说教学模式的探究 [J]，现代教育技术，2016（11）：100-106.

［4］吕美嘉，牟为姣. 多模态教学模式对大学英语阅读能力影响的研究［J］，中国电化教育，2014（12）：129-132.

［5］马武林，张晓鹏. 大学英语混合式学习模式研究与实践［J］，外语电化教学，2011（3）：50-57.

［6］彭梓涵，王运武. 基于混合学习模式的小组协作学习行为影响因素研究［J］，黑龙江高教研究，2019（6）：141-146.

［7］任艳，马永辉. 混合式教学理念下大学英语师生“双师”教学模式研究［J］，黑龙江高教研究，2019（12）：153-156.

［8］吴岩. 要加快在线教学由“新鲜感”向“新常态”的转变［C/OL］，见 http://education.news.cn.

［9］肖红. 艺术类研究生多元化英语教学模式探究［J］，外语界，2017（2）：67-73.

［10］许幸，刘玉梅. 多模态理论视域下英语写作动机培养的实证研究［J］，外语电化教学，2018（2）：25-30.

［11］曾庆敏. 多模态视听说教学模式对听说能力发展的有效性研究［J］，解放军外国语学院学报，2011（6）：72-76.

［12］张德禄. 多模态外语教学的设计与模态调用初探［J］，中国外语，2010，7（3）：48-53.

［13］章木林. 英语自主学习能力对混合合作学习满意度的影响［J］，现代外语，2017，40（4）：564-574.

作者简介

高艳春（1977—），女，天津天狮学院外国语学院讲师，硕士，研究方向：英语语言文学、英语教学法，E-mail：690478410@qq.com。

外语课程思政和大学生中国文化国际传播能力培养研究

范国文

（天津城建大学，天津，300384）

【摘要】本文分析了在新媒体时代推进中国文化国际传播能力建设的背景下，高等学校通过培养大学生英语能力提升讲好中国故事、传播好中国声音能力方面的困厄，并从课程思政教育教学实践和大学生创新创业项目申报进行结合的角度，按照纵向推进、横向融合、专项规划、典型示范四个维度，提出了外语课程思政建设和大学生中国文化国际传播能力培养的建议和对策。

【关键词】外语课程思政；中国文化国际传播能力培养；困厄；对策

一、引言

以习近平总书记在全国高校思想政治工作会议、全国教育大会和新时代全国高等学校本科教育工作会议上的重要讲话精神为指引，高等院校积极响应立德树人号召，贯彻落实教育部《高等学校课程思政建设指导纲要》要求，"三全"育人和协同育人理念深入人心，课程思政建设全面推进。高校外语教育作为我国高等教育的重要组成部分，对新时代大学生价值观塑造和思想引领方面具有独特优势，负有特殊责任。习近平在主持中央政治局第三十次集体学习时强调，讲好中国故事，传播好中国声音，展示真实、立体、全面的中国，是加强我国国际传播能力建设的重要任务。要深刻认识新形势下加强和改进国际传播工作的重要性和必要性，下大气力加强国际传播能力建设，形成同我国综合国力和国际地位相匹配的国际话语权，为我国改革发展稳定营造有利外部舆论环境，为推动构建人类命运共同体作出积极贡献。[①]发出了全面提升国际传播效能，建强适应新时代国际传播需要的专门人才队伍的号召，提出了培养具有家国情怀、全球视野、专业本领的复合型人才的殷切期望。

大学英语因其教学周期、修读人数、育人平台和内在教学目标的广泛性，外语专业则以其人才培养过程中直面中西方文化交流碰撞的人文社科特色，而在课程思政建设和中国文化国际传播中负有特殊责任。《大学英语教学指南》（2020版）（以下简称"《大英指南》"）对新时期大学英语教学提出了新的理念、目标和要求，更加凸显课程思政的育人目

---

① 习近平在中共中央政治局第三十次集体学习时强调 加强和改进国际传播工作 展示真实立体全面的中国（2021年6月1日）. 见https://www.12371.cn/2021/06/01/ARTI1622531133725536.shtml. 2021年9月10日.

标。在"课程定位与性质"部分指出:"大学英语教学应融入学校课程思政教学体系,使之在高等学校落实立德树人根本任务中发挥重要作用。"《大英指南》同时指出:"育人者必先育己,立己者方能立人。大学英语教师必须主动适应高等教育发展的新形势,主动适应大学英语教育的新要求,主动适应信息化环境下大学英语教学发展的需要,不断提高自身的育人素养、学科素养、教学素养、科研素养和信息素养。""大学英语教师要不断学习,主动提升,做有理想信念、有道德情操、有扎实学识、有仁爱之心的新时代'四有'好老师。"《普通高等学校本科外国语言文学类专业教学指南》(上)(以下简称"《外专指南》")在英语专业素质要求中指出:"本专业学生应具有正确的世界观、人生观和价值观,良好的道德品质,中国情怀与国际视野……"在知识要求中则提出:"本专业学生应掌握英语语言、文学和文化等基础知识……熟悉中国语言文化知识,了解我国国情和国际发展动态……"王守仁(2021:5)指出:"不少高校外语教师,包括学者和领导对立德树人的丰富内涵和关键环节的认识尚不到位,现有的人才培养方案中关于推进课程思政建设,提升新时代大学生国际传播能力的要求往往过于笼统,缺乏行之有效的针对性举措和实施途径。本文通过案例分析,拟从大学英语和英语专业两个方面对新媒体时代大学生国际传播能力培养和和创新创业实践项目结合过程中面临的困厄进行梳理和分析,并分别提出建议和对策。

二、大学生中国文化国际传播能力和创新创业实践结合的困厄

2020年,教育部印发了《高等学校课程思政建设指导纲要》(以下简称"《纲要》"),"旨在把思想政治教育贯穿人才培养体系和全面推进高校课程思政建设,发挥好每门课程的育人作用及提高高校人才培养质量"[①]。为了更好地落实《纲要》精神,各高校结合外语学科特点,突出人文类课程优势,深入进行外语课程思政改革和大学生中国文化国际传播能力建设和培养,较好地发挥了外语课程的育人功能。在外语教学中,既保证了外语知识的传授,培养了外语语言综合应用能力,又比较系统地将思政内容和讲好中国故事、传播好中国声音总要求融入外语课堂教学之中。但在外语教学实践,特别是在实行多目标教学的理工类高等院校的大学英语教学实践中,制约外语课程思政建设和大学生中国文化国际传播能力培养质量和效果的困厄突出体现在以下几个方面。

(一)外语教师课程思政角色定位和综合素养亟待提升

2016年9月9日,习近平总书记考察北京市八一学校时深情寄语广大教师:"要做学生锤炼品格的引路人,做学生学习知识的引路人,做学生创新思维的引路人,做学生奉献祖国的

---

① 高等学校课程思政建设指导纲要(2020年5月28日).见http://www.gov.cn/zhengce/zhengceku/ 2020-06/ 06/ content_5517606.htm. 2021年9月10日.

引路人。"①同年12月，习近平总书记在全国高校思想政治工作会议上强调："教师不能只做传授书本知识的教书匠，而要成为塑造学生品格、品行、品味的'大先生'。"②教育大计，教师为本，新时代高等教育立德树人的总目标和大学生国际传播能力培养的总任务要求我们重新定位高校外语教师角色。这主要体现在两个方面：立德树人意识、观念、角色的转变和教学目标、内容、方法的提升。从第一个方面来说，外语教师要从单纯教外语和语言的教师转变为涵养学生"大人格"的"大先生"。王守仁（2021：6）认为，立德树人需要充分发挥教师的积极性、主动性和创造性，真正做到课程思政教师先立德，以德立身、以德立学、以德施教，方能育人树人；真正做到让明道信道的人来传道，让有信仰的人讲信仰。从第二个方面来说，教师还要结合课程思政和提升大学生国际传播能力的目标要求，不断学习，积累，研究，实践路径和方法，教学相长，在培养学生的同时提升自我。

由于课程的特殊性，高校中很多外语教师都有接受海外教育的背景和经历，他们更熟悉国外的风土人情和认知习惯，而对国内党和政府的政治思想理论和大政方针政策缺乏了解，缺少实施课程思政的主动性和自觉性。外语教学在培养大学生中国文化国际传播能力方面面临的更为突出的问题是：大多数教师由于自身缺乏系统的理论知识，在实现课程思政教育和外语专业知识教育有机统一上存在着心有余而力不足的困境。还有部分外语教师认为课程思政教育就是思政课教师和学生工作教师的事情，和自己的教学无关，在思想引领和价值观塑造上存在失位甚至是缺位现象。李向东（2021：62）认为，理想的外语课堂既要传授知识、提高语言能力，还要培养和锻炼思辨能力，使外语学习与思辨学习融为一体，让学生有参与感、获得感。在课堂教学活动中，部分外语教师只专注于传授专业知识、专业教学与专业发展，缺少课程思政理念的融入，不理会学生的思想状态和教学过程中的思想碰撞。还有部分教师存在对课程思政教学内容要求消极应对，将其视为影响专业知识传授的被动任务而对相关教学内容在课堂上蜻蜓点水或者一笔带过的现象，造成大学生国际传播能力培养方面教学形式单一、内容单调、方法机械、思辨不足，学生参与感、获得感差。教师对综合运用慕课、微课、网络课堂、混合课堂、微信（公众号）、微博等新媒体技术手段综合推进课程思政和大学生国际传播能力培养教学研究不够深入，载体不够新颖，平台不够多样。但归根结底，是外语教师在新媒体时代推进大学生国际传播能力培养的意识和综合素养不足。

（二）课程教学大纲和学生专业贯通融合度低

对理工科专业学生，大学英语教师可以根据所教授学生的专业兴趣和特点，有针对性地从本专业与"一带一路"建设，本专业与"京津冀一体化"协同发展等国家战略,本专业对

---

① 习近平在北京八一学校考察时强调全面贯彻落实党的教育方针 努力把我国基础教育越办越好. 见http://www.gov.cn/xinwen/2016-09/09/content_5107047.htm. 2021年9月10日.

② 习近平寄语教师金句：要成为塑造学生的"大先生". 见http://cpc.people.com.cn/xuexi/n1/2018/0906/c421030-30276689.html. 2021年9月10日.

世界（国家）发展的影响，本专业的发展历史，本专业的相关杰出人物及其先进事迹，本专业所蕴含的红色基因、红色内涵或红色传承等方面多角度挖掘课程思政要素，拓展大学生国际传播能力培养的内涵和外延，丰富教学内容和教学手段设计。根据本课题组对天津城建大学、天津工业大学、天津理工大学、天津商业大学四所高校的2019级和2020级7960名理工类专业本科生的问卷调查，学生对于大学英语课程思政教学内容的关注，更多地表现在对和本专业关联结合度高的教学素材兴趣和要求上（见图1）。

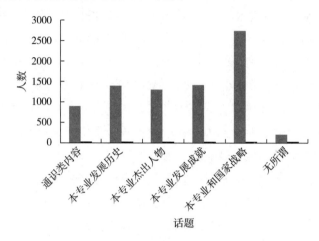

图1　大学英语课程思政内容吸引力调查

新时代大学生的成长和国家欣欣向荣发展同步，见证了我国经济高质量发展、生态文明建设成效显著、"一带一路"和"京津冀一体化"等国家战略带来的巨大变化以及抗击新冠肺炎疫情和脱贫攻坚取得的举世瞩目的伟大成就；也亲身经历了国家成长为世界第二大经济体和在国际事务中发挥举足轻重的作用，为维护世界和平和促进共同发展履行大国责任和展现大国担当的历史进程。他们对通过自身专业知识服务国家经济社会发展抱有很高期待，对于本专业和国家发展战略的融合给予极大的关注。大学英语教师在进行课程思政教学内容选取和教学设计时，要紧密结合学生对本专业的关注、需求和兴趣点，多角度、全方位挖掘英语知识传授、能力培养和专业引领、价值观塑造的结合点。

目前的外语类课程教学大纲和教学方案，在育人目标描述上过于笼统，缺乏教学过程中的具体操作和实践性指导。教学大纲中的课程思政教学内容和环节设计，也主要围绕通识类人文类内容和素材展开，围绕国际传播能力培养提升和学生专业结合进行设计、规划和系统统合的视角不够开阔多元，对开展相关教学内容在整个课堂授课时长中的占比、讲解环节的优化安排、教学效果的跟进评估，缺乏具体举措和明确可行的方法步骤，没有形成从教学大纲到教学评估完整的课程思政和国际传播能力培养的教学闭环体系。

（三）统筹运用新媒体手段进行改革创新的实践探索不充分

2020年9月20日，习近平总书记参观湖南长沙马栏山视频文创产业园时指出："文化和科技融合，既催生了新的文化业态、延伸了文化产业链，又集聚了大量创新人才，是朝阳产业，大有前途。"综合运用慕课、微课、网络课堂、混合课堂、微信（公众号）、微博等新媒体技术手段，与时俱进地采用当代大学生喜闻乐见、易于接受的平台载体和方法手段综合推进外语课程思政教学，是时代发展和技术进步对高等教育教学提出的必然要求。

林春（2013：45）认为学校等教育机构可采用多媒体技术建立红色资源专题教学资源库，广纳具有红色资源属性的图片、视频、文本资料、教学课件等电子资源，以供教学教育使用；同时，借助网络优势建立红色教育网页，将资源库中的图片、视频、课件和文字资料等发布到网页上供人们浏览下载，进行自我学习和教育。这种多媒体技术和课程思政资源的结合方式，短期内可以实现硬件建设的标准化和静态质量的规范化，集中建设一批典型案例和教学成果进行展示和学习。但要实现专业知识融入结合并实现动态更新，需要解决李芳媛等（2020：71）提出的软硬件建设失衡，即教师不一定能够达到课程信息化建设的要求，造成教师自身的"软实力"和学校建设的"硬实力"不匹配的问题。这种不匹配，具体到外语课程思政和大学生中国文化国际传播能力培养上，在教学实践中主要体现为两个方面，一是教师教育信息化技术和资源获取能力的滞后与欠缺，二是将课程思政教学素材、大学生中国文化国际传播能力培养和现代信息技术进行系统整合和创新的能力明显不足。

三、对策建议

（一）通过专题规划，构建完整的课程思政教学体系

通过专题规划的方式，以课程思政建设为核心引领，构建从培养方案制定到教学大纲编写、教学方案设计、教学评价指标设定、考试考核内容配套的完整闭环教学体系，突出课程思想引领和价值观塑造功能，强化立德树人、协同育人理念和实践（见图2）。

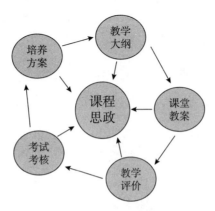

图2 构建完整的课程思政教学体系

按照课程思政闭环体系建设要求，发挥课堂教学主渠道和考试考核指挥棒的作用，要完

成每门课程、每一单元课程思政元素要素的挖掘和融入，形成"教学研究显性化、课堂教学隐性化"的课程思政建设和课堂教学理念。结合课堂教学内容改革要求和大学英语四、六级考试、外语类专业资格认证考试内容和要求，配套跟进考试考核内容和方式改革，完成大学英语和外语专业所有课程的思政内容考核要点整合。

（二）以学院为主体，创建党政一体、多方联动的教师课程思政素养提升机制

学院是大学开展课程思政教学的主体，要着眼于顶层制度设计和创新，建立"院系整体推动—党员课程思政专题政治学习—教学部全体教师教研—教学活动实施—教学评价反馈—教学调整完善—教师课程思政素养考评"的全方位工作体系。同时，积极开展横向联合，加大"请进来"和"送出去"的力度，和马克思主义学院主动联合，组建外语教师和思政课教师共同参与的教学研究团队，试行优秀外语教师用外语讲思政课和思政课教师参与外语教学目标制定、教学方案设计、教学内容实施和教学成果评估等各个环节，确保外语教师课程思政教学素养提升的方向正确、思路清晰、目标明确、效果精准。在教师课程思政意识培养提升的基础之上，更要加强和教育信息技术飞速发展的时代相适应的课程思政能力建设，使外语教师能够充分运用新媒体技术和现代化网络信息技术，借助于MOOC网、网易公开课（TED演讲）、《中国日报》（海外版）、中国三分钟，精选文字、音视频、图画等动静态结合的多模态资源来调动学生的学习热情，从而有效开展课程思政教学。

（三）结合理工科专业特点做细做实外语课程思政建设的内容和载体

理工科院校大学外语课程要探索打破学科边界，和学校优势特色学科专业进行跨学科合作，根据不同学院不同专业的教学内容和特点，深入挖掘专业类思政要素，逐步建立通识类内容和专业类内容并行的外语课程思政教学内容。同时，通过建立不同学院、不同专业教师课程思政联合开发团队，进一步拓宽大学英语课程思政建设的平台和载体，使学生既能够更好地运用外语能力解决本专业学习中的问题，又能够用外语讲好本学科、本专业在党和国家建设发展中涌现出的优秀典型、取得的突出成就和新时代的行业特色故事。

（四）建立面向新媒体时代的师生联合外语课程思政教学实践和研究团队，以成果为导向夯实外语专业大学生中国文化国际传播能力培养的平台和载体

笔者曾指导外语专业学生围绕讲好中国故事、传播好中国声音的总目标积极进行大学生创新创业实践。师生联合团队立足新时代加强中国文化建设和推进中国文化软实力需要，以新媒体时代外语专业学生中国文化国际传播能力提升为目标，围绕中华优秀传统文化、社会主义革命文化和社会主义先进文化、天津本土文化符号三大板块，按照"弘扬中国文化，坚定文化自信""胸怀千秋伟业，恰是百年风华""讲好天津故事，践行'三个着力'"的主题，建设中英文对照词条音视频资源库，通过师生团队合作建设中国文化国际传播团队，建

立持续开放的课程思政和大学生中国文化国际传播能力培养平台和载体，不断把党的创新理论和中国文化及天津本土文化的新符号、新理念、新概念转化成鲜活生动的词条，通过大学生参与制作成青年学生所喜闻乐见、易于接受的直观立体的新媒体作品，为大学生党建、团建活动和外语课堂教学提供素材和内容。同时，以前期作品为基础，在中国共产党成立100周年之际，制作整理出完整规范的典型作品展示库，向党的百年华诞献礼。目前，正在持续发挥外语学科专业优势和团队效应，围绕百年党史中的翻译名家、中国共产党百年对外交往、中国共产党和国际友好人士三个板块，集中建设一批具有外语课程特色的课程思政典型项目和成果。同时，既要强化中华优秀传统文化、"四史"学习教育、党和国家领导人讲话、重要会议文件、党政文献等素材和外语教学的贯通融合，动态调整与增补项目建设内容；又要和新媒体时代的技术进步同频共振，不断夯实大学生中国文化国际传播能力培养的平台和载体。

参考文献

[1] 教育部高等学校大学外语教学指导委员会. 大学英语教学指南 [S]. 北京：高等教育出版社，2020.

[2] 教育部高等学校外国语言文学类专业教学指导委员会，英语专业教学指导分委员会. 普通高等学校本科外国语言文学类专业教学指南 [S]. 上海：上海外语教育出版社，2020.

[3] 李芳媛、杨蓉. 大学英语"金课"建设质量评估体系模型建构 [J]. 外语界，2020（4）：71.

[4] 李向东. 非英语外语专业大学生学习动机调查研究 [J]. 外语教育研究前沿，2021（2）：62.

[5] 林春. 红色资源转化为教育教学资源探析 [J]. 内蒙古师范大学学报（教育科学版），2013（7）：45.

[6] 王守仁. 论"明明德"于外语教学 [J]. 中国外语，2021（2）：5.

作者简介

范国文（1977—），男，天津城建大学副教授，研究方向：专门用途英语、翻译理论与实践，E-mail：30170227@qq.com。

综合商务英语混合式"金课"建设实践探索[*]

何锡梗　　钟桂玲

（阳光学院，福建福州，350015）

【摘要】本文以"金课"内涵"两性一度"为导向，聚焦学生和课程存在的问题，从学生再认识、目标再定位、内容再设计、环境再优化、评价再完善等五个方面，探讨混合式综合商务英语课程建设的实践路径。

【关键词】综合商务英语；混合式"金课"建设；实践探索

一、引言

全球范围内，现代信息技术日新月异；其与教育教学相结合诞生了各种新教学模式，如混合式学习（Blended learning）、翻转课堂（Flipped Classroom）、慕课（MOOC）等。教育部《关于加快建设高水平本科教育全面提高人才培养能力的意见》（教高〔2018〕2号）明确要求"以学生发展为中心，通过教学改革促进学习革命，积极推广小班化教学、混合式教学、翻转课堂，大力推进智慧教室建设，构建线上线下相结合的教学模式，推进现代信息技术与教育教学深度融合"。

2018年6月21日陈宝生部长在新时代全国高等学校本科教育工作会议上首次提出，对大学生要有效"增负"，把"水课"转变成有深度、有难度、有挑战度的"金课"，而"金课"的内涵可归纳为"两性一度"，即高阶性、创新性和挑战度。2018年8月，教育部专门印发了《关于狠抓新时代全国高等学校本科教育工作会议精神落实的通知》（教高函〔2018〕8号），提出"各高校要全面梳理各门课程的教学内容，淘汰'水课'、打造'金课'"。

而作为2012年才被教育部批准为本科目录内专业的复合型新专业——商务英语专业，超出了单纯语言范畴，是由国际商务英语与其他商科专业知识复合而成的一门专业，具有较高的多重复合性、专业性与系统性的特点（张武保，2014：32）。因此，该专业师生所面临的教与学的挑战要大于传统的英语专业。

此外，综合商务英语课程［含综合商务英语（一）～（四）系列课程，下同］旨在以"语言技能—商务知识—商务技能—商务思维—商务应用"的学习路径为基础，培养学生在国际商务领域内综合运用语言技能进行商务交际的能力（教育部高等学校外国语言文学类专业教学指导委员会英语专业教学指导分委员会，2020：61）。作为商务英语专业专业核心课

---

* 本文系福建省2019年本科高校教育教学改革研究项目"综合商务英语混合式教学'金课'建设实践"（项目编号：FBJG20190092）的研究成果。

程的综合商务英语课程目前也面临着诸多问题：（1）学生方面：生源大不如前，英语语言基础薄弱、商务知识欠缺；学生缺乏"内生动力"，自主学习能力不足；个体差异较大，个性化需求未得到有效满足；（2）课程方面：课程目标欠明确、模块化课程体系构建不明晰、课程授课主要局限于课堂、课程评价方式单一等。

综上，如何充分利用现代信息技术在综合商务英语课中融入"金课"内涵即"两性一度"的要求，给课程挤"水"添"金"，打造综合商务英语课程混合式"金课"刻不容缓。为此，本文以"金课"建设的内涵"两性一度"为导向，探讨混合式综合商务英语建设的路径。

二、建设思路

混合式教学是学生、教师与学习资源之间面对面交互和以技术为媒介交互的系统性教学活动，能够有效地将在线教学的优势与传统课堂教学群体学习的优势融为一体，授课形式更加灵活与多元，实现了真实教学环境与网络虚拟环境相结合、师生间课堂交流与网络交流相结合，以及网络自主学习、合作学习、接受式学习与发现式学习等多种学习模式相结合（丁华，2021：72）。以"金课"内涵"两性一度"为导向，开展混合式综合商务英语课程建设实践就应从再认识学生开始，再定位目标，再设计内容，再优化环境并最终再完善课程评价，如此反复循环，持续改进。

（一）学生再认识

传统的教学，受限于时空，主要以教师的讲授为主，以教师为中心，以教定学，重解决社会需求，而往往忽略了学生需求，不了解学生个体差异、"一张方子吃药"的问题比较严重。而混合式教学打破了时空限制，给学生提供了一个自主选择和自我发展的个性化学习平台，使学生能够有效利用时间，使教学资源得到最大化利用（丁华，2021：72）。因此，重新再认识学生，充分了解学生的个体需求，显然成了开展课程改革的起点。

（二）目标再定位

传统的教学，教师处于教学过程的中心，教师决定课程。而混合式教学则要求还给学生中心地位，强调以学生为中心，以学生毕业5年左右应达到的要求为培养目标，反向设计，正向实施，以OBE理念重构课程体系，解决课程内容与课程目标、课程目标与毕业目标对应不够明确的问题。

（三）内容再设计

传统的教学，教师是知识的传播者，也是知识的垄断者，教师决定授课内容。而混合式教学要求以学生学习的产出为导向，遵循教育教学规律，教学内容符合学生的学习和成长规律，以学定教，解决课程内容与课程目标对应欠明确以及达成度欠佳的问题。

（四）环境再优化

传统的教学，局限于特定的时空，不同基础和水平的学生按照统一的布署和安排开展着统一内容的学习，课堂以外的学习无法实时跟踪反馈，也无法因材施教。而混合式教学要求充分满足不同程度的学生不同的学习需求，解决课程教学时空局限且未与时俱进和个性化培养的问题。

（五）评价再完善

传统的教学，教师评价占绝对主导地位，终结性考核是课程评价的最主要手段，"一考定终身"的情况屡见不鲜，课程评价方式单一且不科学，未能反映学生学习过程。而混合式教学则强调多元化的过程性考核和终结性考核相结合，定量为主、定性为辅，科学合理地开展课程评价，以解决传统终结性考核评价"一统天下"的问题。

三、建设实践

为了使课程更具"高阶性、创新性和挑战度"，综合商务英语从学生再认识、目标再定位、内容再设计、环境再优化以及评价再完善等五个方面开展混合式课程建设的实践与探索。

（一）学生再认识——"差异化"

为了更好地了解学生间的差异以及不同需求，以便调整教学安排，因材施教，最大限度地满足学生对于课程的需求，综合商务英语课程通过大学一年级第一学期期初的词汇量测试、每个单元词汇前后测、篇章阅读的测试、语法的前后测以及实时跟踪学生在平台上完成任务的情况，充分了解学生在语言基础、学习态度、知识技能掌握情况的差异及其实际需求，以有的放矢地对不同的学生进行辅导。此外，不时开展问卷调查，收集学生对课程教授、内容和教学方法等的建议和反馈，更好地了解学生，以不断地改进教学方法，针对性地满足学生不同的需求。

（二）目标再定位——"明晰化"

综合商务英语课程通过梳理内外需求与培养目标、培养目标与毕业要求、毕业要求与课程目标、课程目标与课程内容以及教学方法手段之间的对应关系，逐步明确课程目标以及各章节目标，进一步厘清了章节内容和教学方法手段与章节目标和课程目标的对应达成关系。

以综合商务英语一课程目标1（即知识目标）为例，大纲从课程各章节商务活动的主题及其所涉及的语言知识、商务知识、跨文化知识以及人文社科知识等方面明确了目标即"掌握课程结构中各章节商务活动主题（公司、领导力、战略、薪酬、营销、金融、招聘等）所涉及的英语语言知识（含语音、词汇、句法、语篇和语用等知识）、商务知识（含商业文化、企业管理、市场营销、财务管理、电子商务、商务办公等）、跨文化知识（扁平化/金字塔、直接/间接、对时间的态度、固定目标/弹性目标、事实/模糊、正式/非正式演示、私人空间的态度等）和人文社科知识（含英语国家、'一带一路'沿线国家和中国的商业文化等）"；同时，大纲还进一步明确了该目标"支撑毕业要求1.1"即"学生应具备英语语言知识、商务知识、跨文化知识和人文社科知识"，从而确立了课程目标对于毕业要求的支撑和对应关系。类似地，大纲进一步确立了课程目标2（即能力目标）和课程目标3（即素质目标，含课程思政）与毕业要求项下的"2.能力要求"和"3.素质要求"的支撑作用及其支撑作用高低程度。

在确立了课程目标与毕业要求之间的对应关系后，大纲进一步厘清了课程目标与教学方法及其所支撑的课程目标之间的对应关系。以综合商务英语一第三单元Strategy为例，其所采用的教学方法为"讲授法、角色扮演法、阅读指导法、谈论法"等，所支撑的课程目标为"目标1（知识目标）、目标2（能力目标）和目标3（素质目标，含课程思政）"，其所对应的学时为10。每个章节要根据所要达成的课程目标，采用适合学生学习的教学方法并根据各章节实际不断调整，以支撑课程目标的达成。

同时，对于课程"目标3"（即素质目标）要根据章节实际，适当地融入课程思政元素，如上述提到的第三单元Strategy所"支撑的课程目标"中的"目标3"融入了课程思政的相关元素，相应地在大纲"课程内容"中每个章节项下的"培养素质"中体现了思政元素具体的内容即"To be passionate and responsible"（爱岗敬业，承担责任）。

（三）内容再设计——"模块化"

课程内容设计是整个课程改革的核心所在。综合商务英语课程改革主要聚焦主题、教学环境以及学习者视角，分别对教学资源、学习活动和学习内涵进行重新设计和优化。

（1）基于主题，教学资源模块化

综合商务英语课程改革，依托现有教材主题，不囿于现有教材，研读多套教材，融会贯通；同时，充分利用互联网，整合多模态教学资源，实现"基于教材，高于教材，不唯教材"，并按照语言知识、商务知识以及跨文化知识三大类开展资源的收集和整理，并根据课前、课中、课后三个环节以及线上、线下等不同教学环境进行内容重新设计。

以该课程《综合商务英语（一）》所使用的教材《新标准商务英语综合教程1》中的第一单元主题Companies为例，基于该主题可以整合《体验商务英语综合教程1》中的第九单元Companies、《体验商务英语综合教程2》中的第三单元Companies、《新编剑桥商务英语（初级）》（第三版）Module 3中的3.1 Company biography和3.2 Company performance、《新编剑桥商务英语（中级）》（第三版）Module 2中的2.1 Company benefits和2.2 Presenting your company和《新编剑桥商务英语口试必备手册（修订版）》（中高级）中的第一单元Company operation and management的相关内容，然后进行内容重新设计。

（2）基于不同教学环境，重构流程，学习活动模块化

按照教学指南(教育部高等学校外国语言文学类专业教学指导委员会英语专业教学指导分委员会，2020：61)要求，综合商务英语课程改革深入贯彻以学生为中心的理念，遵循"语言技能—商务知识—商务技能—商务思维—商务应用"的学习路径，分"课前、课中和课后"三个环节，从线上、线下以及线上线下混合的三种学习环境来全面梳理任务，重构流程，实现学习活动模块化。每个单元都分为"自主学习模块""讲授、讨论和练习模块"和"答疑、巩固模块"分别对应"课前""课中"和"课后"三大环节；此外，每个单元细分"词汇模块""阅读篇章模块""商务语法模块""职场技能模块""职场文化模块"和"商务案例模块"，分别对应"语言技能""商务知识""商务技能""商务思维"和"商务应用"学习路径的五个环节（如表1所示）。

表1   基于不同教学环境，重构流程，学习活动模块化

流程分类 / 学习路径	环节 / 环境 / 模块	课前 / 线上 / 自主学习模块	课中 / 线上线下混合 / 讲授、讨论和练习模块	课后 / 线上线下混合 / 答疑、巩固模块
语言技能、商务知识	*词汇	1. 学习词汇材料 2. 跟读模仿词汇音频 3. 朗读并录制词汇录音 4. 完成词汇学习前测	1. 听教师聚焦词块（并结合前测）的词汇重点讲解（线下） 2. 完成词汇后测（含线上测试和线下词块听写）（线上+线下）	主动参与教师针对词汇/篇章/语法测试情况进行答疑
	阅读篇章	1. 找阅读长难句 2. 归纳段落大意，并画出思维导图	1. 找对应英文词块（线上） 2. 参与篇章长难句以及重点语法、商务知识点的讨论和分析（线下） 3. 参与教师就篇章段落大意以及框架展开的讨论和分析（线下） 4. 完成篇章重点测试（线上）	
	商务语法	1. 根据教师提供以及自己收集的语法材料自学做能讲解 2. 小组完成语法前测任务	1. 小组讲解语法点（线下） 2. 参与教师结合前测以及小组汇报情况进行的点拨（线下） 3. 完成语法点后测（线上）	
商务技能	职场技能	1. 阅读职场技能材料 2. 完成个人/小组职场技能任务	1. 个人/小组汇报或展示职场技能任务（线下） 2. 参与小组互评并听教师的点拨和点评（线上+线下）	根据教师的点评或修改建议进一步修改并重新录制视频上传至任务点
商务思维	职场文化	1. 阅读职场文化材料 2. 以小组为单位收集材料、制作PPT并准备mini-presentation	1. 小组代表做mini-presentation；（线下） 2. 参与小组互评并听教师的点拨或点评（线上+线下）	
商务应用	商务案例	1. 阅读案例的相关材料； 2. 以小组为单位收集材料并完成指定任务	1. 小组汇报/展示案例任务；（线下） 2. 参与小组互评并听教师的点拨和点评（线上+线下）	

*词汇：含words，phrases，business terms and business knowledge，下同。

（3）基于学习者视角，融入"金课""两性一度"内涵

综合商务英语在内容设计上，引入BOPPPS等成熟的教学模式，充分发挥线上线下的优势，融入"金课"内涵，即高阶性、创新性和挑战度。"高阶能力是以高阶思维为核心的解决复杂问题或完成复杂任务的心理特征……它主要包括创新思维、问题求解、决策、批判性思维、信息素养、团队协作、兼容、获取隐性知识、自我管理和可持续发展能力等……而低阶课堂由低阶知识主宰，灌输课堂难以发展高阶能力，容易变成'填鸭式'课堂。思维的对话要求将'句号'课堂转变为'问号'课堂（李志义，2018：25）。"

以综合商务英语二第五单元Innovation中的阅读"Failure is glorious"为例，在视频讲解"breakthrough"用法内容的设计上，问学生是否可再说出三个经常与"breakthrough"搭配的动词；再讲解"reassure sb. that"结构时，问学生可否归纳总结出关于"reassure"其他常见用法。这种在内容设计上，故意留白，而不完全由教师"满堂灌"，而是提出问题或给出挑战，引发学生思考或激发其动手解决问题,并在阅读理解的后测中专门设计题目来考查学生对这两个问题的思考或解决情况。它是对"金课""两性一度"核心内容的具体落实和贯彻。

再如在设计综合商务英语四第四单元Start-ups时，为了更好地展示"result in"短语搭配词的语义韵，自建小微语料库并通过AntConc中心词检索显示方式(KWIC)的方式来展示其后搭配词的词性；然后请学生观察、讨论、归纳、总结并得出结论，引导其进行探究式学习，转被动接受为主动探究。尽量避免教师直接将结果或答案告诉学生，而剥夺了其观察、发现并亲自得出结论的机会，从而提高课堂教学的高阶性、创造性和挑战度。

此外，综合商务英语课程还引入思维导图工具，引导学生归纳总结阅读篇章段落大意并依据自己的理解用思维导图工具画出文章的框架结构，从而引导学生做到"既见树木，又见森林"，从微观到宏观，进行创新性思考，思中做，做中思，知行合一。

（四）环境再优化——"泛在化"

综合商务英语课程在改革、探索过程中，充分利用现代信息技术，先后尝试了多种平台并整合了多种资源，并最终形成了以超星学习通平台为主，兼用其他学习平台或软件的优点，如中国大学慕课平台的优质课程资源、雨课堂嵌入在PPT中的便利，旨在构建线上线下无缝对接的学习环境，实现教师为主导、学生为主体、教学平台和教学资源相互支撑的"处处能学、时时可学"的泛在化学习新环境。课前环节中的"自主学习模块"以及课后环节的"答疑、巩固模块"的线上学习部分都可以通过学习平台实现泛在化学习，打破课程教学时空局限，做到"处处能学、时时可学"，在时空上实现了对于传统课堂教学的延伸。

如前文表1所示，综合商务英语（一）第一单元课前环节的"自主学习模块"包含了4个任务点，分别是：任务点1：学习词汇材料；任务点2：跟读模仿的词汇音频；任务点3：朗读并录制词汇音频；任务点4：参加词汇学习前测。再如综合商务英语（一）第一单元"职场技能"的线上自主学习任务，要求学生在学习完相关职场技能的常见句型、相关例子后，根据

自己设计的简历，录制一个视频简要介绍自己和所从事的工作。由此，学生可以在规定时间内，通过超星学习通手机端或电脑端随时随地完成学习任务。

（五）评价再完善——"多元化"

综合商务英语课程改革遵循教育教学规律，持续改进教学方法，改变单一终结性课程评价，坚持以学生为中心和多元化原则，不断加大过程性考核力度，并将其贯穿教学全过程。

具体而言，从评价的主体上看，该课程已经逐步形成了平台评价、教师评价、学生自评、生生互评相结合的多元评价方式；从过程性评价的形式上看，课前、课中、课后一条龙，全过程采用了多元化的评价方式（如表2所示）。

课前。课前通过超星学习通平台发布预习任务。预习任务形式较为多元，如有文档材料学习（平台评价）、听并跟读音频（教师评）、录制音频、视频（教师评）以及学习测试（平台评）等。

课中。课中通过平台进行小测（平台评）、开展mini-presentation（自评、互评、教师评）、词块听写（教师评）、小组活动（平台评、教师评、互评）并且奖励课堂表现积极主动的学生个人及其所在的小组等。

课后。课后要求学生修改词块听写并将改好的词块听写拍照上传至平台指定的任务点中，作为过程性考核的一项（教师评）；事先在平台上布置小组任务，要求以小组为单位分组开展案例分析任务并将各组的答案拍照上传至指定的分组任务点上（教师评）等。

表2　多元化的过程性考核

平台评价	教师评价	教师评价、学生自评、生生互评
1. 词汇材料学习 2. 词汇音频听并模仿 3. 词汇学习测试 4. 词汇后测 5. 篇章重点测试 6. 职场技能阅读 7. 职场文化材料阅读 8. 案例材料阅读	1. 录制朗读音频或视频 2. 小组找对应英文词块 3. 小组找长难句 4. 篇章词块听写 5. 小组语法前测 6. 小组语法后测 7. 词块听写修改情况	1. 小组归纳段落大意和所画思维导图 2. 小组职场技能任务 3. 小组职场文化PPT 4. 小组案例分析情况 注：以上任务一般均以mini-presentation的形式来展示。

此外，综合商务英语还开展了针对不同学生开展的个性化学习评价探索。具体而言，学生可以根据自己的喜好，聚焦听、说、读、写、译五项技能中的一项，明确每天和每周应当完成的量（含每周的频次）以及提交可衡量的结果（以阅读为例，学生可用英文概述每个章节的内容或心得、感受等），提交方案经与教师沟通确认后开始实施。其间，教师可定期抽查；期末学生提供平时学习的佐证材料由学生自评和老师评共同构成该项学习的成绩并占平时成绩的10%左右。

四、结语

基于"金课""两性一度"内涵的综合商务英语混合式课程建设除了要探索解决对学生的认识、对课程的重新定位、内容设计、课程实施以及课程评价外，还应在教师发展层面开展实践探索，如在新形势下教师应如何进行角色再定位，理念再更新，不断学习，持续改进，尤其是如何保持不断提高现代教育技术和信息技术运用能力，实现信息技术赋能等。

参考文献

[1] 丁华. 混合式教学模式下大学生学业评价改革研究 [J]. 中国大学教学，2021（05）：72-76.

[2] 教育部高等学校外国语言文学类专业教学指导委员会英语专业教学指导分委员会. 普通高等学校本科外国语言文学类专业教学指南（上）——英语类专业教学指南 [M]. 上海：上海外语教育出版社，2020.

[3] 李志义. "水课"与"金课"之我见 [J]. 中国大学教学，2018, 340（12）：24-29.

[4] 张武保. 商务英语专业与学科研究 [M]. 北京：外语教学与研究出版社，2014.

作者简介

何锡梗（1982—），男，阳光学院副教授，硕士，研究方向：商务英语教学和翻译研究。

钟桂玲（1979—），女，阳光学院讲师，学士，研究方向：大学英语教学，E-mail：7871926@qq.com。

英若诚译者行为批评

杨宁伟

（河南师范大学新联学院，河南新乡，453007）

【摘要】：译者行为批评是"以人为本"的研究，它打破了传统的二元对立的翻译批评模式，通过内外结合，使翻译批评更加客观、科学和全面。本文以《茶馆》两译本为基础，在译者行为批评视域下，尝试从翻译内和翻译外两个层次对英若诚的译者行为进行分析，考察译者的译内和译外行为、译本的译内和译外效果以及翻译内外之间的互动关系，总结出英若诚译者行为的一般规律，并对戏剧翻译和文化外译提出了一些建议。

【关键词】：译者行为批评；英若诚；茶馆

一、引言

英若诚是我国著名的表演艺术家和翻译家，曾被任命为文化部副部长。他能演、能编、能导、能译，一生与戏剧结缘，以舞台为家。作为演员，他不仅参演了《龙须沟》《骆驼祥子》《茶馆》等多部经典话剧，也在《马可·波罗》《末代皇帝》《白求恩》《我爱我家》等多部影视作品中扮演角色，塑造了多个个性鲜明的人物形象。凭借在中意合拍片《马可·波罗》中对忽必烈的精彩演绎，英若诚荣膺意大利年度最佳男演员奖；作为导演，他与托比·罗伯森合作排演莎翁话剧《请君入瓮》，和阿瑟·米勒共同将《推销员之死》搬上人艺的舞台；作为翻译家，他译著等身，从舞台演出角度出发，将《茶馆》《家》《狗儿爷涅槃》等译成英文，将《请君入瓮》《芭巴拉少校》《上帝的宠儿》《推销员之死》《哗变》等译成中文，对这些世界名剧进行了全新阐释。1998年，因"通过在戏剧界杰出的成就加强了中国与世界文化的对话"（英若诚、康开丽，2009：260），英若诚获菲律宾拉蒙·麦格塞塞奖，该奖被称为"亚洲的诺贝尔奖"。

成功的演员经历、丰富的舞台实践、叠加的文化身份和对戏剧表演的深刻理解使英若诚形成了独特的翻译观。他的翻译独树一帜，达到了"每个句子，不仅能准确地表达原文的意思，也能在舞台上朗朗上口"（胡宗温，2004：49）的境界，因而广受好评。中国文化"走出去"与"走进去"是当今时代的一个重要命题。戏剧、影视剧是扩大中国文化影响力的一个重要手段，也是体现"文化自信"的重要担当。而如何通过戏剧讲好中国故事，传播好中国声音，提升国家软实力，译者扮演着至关重要的角色。因此，开展以译者为中心的翻译批评无疑对深化戏剧翻译研究，促进翻译批评学科建设，从而推动文学文化外译具有较大的现实意义。

二、译者行为批评

作为由本土学者提出的原创性翻译理论之一，译者行为批评肇始于2010年。经十余年发展，体系日趋完善，"为当今陷入困顿僵局的译学研究注入一股清流"（马明蓉，2017：106）。译者行为批评是"对译者语言性和社会性角色行为之于译文关系的评价，是对于译者在翻译社会化过程中的角色化及其作用于文本的一般性行为规律特征的研究"（许钧，2014：112）。它打破了先前"文本批评视域"和"文化批评视域"之间的对立关系，克服了两者存在的弊端，从"行为批评视域"出发，使翻译研究回归到对译者和文本的关注，通过寻求译者"意志"和行为结果（译文）之间的联系，以描写研究的方法动态地评价译者行为的合理度。不管是以"忠实"为标准的传统文本批评研究，还是以"文化转向"为标志的文化批评研究，都是以文本为本，对于提升翻译批评的全面性和客观性显然是不够的。译者行为批评在保持文本研究的基础上，将译者的意志性行为纳入考察的视野，实现了"以人文本"的翻译批评研究，将翻译批评推进到了"翻译内外相结合的、译者行为和译文质量评价相结合的、规定和描写相结合的"（周领顺，2015：124）翻译社会学研究阶段。翻译内与翻译外是译者行为批评的一个重要分野。翻译内指的是翻译的内部研究，即翻译"怎么译"的问题，涉及语言转换和意义再现的方方面面，包括各种翻译技巧、各种指导思想和原则；翻译外指的是翻译的外部研究，即翻译"怎么用"的问题，也就是让翻译服务于谁的问题，比如译者所定位的各种目标（周领顺，2020：149）。一个成功的译者既要做翻译内的努力，也要做翻译外的尝试，一部成功的译作必然是翻译内和翻译外共同作用的产物。对于翻译批评而言，只有内外结合，才能有效提升科学性、客观性和全面性。本文将在译者行为批评视域下，结合《茶馆》英若诚、霍华两译本对比研究，尝试从翻译内和翻译外两个层面对英若诚的译者行为进行分析，考察译者的译内和译外行为、译本的译内和译外效果以及翻译内外之间的互动关系，总结出英若诚译者行为的一般规律，从而为戏剧翻译提供一些有益的启示。

三、英若诚译者行为分析：翻译内和翻译外

（一）翻译内：基于《茶馆》两译本的对比研究

"翻译内"考察的是文本的求真效果。主要"涉及语言文字的转换和意义的再现等翻译本身的因素，包括微观上的风格、语气、情态、词彩、词性、标点、句法结构、语篇、词汇及其联想意义、韵律和意象等从内容到形式的再现，以及策略和方法、翻译标准、翻译单位和意群的具体运用等等"（周领顺、张思语，2018：104）。《茶馆》是中国当代戏剧创作的经典作品，也是第一台到国外演出的中国现代戏，在国际上享有较高声誉。该剧涉及近七十个各色各样的人物，生动展示了戊戌变法、军阀混战和新中国成立前夕近半个世纪的社会风云变化。时代迥异，阶层复杂，人物众多，但老舍先生的语言驾驭能力是无可比拟的，哪怕只有一两句台词，都能够使观众"闻其声知其人"，而正是这些精妙贴切的语言却成为了译者面临的巨大挑战。笔者选取由北京人民艺术剧院戏剧博物馆编、英若诚翻译的《茶馆》（演出本），结合外文出版社出版的霍华译本，从惯用语、成语、方言、叹词和修辞等方面考察英若诚的译内行为及译文的译内效果。

1. 惯用语翻译

惯用语是人民群众在长期的劳动生活中口头创造出来的一种结构灵活，具有强烈修辞色彩的固定词组。它生动活泼，常通过比喻等方法而获得修辞转义，其意义往往不能简单地从字面上去推断。对《茶馆》中出现的惯用语，如"一袋烟的功夫"指很短一段时间，霍译保留了"一袋烟"的形象，译为"hardly here long enough to smoke a pipeful of tobacco"，而英译则直接取其比喻义，译为"only a few minutes"。同样，"明天还不定是风是雨呢"比喻世事难料，不知道明天会发生什么，霍译为"Who knows how the winds will be blowing then"，保留了"风"的意象，而英译为"Tomorrow's anybody's guess"。"anybody's guess"是一个美国习惯用语，意为谁也说不准，任何人都不确定，不仅传达了原文的意思，还达到了语域上的对等。"把'一'字都念成扁担"指代没念过什么书，知识文化水平很低，英译为"But you can't even read the character for 'one'"，霍译为："You don't know a character from a carrying pole"。显然，前者更为直接、明了、易懂。"软的欺，硬的怕"即欺软怕硬，英译为"Bullies like him are all cowards"，霍译为"Let them push you around and they will，but if you stand up to them they turn tail soon enough"。虽然霍译详细解释了原文的含义，但句子较长，从戏剧情境、台词要求和演员情感表达上讲，不如英译合适。

2. 成语翻译

成语是一种长期沿用、众所周知、结构紧密的固定短语。它意思精辟，常有明确的出处和典故。"上知天文，下知地理"出自《敦煌变文章·伍子胥变文》，形容学问广博，无所不知，用于赞扬博学多才之人。霍译为"as learned as yourself—everything from astronomy to geography"，相比之下，英译更加口语化，为"You know all about heaven and earth"。"八仙过海，各显其能"出自《西游记》，比喻做事各有各的一套办法，也比喻各自拿出本领互相比赛。霍译保留了原文中的意象，直译为"Like the Eight Immortals crossing the sea，we each have our own strengths"，而英译为"Let's both try our best，and see what happens"，用词直截了当，且"see what happens"也译出了原文背后所体现的庞太监对于以秦仲义为代表的进步力量的一种蔑视、仇恨和威胁的情绪。"隔行如隔山"出自《晚清文学丛钞·冷眼观》，指不是本行的人就不懂这一行业的门道。两位译者均采用意译，分别译为"We just live different sorts of lives"和"Once in a trade，always in the trade"，相比之下，英译借用英文谚语"Once a devil，always a devil"的表达方式，译文更加口语化，更生动活泼。

3. 方言翻译

方言是语言因地域方面的差别而形成的变体，指一种语言中跟标准语有区别的、只通行于一个地区的话。《茶馆》中的"京味儿"很大程度上就依赖于北京方言的使用。在家庭亲情范围之外，北京口语中的"孙子"是个骂人的词。如"说假话是孙子！"英译为"I'll be damned"，霍译为"I'll be a monkey's uncle"。"a monkey's uncle"是一个俚语，可用于表达吃惊、惊奇和不相信，也可用于表示某种情况不可能发生，意义上同"pigs might fly"相似。英译直接了当，霍译更加地道。"包圆儿"就是承担、包办的意思。英译为"it's all yours"，霍译则采取"拼音加注释"，译为"it's a *baoyuaner*—you know，a place that looks after everything"，霍译有意保留了源语的异质性特征，但对于台词翻译而言，英译朗朗上口，更符合舞台表演的需求。

4. 叹词翻译

叹词表示感叹或呼唤应答声的词。常用的叹词有唉、哈哈、唉呀、啊、哼、呸、哎哟、咳、哦、喂、嗯、哎等，以表示惊讶、赞美、埋怨、叹息等感情。作为舞台剧，《茶馆》的对话中多次出现叹词，如：

例1：常四爷：唉！连鼻烟也得从外洋来！这得往外流多少银子啊！

　　英译：Imagine!...

　　霍译：Ai!...

例2：王利发：你倒是抓早儿买点菜去呀，待一会儿准关城门，就什么也买不到啦！嘿！

　　英译：...You heard me?

　　霍译：...Hei!

例3：周秀花：就是粮食店里可巧有面，谁知道咱们有钱没有呢！唉！

　　英译：...What a life!

　　霍译：...Ai!

霍译将绝大多数叹词直接音译，英译则根据不同的语境还原了叹词背后所体现的情感和动作。如"唉！"译为"Imagine!"，体现了常四爷对洋货倾销造成国家银子外流的一种强烈痛心。"嘿！"译为"You heard me?"还原了原文所体现的一种询问的动作和功能。"唉！"译为"What a life!"体现了周秀花对于生活的一种抱怨和无奈以及对无法满足女儿吃一碗面要求的一种愧疚。但是，"呸"的翻译却与前面几例相反，如"一个男子汉，干什么吃不了饭，偏干伤天害理的事！呸！呸！"中的"呸"，英译为"Pah!"，霍译为"Bastard!"。"呸"表示鄙视、唾弃。与一般的叹词不同，"呸"在发音时常伴有动作，情感通过动作得以强化。而"Bastard!"仅保留了情感，缺少了动作性，与"Pah!"相比，愤怒和厌恶程度自然会有所减弱。

5. 修辞翻译

修辞即修饰言论，指在语言使用过程中，利用多种语言手段以达到尽可能好的表达效果的一种语言活动。在《茶馆》中有多处修辞，如：

例1：方六：这可画得不错！六大山人、董弱梅画的！

英译：It's so well painted. Even better than the original!

霍译：They're by the Liuda Hermit, Dong Ruomei.

例2：沈处长：好（蒿）！传！

英译：Okay! Summon him!

霍译：Yessiree! Bring him in.

以上两例均使用了讽刺修辞手法。历史上只有"八大山人"，并无"六大山人"和"董弱梅"。方六是一个"打小鼓的"，善乘人之危牟取暴利。老舍先生借此来说明方六的画是赝品、仿品，讽刺方六奸诈欺人的本性，想用不值钱的东西来坑明师傅的钱。例2中，一个"好（蒿）"、一个"传"揭露了沈处长装模作样、欺压百姓的丑态，尖锐讽刺了国民党军政要人通过从口中挤出那么一两个字来强调自己高贵身份的装腔作势和自命不凡。在例1中，英译采取意译，直截了当，说明了画是山寨的。霍译采取直译，这对于不了解汉语文化背景的读者和观众很难理解原文中的讽刺意味，甚至会造成误解，认为"六大山人"和"董弱梅"是有名的画家，从而影响观众对方六形象的认知。例2中，英译中的"summon"更能体现出沈处长高高在上的神气，而霍译中的"Yessiree"是"yes sir"的变体，要比"Okay"更能体现出原文的语气。

英若诚（1999：186）曾言："老舍是北京方言大师，他极了解市井人物——从拉车的到掌柜的，从手艺人到当官的——其语言驾驭能力是无可比拟的，这使他的作品，特别是《茶馆》，无法直译。"因此，在"翻译内"层面上，英若诚绝大多数情况下采取了意译，在译内行为上，译本展示出作为语言性角色的译者积极向读者（观众）靠拢的"务实"努力，在译内效果方面，译本呈现出较高的"务实度"。英译本最大的特色就是通俗易懂、简洁明了，与原文节奏基本保持一致，朗朗上口，更加适合舞台演出，体现了译者对于戏剧翻译特点的熟悉与精准把握。

（二）翻译外

"翻译内"决定了翻译之为翻译的性质。翻译不可能在真空中进行，译者会受到诸多因素的影响，这就要求我们必须关注对翻译外部因素的研究。翻译外部因素"是一些关涉翻译活动之外的超出翻译本身的因素，比如宏观上有关翻译史、翻译性质、翻译标准、翻译单位和意群的划分、文本选择、个人译风、接受人群和环境、翻译效果、历史和时代、审美以及个人和团体目标等因素"（周领顺、张思语，2018：104）。笔者将从译者素养、译者身份和翻译思想等方面来探讨译者的译外行为和译本的译外效果，以及翻译外部因素与翻译内部因素的互动关系。

1. 译者素养

译者素养由译者能力和译者经历两个因素决定。译者能力指的是译者的语言功底和跨文化交际的能力，译者经历则主要关涉译者背景、身份和职业等相关因素。就能力而言，英若诚出生于名门世家，其祖父英敛之为《大公报》主编，辅仁大学创办人。其父英千里早年留学欧洲，曾任北平教育局长和社会教育司司长，1949年赴台湾后任教于多所高校。钱钟书评价英千里为全中国真懂英文的两个半人之一，另一个是他自己，那半个是复旦大学的林同济（小远，2017：20），英若诚从小接受了优质的教育，尤其是英文教育。他少年时期主要在天津圣路易中学学习，该校按英国式的课程设置进行教学，是一所管理严格的国际教会寄宿学校。他展示出了强大的语言天赋，在很短的时间内就学会说英语，甚至可以和西方孩子用英语吵架（英若诚、康开丽，2009：146），加上学校的严格管理，"每天都要练习背诵，天天如此，绝无例外，没有讨价还价的余地"（英若诚、康开丽，2009：146），为他以后的翻译事业打下了扎实的语言基础。此后，英若诚进入清华大学外国语言文学系学习，从此迷上了戏剧，他认为要对戏剧进行学术上的研究就该去清华，尤其是外国语言文学系特别强（英若诚、康开丽，2009：161）。其间他还创办了一份有关中国诗歌的英文杂志，并翻译了谢尔盖·爱森斯坦的作品《电影感》。英若诚的英文水平一直维持在较高水准，在调离人艺期间，参与了《中国建设》英文版的采访和出版工作。即使到了晚年，直至弥留之际，依然能用英文讲述自己的一生，从而形成了由他本人自述，美国杜克大学康开丽教授整理出版的个人英文版自传。高超的英文水平使英若诚在翻译上游刃有余。阿瑟·米勒不仅让英若诚出演《推销员之死》中的威利·罗曼，还要求剧本也得由他翻译。阿瑟对结果非常满意，因为"中文演出和英文演出一样长短，一分不差"（英若诚、康开丽，2009：220）。鲍勃·霍普到访中国，英若诚站在台上同声翻译他的笑话段子，也赢得了满堂喝彩。

除了过硬的双语能力，英若诚对戏剧翻译的深刻见解还源于他演员和导演的双重身份。他表演经历丰富，读书期间是"清华大学的台柱子"，工作后又是"北京人艺黄金时代的台柱之一"。他演技精湛，善于从生活出发。在《耶戈尔·布里乔夫和其他的人们》中他饰演东正教神甫，一次彩排中，场景是演员们从寒冷的外面走进屋里，完全是出于本能，英若诚把后背转向壁炉开始烤屁股。导演库里涅夫对这个动作给予了高度评价，认为是"非常好的一手，这就是斯坦尼体系"（英若诚、康开丽，2009：180）。《茶馆》里的刘麻子是英若诚塑造的最成功的角色之一。据著名话剧表演艺术家郑榕（2004：47）回忆，老舍先生曾评价英若诚演的刘麻子说："您演的不够坏"，又赶紧补充说："您可千万别去演那个坏"。英若诚后来悟到：老舍先生写的坏人并不觉得自己是坏人，甚至还替自己打辩护，演员如果不认真体验，那就很难演好。于是他赋予了角色更深刻的内涵，刘麻子在死前还能引起观众一丝同情。这一点在《茶馆》赴西欧演出时也得到了观众的肯定。英若诚在《推销员之死》中扮演威利·罗曼，导演阿瑟·米勒称他是"最出色的威利·罗曼"（英若诚、康开丽，2009：231）。除了话剧，英若诚还在多部电影、影视剧中扮演角色，如《马可·波罗》中的忽必烈，美国《洛杉矶时报》上评论说"使电视历史巨片《马可·波罗》站得住脚的主要因素，是英若诚的表演"（梁秉堃，2016：10）。他在中意合拍电影《末代皇帝》中饰战犯管理所所长，该电影获得第60届奥斯卡金像奖最佳影片、最佳导演、最佳改编剧本等多个奖项。作为导演，英若诚由于执导和讲授《家》和《十五贯》的显著成绩被密苏里大学以公文形式宣布为该校的永久性教授。他与英国的托比·罗伯森合作的《请君入瓮》被称之为"在表演上达到了一个新的高度，在世界任何一个地方都会备受赞叹"（英若诚、康开丽，2009：xiii）。

2. 翻译思想

英若诚（1999：1-11）认为，口语化和简练是戏剧翻译中必须首先考虑的原则。口语化对应的是"活的语言"，简练对应的是"脆的语言"。"活的语言"就是靠听觉欣赏的语言，演员通过"活的语言"，才能使观众得到巨大的艺术享受。《茶馆》中角色涉及三教九流，台词口语化现象明显。为复现源语中的角色特征和人际关系，英若诚在译本中使用了大量的口语词，如"乡下脑壳"译为"a clodhopper"，"美钞"译为"greenbacks"，"死"译为"kick the bucket"，"娘儿们"译为"old cow"，"小事儿"译为"Peanuts"，"老糊涂"译为"gaga"，"女学生"译为"chicks"，"不够积极"译为"such a wet blanket"等。"脆"的语言要求"铿锵有力，切忌拖泥带水"（英若诚，1999：4），即"巧妙而对仗工整的，有来有去的对白和反驳"（英若诚，1999：4）。"一句台词稍纵即逝，不可能停下戏来加以注释、讲解"（英若诚，1999：4）。《茶馆》原文短句较多，结构紧凑，对于偶尔出现的引用和典故，英若诚采取意译，使译文简洁明快，如把"'青是山，绿是水，花花世界'，又有典故，出自《武家坡》！好不好？"译为"And in traditional opera there are many references to two blossoms. So what do you think?"，把"要是洋人给饭吃呢？"译为"Even foreigners?"，译者尽力保持了原文的话语节奏。

英若诚（1999：5）认为，作为一个翻译者，特别是在翻译剧本的时候，一定要弄清人物在此时此刻语言背后的"动作性"是什么，要去捕捉那隐藏在佳句后面的"动作"。翻译者必须为表演者提供坚实的土壤，不要帮倒忙。所谓坚实的土壤，就是人物此时此地的合乎他本人逻辑的语言和行为。如"算了吧，我送给你一碗茶喝，您就甭卖那套生意口啦！"中的

"算了吧"，霍译为"Forget it!"，英译为"Enough，enough!"，后者显示出这是唐铁嘴讨茶喝的惯用伎俩，也表现了王利发对他厚颜无耻、骗吃骗喝的一种厌恶和无奈，有助于观众在一开始就对唐铁嘴的形象有一个深刻的认识。

英若诚（1999：6）认为，人物的台词是理解人物的钥匙。当我们试图把一部剧本翻译成另一种语言时，要保持人物的生动活泼的性格却远非一件容易事。如：

例1：王利发：我？爷爷会说好话呀。

英译：Me? Grandad knows how to charm him with a few nice words.

霍译：Me? Your grandpa knows how to deal with guys like that.

例2：王利发：诸位主顾，咱们还是莫谈国事吧！

英译：Gentlemen，let's leave off discussing affairs of state，shall we?

霍译：Gentlemen，I don't think it's a good idea to discuss state affairs.

王利发是一个处事圆滑的茶馆掌柜，他懂得"在街面上混饭吃，人缘顶要紧"，"多说好话，多请安，讨人人的喜欢，就不会出岔子"，面对各色人等，他懂得陪笑脸，懂得和稀泥，尤其不会得罪主顾。相比于霍译，英译的"charm him with a few nice words"和例2的反义疑问句的使用，更好地将王利发心思缜密、左右逢源的性格表露无遗。

在译者行为批评视域下，"翻译外"不仅关注在翻译过程中影响和制约译者的政治、历史、文化等外部因素，还关注译者在"实践上的主动选择"（周领顺，2014：12）。英若诚（1999：9）认为"作为戏剧翻译，我们的努力方向还是应该尽量使我们的观众能够像阅读或聆听原作的人那样得到同样的印象"。正是这种翻译目的决定了英若诚在翻译《茶馆》时做出了大量的"务实性"努力。另外，丰富而成功的演艺经历为译者提供了另外一个维度去审视戏剧翻译，形塑了译者"为观众着想"的翻译观，因此译本呈现出较高的"务实度"。最后，高超的双语与跨文化交际能力使得译者的思想转化为翻译策略，最终形成翻译实践。在"翻译外"维度上的翻译批评让我们认识到，在社会视域下，"直译或意译这两种方法之间已无高下可言，重要的是它们能否帮助译者达到了预期的目的，发挥了译本在译入语文化中预期的作用"（章艳，2011：132）。

四、结语

在"求真—务实"连续统上，译者行为准则是：求真为本、求真兼顾务实；务实为用（上）、务实兼顾求真。就翻译事实看，该行为准则可以这样把握："求真"且能达到相应社会效果的，以"求真"为上；"求真"而不能达到相应社会效果的，以"务实"为上；"求真"但难以对原文有关信息做到求真时，以"务实"为上；"求真"而对原文某些意义或舍或取时，以"务实"为上（周领顺，2014：106-110）。戏剧具有双重性，既是一种文学样式，具备一般叙事性作品的共同要求；又是一门综合表演艺术，受到舞台演出的制约，必须符合舞台艺术的要求。文学性和舞台性共同构成了戏剧的本质。戏剧翻译理论家汉斯·萨尔认为"戏剧翻译是用另一种语言使一部戏上演"（任晓霏，2008：14-15）。戏剧翻译的目标就是打造符合观众听觉要求的、适合演员演出的剧本。对应译者行为准则的相关细则，在"求真—务实"连续性上，戏剧翻译应在"求真"的基础上，以"务实"为上。

结合英若诚的译者行为分析，我们认为，戏剧译者不仅要精通两种语言，还要熟悉两种语言背后的两个不同的戏剧体系。英达将英若诚翻译的成功归结为两个因素，即对中西文化的深刻领悟和对中西戏剧体系的融会贯通。（任晓霏，2008：3）；戏剧翻译的舞台性决定了一个成功的剧本是翻译、导演、演员和观众共同合力的结果。林克欢指出，英若诚的几个话剧译本经得起推敲，是同排演过程中的千锤百炼分不开的（柯文辉，1992：235）；老舍认为，"台上演的戏要比印刷的小说更容易让老百姓接受"（英若诚、康开丽，2009：183）。在文化交流和融合的过程中，戏剧、影视剧应该成为，也必须成为一个重要媒介；在戏剧翻译人才的培养方面，除去必备的双语知识和文化外，与舞台表演相关的理论和实践也应纳入到教学计划当中。

参考文献

[1] 胡宗温. 我留恋与他演戏的日子 [J]. 中国戏剧，2004（2）：49.

[2] 柯文辉. 英若诚 [M]. 北京：北京十月文艺出版社，1992.

[3] 梁秉堃. 花非花 雾非雾——记著名表演艺术家英若诚 [J]. 北京档案，2016（10）：8-11.

[4] 马明蓉. 复杂性科学视阈下的译者行为批评范式 [J]. 山东外语教学，2017（6）：100-107.

[5] 任晓霏. 登场的译者——英若诚戏剧翻译系统研究 [M]. 北京：中国社会科学出版社，2008.

[6] 小远. 英若诚：文化世家传承人 [J]. 老年人，2017（7）：20-22.

[7] 许钧. 矻矻经年 自成一格——《译者行为批评：理论框架》与《译者行为批评：路径探索》序 [J]. 山东外语教学，2014（1）：112.

[8] 英若诚，康开丽. 水流云在：英若诚自传 [M]. 北京：中信出版社，2009.

[9] 英若诚. 狗儿爷涅槃序言 [M]. 北京：中国对外翻译出版公司，1999.

[10] 郑榕. 一座沟通东西方戏剧的桥梁 [J]. 中国戏剧，2004（2）：47.

[11] 章艳. 在规范和偏离之间——清末民初小说翻译规范研究 [M]. 北京：外语教学与研究出版社，2011.

[12] 周领顺. 翻译内与翻译外：翻译和评价 [J]. 中国翻译，2020（6）：149-152.

[13] 周领顺. 翻译批评第三季——兼及我的译者行为批评思想 [J]. 解放军外国语学院学报. 2015（1）：122-128.

[14] 周领顺，张思语. 翻译家方重的译者行为批评分析 [J]. 外国语文，2018（4）：103-109.

[15] 周领顺. 译者行为批评：理论框架 [M]. 北京：商务印书馆，2014.

作者简介

杨宁伟（1988—），河南师范大学新联学院讲师，硕士，研究方向：文学翻译批评，E-mail：yangningwei6@163.com。

浅析Monika Motsch《围城》德文译本中文化负载词的翻译策略

——以方鸿渐和方遯翁的信件来往为例[*]

余 荃

（西安外国语大学，陕西西安，710000）

【摘要】"对等"是译本特征和译者翻译策略评价时的关键衡量指标，是否对等通常可以从词汇、句子和语篇几个层次上进行考量评价。本个案研究运用克里斯汀·诺德的功能翻译理论对 Monika Motsch《围城》德文译本中的一段半文半白的信件往来进行词汇层次上的文化内涵对等分析，挖掘出了中德文化负载词翻译时的对等与不对等现象，为解决汉译德活动中由于跨文化因素造成的不对等提供些许思考。

【关键词】"功能忠诚"理论；跨文化；翻译对等；诺德

一、引言

　　《围城》是中国现代著名作家、文学研究家和翻译家钱钟书先生的代表作之一，主要描写了抗战初期中国知识分子的众生相，是中国现代文学史上一部风格独特的讽刺小说，被誉为"新儒林外史"。著名文学评论家、旅美汉学家夏志清在其代表作《中国现代小说史》（*A History of Modern Chinese Fiction*）中如此评价《围城》道："《围城》是中国近代史最有趣和最用心经营的小说，可能是最伟大的一部。作为讽刺文学，他令人想起像《儒林外史》那一类的著名中国古典小说，但它比它们优胜，因为它有统一的结构和更丰富的戏剧性。"钱先生自身优异的外语能力以及他所处的时代背景使得《围城》这部中国近现代小说不可避免地被烙上了"洋"味儿，它在引入一些具有西方文化烙印的幽默方式和手段的同时（比如把亚当、夏娃用树叶遮羞这一源自西方宗教经典《圣经》中的故事来比喻文凭的重要性），也结合了中国传统的文化因素，使得这部作品自然地具有了超越单一文化圈的独特魅力，正因为如此，这部作品才具有了如此超越国界、跨越时空的能力。这部经久不衰的作品被翻译成了英语、法语、德语等各国语言，深受世界各国读者的喜爱，并多次再版，其中最早也是最受到钱先生赞誉的德文译本是由Monika Motsch女士翻译成书的。Monika Motsch是德国著名汉

_____

　　* 本文系国家建设高水平大学公派研究生项目的阶段性成果，项目号：201808610240。

学家、翻译家。她长期致力于中国古典及现代汉语文学、中西比较文学的研究及教学工作。此次对比的文本就选自她的译本。

二、克里斯汀·诺德的功能翻译理论

克里斯汀·诺德（Christiane Nord）是德国功能主义翻译学派的领军人物，在其著作《翻译中的语篇分析》中首次提出影响深远的"功能加忠诚"理念，在支持语篇功能对等的前提下强调了忠实原文的重要性，指出"没有原文，就没有翻译，译者应当同时对原文和译文环境负责，对原文信息发送者（或发起人）和目标读者负责"（Nord，1993：581），这一责任被诺德称为"忠诚"。

诺德提出的忠诚原则修正了激进功能主义翻译理论，在肯定功能对等的同时强调了译文应当"忠诚"于译者、原文作者、译文接收者及翻译发起人的原则，将其翻译理论建立在了"功能"和"忠诚"这两大基石之上（张美芳，2005），在看似矛盾的两种翻译理论导向中找到了平衡，符合翻译实践中为译者及大众普遍认可的规范和要求。但由于源语言群体和目标语言群体文化因素的制约，同时忠诚于委托人、原文作者和读者三方只能是一种理想状态。这样一来，如何通过挖掘两种语言背后的文化因素，解决文化差异造成的困难，就成为了译者平衡"功能"与"忠诚"的关键焦点。

《围城》原文大多篇幅使用的是现代汉语，译者在解决对等方面所面临的困难相对较小。但其中一小部分以半文言半白话的形式出现的文字无疑会给译者带来巨大的挑战。本文以Monika Motsch的德文译本中方鸿渐与其父方遯翁之间半文半白的书信为分析蓝本，运用诺德的功能翻译理论，在词汇层面的翻译上分析译者在翻译文化负载词汇上所采用的策略，以期了解优秀译者在解决跨文化困难方面的策略。

三、方鸿渐和方遯翁的信件中文化负载词的翻译策略

（一）父子书信来往背景及中德源文本

方鸿渐之父方遯翁为子包办婚姻，从家庭"繁荣"出发，与一家银行经理结为亲家。谁料方鸿渐入大学读书后，尝见"人家一对对谈情说爱，好不眼红。想起未婚妻高中读了一年书，便不再进学校，在家实习家务，等嫁过来能做干媳妇，不由自主地对她厌恨"。于是给家里写信要求解除婚约，这才发生了这次父子之间的书信"对决"。

中文：

迩来触绪善感，欢寡愁殷，怀抱剧有秋气。每揽镜自照，神寒形削，清癯非寿者相。窃恐我躬不阅，周女士或将贻误终身。尚望大人垂体下情，善为解铃，毋小不忍

而成终天之恨。

——方鸿渐

吾不惜重资，命汝千里负笈，汝埋头攻读之不暇，而有余闲照镜耶？汝非妇人女子，何须置镜？惟梨园子弟，身为丈夫而对镜顾影，为世所贱。吾不图汝甫离膝下，已濡染恶习，可叹可恨！且父母在，不言老，汝不善体高堂念远之情，以死相吓，丧心不孝，于斯而极！当是汝校男女同学，汝睹色起意，见异思迁；汝拖词悲秋，吾知汝实为怀春，难逃老夫洞鉴也。若执迷不悔，吾将停止寄款，命汝休学回家，明年与汝弟同时结婚。细思吾言，慎之切切！

——方遯翁

德文：

Seit kurzem bin ich freudlos und niedergeschlagen，in einer Stimmung herbstlicher Melancholie. Kümmerlich und abgemagert blickt mir mein Bild aus dem Spiegel entgegen，ein memento mori. Sollte mir etwas zustoßen，quält mich die Vorstellung，Fräulein Zhous Leben zu zerstören. Ich hoffe，dass Sie，verehrter Herr Vater，den gordischen Knoten lösen，damit nicht aus Überängstlichkeit großes Unheil entstehe.

——Hongjian Fang

Ich habe keine Kosten gescheut，um Dich in die Ferne zum Studium zu schicken. Verfolgtest Du unermündlich Deine Studien，bleibe Dir bestimmt keine Muße，Dich im Spiegel zu betrachten! Du bist kein Weib，wozu da der Spiegel？Dergleichen ziemt sich nur für Komödianten，ein Mann macht sich damit lächerlich. Ich hätte nicht gedacht，Du würdest so üble Gewohnheiten annehmen，nachdem Du kaum den Schoß der Familie verlassen hast—höchst bedauerlich und abscheulich! Außerdem soll man zu Lebzeiten der Eltern nicht über sein Alter jammern. Du dagegen nimmst keine Rücksicht auf die Liebe Deiner fernen Eltern und schreckst sie auch noch mit Deinem Tod! Ein Gipfel an Herzlosigkeit und Ungehorsam! Sicher liegt es an der Koedukation. Der Anblick weiblicher Schönheit macht Dich wankelmütig. Du sprichst von "herbstlicher Melancholie"，in Wirklichkeit sind es wohl eher "Frühlingsgefühle"，das ist dem Scharfblick Deines alten Vaters nicht entgangen! Wenn Du weiter halsstarrig an Deinem Irrtum festhältst，werde ich Deinen Wechsel streichen und Dich zurückkommen lassen. Im nächsten Jahr wirst Du zusammen mit Deinem Bruder heiraten. Denke sorgfältig über meine Worte nach und nimm sie Dir zu Herzen!

——Dunwong Fang

（二）方鸿渐来信中的文化负载词翻译策略

1. "秋气" vs. "in einer Stimmung herbstlicher Melancholie"

"秋气"在中文中的意思是指秋日凄清、肃杀之气。《吕氏春秋·义赏》："春气至，则草木产，秋气至，则草木落。"《汉书·外戚传上·孝武李夫人》："秋气憯以凄泪兮，桂枝落而销亡。" 唐杜甫《曲江》诗之一："曲江萧条秋气高，菱荷枯折随风涛。" 明朝刘基《秋日即事》诗之七："秋气萧条宋玉悲，西风唯有雁相宜。" 鲁迅《朝花夕拾·父亲的病》："其时是秋天，而梧桐先知秋气。" 钱钟书先生在《管锥篇》中列举了许多赋秋的例子，解释古人逢秋言悲的道理，认为："节物本'好'而人自'惆怅'，风景因心境而改观耳。"又说："物逐情移，境由心造，苟衷肠无闷，高秋爽气遽败兴丧气哉？"并进而言之："以人当秋，则感其事更深，亦人当其事而悲秋逾甚。"钱先生主要是从主观意识方面阐释的。赵敏俐的《秋与中国文学的相思怀归母题》一文则表现出另一种观念，赵敏俐认为："中国文学的悲秋作品，并不仅仅是一种生命意识的自然感应，而始终比较明显地和相思与怀归的母题有着不解之缘。悲秋是源于相思怀归这一母题的。而相思怀归之情愫又是源于早期农业社会的生产和生活方式。"由此可见"秋气"一词自古以来在中国人的词汇概念中就与"悲""愁""伤"等同类的情绪连结起来，自然而然地形成了一种汉语文化圈内的隐喻，而这一隐喻是与汉语使用者的生活经验紧密联系起来的。古代中国是农业大国，人民的基本生活来源是土地，春播秋收本是常理，但也有农人经历了春发夏长的消耗没有得到期许的收成，难免心中生出秋怨秋哀之情；深秋之际，秋寒逼人，草木渐枯，万物凋零，蛇虫蛰伏，一夜骤风便是满地黄叶，自然景观与主观人心的感受相通而合一，实际上反映的是一种古人天人合一的宇宙观。

译者把"秋气"一词译为"in einer Stimmung herbstlicher Melancholie"可以称之为绝妙。首先译者点明了原文作者此处想表达的是一种"Stimmung"，用"Stimmung"先给出德语译文读者一个大致的概念范围，再用"herbstlich"这一形容词来说明原文作者用词上的特点，告诉德文读者原文作者在原文中是以"秋"这个意向来表达这样一种"Stimmung"的，这样就很好地做到了"尊重原文"。"Melancholie"一词表示"抑郁"，来源于欧洲古老的语言希腊语词汇melancholia，20世纪以后德语中就已经用"Depression"一词来代替它了。原文使用的语言是文言文，译者选用这样一个对于欧洲人来说也比较古老的词汇来表达原文中所要表达的意思，赋予译文一种不同于现代德语的"上古之气"无疑是再合适不过。

2. "解铃" vs. "den gordischen Knoten lösen"

"解铃"意思是解决纠纷或困难，出自宋·惠洪《林间集》卷下载：法灯泰钦禅师少解悟，然未为人知，独法眼禅师深奇之。一日法眼问大众曰："虎项下金铃，何人解得？"众无以对。泰钦适至，法眼举前语问之，泰钦曰："大众何不道：'系者解得。'"由是人人刮目相看。鸿渐借"解铃"一词向父亲表达自己不想结婚，希望得到父亲体谅，回绝婚事，解决这一困难。"解铃"这一词的引申涵义自然而然地被打上了民族文化的烙印，是华夏祖先为后人留下的宝贵语言遗产，但如何能让脱离了汉文化圈的日耳曼民族能够理解这样一种所指意义，又尽量忠实原著，这两者之间的偏重程度就得由译者来把握了。

Monika Motsch选用了"den gordischen Knoten lösen"（斩断戈尔迪之结）来表现"解铃"的内涵是比较恰当的，"戈尔迪之结"的内涵与外延与"解铃"中的"铃"有很高的重合度，它的意义也是来源于西方人熟知的一则故事：戈尔迪是小亚细亚佛律基亚的国王，传说他原先是个贫苦的农民。一天，他在耕地的时候，有只神鹰从天而降，落在他马车的轭上，久不飞走。戈尔迪就赶着马车进城去请求神示。当时，佛律基亚的老王突然去世，一国无主，上下动乱不安，于是人们请求神示由谁来做国王。神示说："在通向宙斯神庙的大陆上，你们遇到的第一个乘马车者就是新王。"恰好这时戈尔迪正乘着牛车前往宙斯的神庙，人们看见巍然屹立在车轭上的神鹰，认为这是掌握政权的象征，就一致拥戴戈尔迪为国王。戈尔迪当了国王后，就把那辆象征命运的马车献给宙斯，放置在神庙中。他用绳索打了个非常复杂的死结，把车轭牢牢地系在车辕上，谁也无法解开。神谕凡能解开此结者，便是"亚洲之王"。好几个世纪过去了，没有人能解开这个结。公元前3世纪时，古希腊罗马的马其顿国王亚历山大大帝在成为希腊各城邦的霸主后，大举远征东方。公元前334年，他率领进入小亚细亚，经过佛律基亚时，看到这辆马车。有人把往年的神谕告诉他，他也无法解开这个结。为了鼓舞士气，亚历山大拔出利剑一挥，斩断了这个复杂的乱结，并说："我就是这样解开的。"因此"戈尔迪之结"意为难解的结、难题、难点，"斩断戈尔迪之结"意为"快刀斩乱麻""大刀阔斧，果断处置"。

（三）遯翁回信中的文化负载词翻译策略

1."千里负笈" vs. "Dich in die Ferne zum Studium zu schicken"

"笈"的意思是"书箱"，有"负笈游学"成语，出自《晋书·王裒传》："北海炳春，少立志操，寒苦自居，负笈游学"[①]。"千里负笈"意为"到很远的地方去求学"。译者在此处完全采用了意译，以达到使译文读者通晓涵义的基本翻译目标，但这样的译法，未能强调出原文中"求学不易"的引申义，应当进一步予以改进。

2."梨园子弟" vs. "Komödianten"

"梨园"是唐玄宗时教练宫廷歌舞艺人的地方。在长安（今陕西西安）光化门（一说芳林门）外禁苑中。玄宗曾选坐部伎子弟三百人和宫女数百人于此学歌舞，称为"梨园子弟"。后人称戏曲界为梨园行，称戏曲从业人员为"梨园子弟"[②]。戏曲从业人员在中国古代是属于"下九流"的行当，是不被人们认可和尊重的行业，因此遯翁在此用"梨园

---

① 《辞海》，上海辞书出版社，第六版，S.0843

② 《辞海》，上海辞书出版社，第六版，S.1103

子弟"一词就达到了一语双关的效果。一方面,唱戏的演员上台需要对镜上妆,遯翁借此批评儿子"整日对镜自怜"是不必要的行为,因为鸿渐并不需要上妆唱戏。另一方面,遯翁用"梨园子弟"这一带有贬义的词汇来警醒自己的儿子,不要"沦落到戏子"的地步。"Komödianten"一词更多倾向于第一种意义,而对第二种文化内涵着色不多。

3. "见异思迁" vs. "wankelmütig"

"见异思迁"谓意志不坚定,看到别的事物就改变原来的主意。语出《管子·小匡》:"少而习焉,其心安焉,不见异物而迁焉。"《大马扁》第七回:"因此满胸抑郁,终不免宗旨不定。见异思迁,是个自然的道理。"[①]属于贬义词汇。"wankelmütig"在杜登词典中的含义为:"seinen Willen, seine Entschlüsse immer wieder ändernd; unbeständig, schwankend in der Gesinnung, in der Haltung。"其无论在感情色彩还是在词语内涵上都与"见异思迁"极其相近,可以说是基本对等的成功翻译的范例。

4. "怀春" vs. "Frühlingsgefühle"

"怀春"谓少女春情初动,有求偶之意。《诗·召南·野有死麕》:"有女怀春,吉士诱之。"[②]歌德的作品《少年维特之烦恼》也有名句"Jeder Jüngling sehnt sich, so zu lieben, Jedes Mädchen so geliebt zu sein."现在公认的汉语翻译是:"哪个少年不钟情,哪个少女不怀春。"正用的是汉语中的"怀春"一词来表达"想要被爱"之意。春天是万物生长、生机勃勃的季节,也是生物繁衍、延续后代的最佳时节,古人以"春"喻"情",可谓绝妙,

"Frühlingsgefühl"是合成词,前半部分"Frühling"与"春"完全对等,"Gefühl"则说的是这个词的特性,即它是描述一种"感觉"的,本意为"春天的感觉",引申义则与汉语的"怀春"一词中的"春"引申义不大对等,单指"壮年期又爱上一个年轻女子",因此译者在此选择用引号将其引起来,提醒德语读者注意,从而达到更好翻译效果。

(四)关于"汝"翻成大写"Du"

德语里使用代词的频率远高于汉语,这是因为德语里的性、数、格在使用时受到严格的限制,不会引起歧义(陆增荣,1996)。通过对本文所中文原语语篇与德文译文语篇的对比,我们可以很容易的发现,第二人称"你"在原文语篇中出现了11次,而德文第二人称代词"Du"(包括其格的变化形式)与物主代词"Dein"则在德文译文语篇中出现了21次,正是上述结论的一个恰当的例证。"汝"在《左传》中出现,一直沿用至北周,后逐渐被"你"替代,至明清时期,表第二人称代词义主要由"你"来承担了,在《红楼梦》中"汝"只出现了14次,"你"则出现了7153次,由此可见,随着年代的推移,"汝"在口语和书面语中表第二人称的义项已然逐渐被"你"所替代,《围城》的时代背景是20世纪初,

---

① 《辞海》,上海辞书出版社,第六版,S.0886

② 《辞海》,上海辞书出版社,第六版,S.0778

此时早已是"你"占绝对地位的时代了，方遜翁还是要在文章中用"汝"来称呼自己的儿子，暗含两层意思。

其一，显示文采。遜翁用"汝"字，颇有古意，显示自身文采斐然，不输于儿子。

其二，"汝"作为古汉语中第二人称代词，在不同的历史阶段表达的感情色彩有所不同，《诗经》时期，无特殊感情色彩，无论尊贵卑贱，褒扬贬抑，凡称呼对方时皆可使用。到了《论语》时期，"汝"多用于尊者对称卑者，长者对称幼者，相当于"你"或"你们"。到了墨子、孟子和庄子的时期"汝"就由尊长对卑幼的称呼进一步引申为轻贱之称，在对对方充满轻视鄙夷不满厌恶之情时使用（夏立华，1999）。遜翁所用之"汝"更偏向于长对幼，轻贱之意跃然纸上。

译者在翻译的过程中，如何将这两层含义传达给译文读者，是决定"汝"这一词翻译成功与否的关键所在。

新正字法之前，德语书信中的"Du"大写表示对对方的尊重，译者在此处遵循这一习惯，将原文中的"汝"译为大写的"Du"。但此种翻法将原文中的感情色彩淡化乃至错解了，轻贱贬低之意在"汝"这一个词的翻译上没有很好地体现出来，但作者用整个译文语篇上弥补了这一点，一些小品词的选用恰如其分地表达出了这一感情色彩，也不失为一个好办法。

四、结语

翻译理论中强调的对等概念经历了从奈达的翻译对等理论到功能翻译理论的发展历程，语言学翻译理论的发展也大抵经过了一下几个阶段：强调完全对等下的忠实原文译法，语用学转向下的以译文读者为中心的译法，两者并重的译法。对等论在功能翻译学派成为主流之前，在德国翻译界占主导地位，其强调原文的特征必须在译文中得以保留的原则随着时间的发展渐渐脱离了翻译实践，功能翻译理论逐渐占据上风，如莱思的文本类型理论（Text typology），费米尔的目的论（Skopostheorie），霍斯曼特瑞的翻译行为理论（Theory of Translation Action）和诺德的功能加忠诚理论（Function plus Loyalty）为翻译理论注入了新活力。

本篇论文仅从词汇的文化内涵与外延上分析译文的优缺点，并没有上升到语篇分析的角度，评价译者的选词上笔者运用诺德的功能和忠诚理论，既强调尊重原文，又不忽视译文读者，在功能对等的基础上找寻原文和译文中的平衡点，指出此语篇翻译中跨文化因素在词汇翻译上的影响。

文化因素对翻译影响不容忽视，译者在词汇选择上不应只考虑尊重原文或者是只偏向读者群体，而应当在考虑双方语言所使用的词汇文化内涵上多下功夫，从中找出平衡点，只有这样原文所要传达的意思才不会在翻译过程中流失太多，从而尽量靠近一个成功的翻译。

参考文献

［1］Krause MT，Nord C，Sparrow P. Text Analysis in Translation: Theory，Methodology，and Didactic Application of a Model for Translation-oriented Text Analysis[J]. *Modern Language Journal*，1993，76（4）：581.

［2］张美芳. 功能加忠诚——介评克里丝汀·诺德的功能翻译理论 [J]. 外国语：上海外国语大学学报，2005，1（1）：61-66.

［3］陆增荣. 浅谈德语代词的汉译 [J]. 德语学习，1996，1（6）：37-38.

［4］夏立华. 古汉语第二人称代词的感情色彩 [J]. 集宁师范学院学报，1999，1（3）：56-58.

作者简介

余荃（1989—），女，在读博士，研究方向：语篇分析、典籍外译，E-mail: deyuyuquan@163.com。

美术英语汉译探讨

刘壮丽　李　媛

（北京工业大学文法学部外国语学院，北京，100124）

【摘要】美术英语翻译作品的读者群包括从事美术专业的人、美术专业的学生和美术爱好者。美术英语翻译就是用简约而专业性的语言，为读者提供优雅的解决方案，赐予读者准确的信息，让读者在阅读中体会愉悦，获取灵感。本文结合翻译实践，论述了美术英语汉译的方法。

【关键词】美术英语；翻译；技巧

一、美术英语翻译是给读者提供"优雅"的解决方案

优雅能给人以简约的美感，运动员利索的动作被称为优雅，纯美的曲调亦可被称为优雅。在科学领域，优雅的解决方案是指不使用复杂的技巧就能解决前后矛盾的信息。美术英语翻译就是用简约而专业性的语言，为读者提供优雅的解决方案，赐予读者准确的信息，让读者在阅读中体会愉悦，获取灵感。上海大学美术学院教授、著名美术理论家潘耀昌先生曾经说过："文艺作品最难译，艺术和艺术史的语言，无论是图像还是词语，都会造成歧义，然而，交流还得进行。"可见，唯有具备一定的中英文修养，同时具备一定广度和深度的美术专业知识的译者，才能对原文的理解深刻到位，做到不误解作者，不误告读者，不失原文之味。例如，原文There is no abstract art. You must always start with something.这是毕加索对抽象艺术的描述，如果逐字逐句翻译，应该译成"没有抽象艺术，你必须从某件事开始。"这样的译文说明译者并没有理解原文的含义，也不了解抽象艺术的内涵，又怎么能传递给读者清晰的信息。抽象艺术，亦称非写实艺术，兴起于20世纪初，是激进思想的代名词。抽象在哲学上是指一个想法和客观参照对象之间的偏离，是对思想的高度提炼。因此，在艺术中的抽象最初也只是对具体事物的偏离过程，画家们开始用简练的手法或符号来表现客观世界（Parks，2018）。基于对抽象艺术的理解，这句话应翻译为"抽象艺术并不存在，你必须要先从画某种实物入手"。

二、美术英语翻译中的"信"和"顺"

美术英语的翻译也要秉承"信"和"顺"。但是，由于读者对象的差异，美术英语翻译在表达形式上有其独特性，"信"和"顺"体现在译文上，就是要有很强的美术专业性、准

确性和严密的逻辑性，译者的中文修养和英文修养在此起到了决定性的作用。换言之，译者首先要做到准确理解原文意思，再在忠实原文意思的基础上，对语言进行组织，力求做到语句通顺，译文符合中文规范和表达习惯，而且要采用专业的语言。例如，Most commonly，hue refers to the "color" of a color—that which，for instance，we call red. The hue is then modified by saturation，value，tint，or shade，as in bright red，dull red，and so on. （通常，色调指的是一种颜色的"颜色"，比如，我们称之为红色。然后，通过饱和度、价值、色调或阴影，如鲜红、暗红等，对色调进行修改。）这句译文有四个词翻译得不准确，hue在美术英语中应翻译为"色相"；color有"颜色"和"色彩"之意，文中出现两处color，第一个应翻译为"颜色"，第二个应翻译为"色彩"；value在这句话中不能直译为"价值"，而是表示"色调"；shade（阴影）在美术英语中应理解为"明暗"。 这句话完全忠实了原文，采用了直译的方法，而直译并非逐字逐句地翻译，而是要在保持原文内容不变的前提下，用汉语的表达方式代替英文的表达方式，否则，译文只会令人很费解。因此，这句话准确一点的译文是："色相通常指的是色彩的颜色，比如红色就是一种色相，而红色又根据其饱和度、色调、深浅和明暗的不同分为鲜红色、暗红色等。"直译和意译的区别主要在于对待原作的内容，是把它直接传达过来，还是采用简洁的传神方法（毛荣贵，2002）。

三、美术英语翻译中的一些技巧

1. 引申

虽然忠实原文是翻译所倡导的理念，但是，由于中西方语言和文化上的差异，完全的忠实往往会导致读者的误解，因此，译者在翻译过程中，要根据上下文的内容，运用符合汉语习惯的表达方法，在一定程度上摆脱原文的掣肘，将原文内容准确地传递给读者。引申包括词义层面上的引申（抽象化引申和具象化引申）和句法层面上的引申（逻辑引申、语用学引申和修辞隐身）。例如：

（1）Just as it is annoying to simultaneously hear two unrelated conversations or two radios playing different stations，an unpleasant tension is created when the elements of a composition don't relate to each other. 我们同时听到两组风马牛不相及的对话或两个电台在播放不同的节目时，会有心烦意乱的感觉；同样，看到一个构图中充斥了一些不相关联的元素，不愉快的紧张感也会随之产生。（这是一个抽象化引申的例子，unrelated的中文意思是"不相干的"，是一个字面意义明确具体的词，翻译成"风马牛不相及"，既符合汉语的表达方法，又能很恰当地传递出原文的意思。）

（2）The power of art made outside the cultural mainstream. 艺术的力量使局外人艺术在文化主流中占有一席之地。（根据上下文的内容，此句话中的outside并不是"外面"的意思，而是一个具体的属性词，即"局外人艺术"，因此，要采用具体化引申的手法来翻译，才不至于误导读者。）

（3）Black effects make black dogs less adoptable than lightercolored dogs. Animal shelters call this "black dog syndrome".相对于黑色的狗而言，人们更愿意收养浅色的狗，这就是黑色效应。（less adoptable than直译是"更不愿意收养"，为了符合汉语的表达习惯，此处采用了以正说代反说的逻辑引申翻译方法。）

（4）God made everything out of nothing. But the nothingness shows through. 上帝虽然从虚无间创造了万物，而感觉是万物，实则还是虚无。（这句话翻译成中文并不容易，要求译者对上下文意思理解透彻后，翻译出弦外之音。在原文中，整个章节只讲述一个词，就是"密度"，而此处它是一个视觉词汇，用来形容一幅内容丰厚、意义深邃的美术作品，正如一处茂密的灌木丛一样，需要人们去探索。由此可见，在翻译过程中，采用语用学引申的手法，把the nothingness shows through 译为"感觉是万物，实则是虚无"，既能传递出原文的意境，同时又摆脱了原文的束缚。）

（5）The whole operation procedure must be self–explanatory using suitable signs. This also includes the need for comprehensibility. 整个操作过程必须采用合适的符号让产品自己说话，以便用户一看就能明白。（self-explanatory字面意思是"明显的"，为了使语言更加形象化，文字更加浅显易懂，本句话的翻译采用了修辞引申的手法，"让产品自己说话"符合汉语形象的翻译，同时也为译文增添了些许幽默感。）

2. 增译和减译

在翻译时为了使句子更加通顺，而且上下文的衔接更加合理，我们需要利用增译和减译的方法。例如，God made everything out of nothing. But the nothingness shows through. 在这两句话中，第一句话应翻译为"上帝虽然从虚无间创造了万物"，第二句话如果只从字面的意思来翻译的话，整个句子将不通顺。因此在翻译时，我们需要根据整个句子的结构、整个句子前后的逻辑关系做适当的增译，因此第二句可以翻译为"而感觉是万物，实则还是虚无"。这两句话在翻译后变成一句话："上帝虽然从虚无间创造了万物，而感觉是万物，实则还是虚无。"关于减译，看下面这句话：In advertising，use mature-faced people when conveying expertise and authority；use babyfaced people when conveying innocence and honesty. 译文是："在广告宣传中，成熟的面孔所传递出的是睿智和权威，娃娃脸所传递出的则是天真和诚实。"原文中的use和when在译文中被减掉，这样做会使译文简练、通顺、自然。

3. 倒置

英语的长难句较多，在翻译的过程中，要根据中文的表达习惯做适当的拆分和语序调换，使中文语句安排符合逻辑顺序。例如，Over the centuries a variety of brushing techniques have evolved—ways of handling and delivering paint that give differing results，facilitate a wide variety of expression，and allow a broad selection of finishes. （所谓笔法，就是用笔处理颜色以获得不同的效果、表现各类主题或选择不同的方法为画面做最后的处理。经过了几百年的演变，笔法呈

现出多样性。）再举一个部分倒置的例子，Classicism is a recurring tendency in art defined by an adherence to the qualities of ancient Greek and Roman art，including clarity，orderliness，restraint，harmony，and a certain cannon of proportions.（清晰、整齐、简练、和谐和精确的比例关系是古希腊和罗马古典作品的艺术风格，古典主义则是对这种艺术风格的怀旧与坚守。）通过上面两个例子不难看出，美术英语翻译的译者在翻译时绝非只关注每句话的翻译，而是要在通读原文的基础上，对原作进行重新解读，既要保留原文的意思，又要从原文的句法中挣脱出来，用另一种文字、结构和习惯，从专业性的角度将原文的意思传递给读者。

四、美术英语翻译中专业术语的翻译

许多单词在美术领域有专门的意思，在翻译过程中不能望文生义，否则会闹出笑话。例如，distribution在美术英语中是指arrangement across a surface（画面中元素的摆放），直译有失专业水准，让读者摸不到头脑，所以应译为"疏密分布"；finish是英语中的一个常用词，在美术英语中是指the final polishing-up of a work especially when it implies the last manipulation to secure a seamless illusion in representational painting（给绘画作品做最后的处理，目的在于使具象画面呈现出更光滑的感觉），在翻译过程中，即不失原文意味，又让中国读者和专业人士看得懂的词是"光滑处理"。还有很多词在美术英语中都有其独特的翻译，比如glazing（罩色）、stippling（点彩）、impasto（厚涂）、scumbling（薄涂）、flooding（泼色）等。

五、结语

大家普遍认为"译本有局限，不能代替原作"，但对于对美术和英文的驾驭能力都很强，而且具有洞穿上下文的透视能力的译者而言，通过译本评价原作就会成为可能。

参考文献

[1] Parks，John A.，*Universal Principles of Art*[M]. Quarto Publishing Group USA，2018.
[2] 毛荣贵，翻译最难的口吻 [J]. 中国翻译 . 2002（02）.

作者简介

刘壮丽（1968—），女，北京工业大学文法学部外语学院副教授，研究方向：大学英语教学和翻译实践，E-mail：1415222154@qq.com。

李媛（1976—），女，北京工业大学文法学部外语学院讲师，硕士，研究方向：应用语言学，E-mail：liannelee@163.com。

关联理论下博物馆口译策略研究

陈薪宇　　赵霖琳

（中国传媒大学，北京，100001）

【摘要】作为一个拥有五千年文化的文明古国，文化是我国走向世界的途径之一，而博物馆又是传播国家文化实力的重要渠道。因此如何将博物馆里的文物介绍好，翻译好，达到最好的翻译效果也就成了一个重要课题。我国的文物具有品名复杂、文言居多、历史背景深厚等特点，翻译时给口译译员增加了不少的难度。关联理论具有很好的交际与认知的作用，其特点适用于博物馆口译的策略选择。本文将从关联理论的特点着手，结合其模型和具体应用分析，最后得出关联理论下博物馆口译的策略。

【关键词】口译；关联理论；博物馆术语；口译策略

一、引言

随着中华文化圈对外影响力的不断扩大，越来越多的人通过博物馆这一途径来了解中国文化。如今的博物馆藏品都配有英文甚至更多语种的介绍翻译，已经形成了较为完整的体系。但是对于讲解员的口译介绍才处于起步阶段，尚缺少文献与实践的指导，且大多数的训练多集中于术语的翻译与记忆，追求准确性，对于跨文化交际中的灵活性却知之甚少。本文以博物馆的口译为研究对象，基于关联理论的模型分析，提出跨文化交际现场口译的策略，期达到满意的跨文化交际效果。

二、关联理论的口译模型

关联理论主要将言语交际认为是一种由明示行为和推理行为构成的明示——推理和认知过程（Dan Sperber.Deirdre Welson，1986）。这样一来翻译就成了一个具有两步推理性质的过程，这个过程不仅包括语码，还需要根据动态的语境进行动态的推理。而推理的依据就是关性。关联性同时受处理努力和语境效果的影响，当处理努力越小，语境效果越大时，关联性越强。

因此关联性与处理努力和语境效果就有如下公式：

关联性 = 语境效果/推理努力（赵硕，2017）

或是这样的图示：

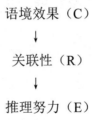

语境效果（C）

↓

关联性（R）

↓

推理努力（E）

在这个过程中，译员首先参加第一轮明示的过程，即推理的过程，根据自己的经验进行语境假设，从而获得最佳关联效果。接着在第二轮明示中，译员将自己获得的最佳关联用口语叙述出来（Ernst-August Gutt，2000）。在博物馆的具体口译实践中，第一轮明示的过程体现在对于博物馆藏品信息的理解与最佳语境效果的获取上，其中可以借助已有的文字展牌翻译；第二轮明示过程体现在译员将自己获得的最佳语境用对方的语言表述出来。在这个过程中，与普通的口译不同的是，藏品不会说话，口译员如果想要获取最佳语境效果，需要靠自己深厚的历史积累与文化底蕴。此外，由于中国博物馆藏品命名的特殊性与翻译的复杂性，当口译员要进行翻译时，如何创造最佳的关联效果，使对方付出最小的推理努力就能获得最佳理解，也十分困难。这样一来，就需要博物馆口译员对于两国语言文化的深厚积累与纯熟运用。

博物馆的口译过程可以用以下图示来表示：

文物

　↓最佳关联

口译员

　↓创造语境效果

听众

三、博物馆口译现存问题探究

博物馆口译的含义是指在博物馆这一特定的场景下进行的口译活动。与其他口译活动不同的是，博物馆口译涉及大量的历史信息与翻译技巧，需要译员更精准细腻的处理。本文将通过对一些博物馆口译实例的分析，讨论博物馆口译中存在的难点与问题，并提出适用的关联理论策略。

（一）前期准备不足

在博物馆口译中，前期准备是十分重要的一环，缺少前期准备的口译效果会大打折扣。口译的提前准备主要是对于专有名词的记忆与对于历史背景的了解。专有名词的翻译已经有了完善的系统。以上海博物馆为例，原始瓷译为proto-porcelain；成熟青瓷为mature celadon；

夹碳黑陶为charcoal-mixed black pottery；印纹硬陶为impressed pottery。诸如此类的专有名词都有专门的分类与翻译，因此译者可以总结借鉴，站在前人的肩膀上进行翻译工作。

（二）文化信息漏译与错译

文化信息主要是指涉及文物及历史事件的背景描述。对于文化信息的翻译难点在于不同的口译员如何用具有对方文化特点的方法来翻译中国特色的故事，也就是创造出最好的语境效果。以鄂尔多斯博物馆的一次口译为例。

原文：在秦始皇统一了中原以后，也就是派蒙恬将军北击匈奴之后，当时在这里实行开田垦制。

译员：Qin Shihuang，the emperor，he was the first emperor who united the whole China.

分析：原文中很明显有几个主要的历史信息：秦始皇统一中原；派蒙恬北击匈奴；实行开田垦制。译者也有意地要翻译出历史背景，但是文化背景的不同造成了理解上的困难与不便，因此口译员有选择地删去了第2个信息点，这就造成了文化信息的漏译。

（三）源语内容重复，信息冗杂

在博物馆口译中，由于涉及的内容冗杂庞大，一句话中可能有很多并不必要的信息，这些信息对于理解的用处并不是很大，且翻译难度大，会占用口译者大量的处理信息的时间，翻译时可以采取适当省略的方法。以河北海盐博物馆口译为例。

原文：在这里复原的是不同历史时期不同地区的金属器煮盐场景，金属器煮盐起始于汉代，当时使用的煮盐工具有盐撇子、牢盆和铁盘。牢盆就是煮盐时用的大铁锅，由官府铸造提供。铁盘是由金属拼接而成的煮盐工具，到清朝便不再使用。

译员：These are recovered scenes of using metallic pots to boil sae water to get salt in different periods of history and in different areas.These methods to get salt began in Han Dynasty. The tolls used in that time are exhibited here.You can have a look.

分析：口译活动要求在主要信息不变的情况下删减多余的冗余信息，使译语更加简洁、凝练、紧凑。在上文的翻译中，画线句子多为介绍背景与发展历史，与主要信息关联作用不大，且翻译难度大，因此删掉替换为have a look是更好的翻译策略。

四、博物馆口译中的策略选择

针对以上经常出现的博物馆口译时的误区，本文将通过关联理论的图示模型应用，针对源语言信息的完整度和建立最佳关联的角度出发，提出具有实践性的策略。

（一）确保源语言的信息完整度

博物馆翻译涉及的信息量庞大，因此要确保源语言的信息完整度十分困难。在关联理论的视角下，译员是两轮明示推理过程的结合点，是翻译能否成功的关键。在第一轮的明示过程中，译员也许无法完全地得到信息点，因此要想最大程度地保证源语言的信息完整度，就需要尽可能地增加话语轮次，建立起完整的信息结构。这种方式只要通过对于关键词的提问即可实现。

（二）帮助听众建立最佳关联

在获得最佳关联和源语言的完整信息之后，口译员就会进入第二轮的明示—推理过程。在这个过程中，译员的任务是通过合适的语言将源语的目的意图和信息意图传达给听众。因此译者就必须考虑到听众的文化背景、知识结构、理解能力等。因此在博物馆口译中，音译与意译结合翻译、适当解释、类比翻译都是很好的策略。例如印度新德里的国家博物馆将Bodhisattva Padmapani像翻译为莲花手菩萨像。这样不仅可以避免不同文化之间的交流障碍，也可以准确地传递原来的意思。

五、结论

博物馆作为传播文化的重要园地，我们应给予博物馆口译更多的关注，培养更多的博物馆口译译员，利用博物馆这一窗口，更好地传播优秀中华文化。关联理论对于言语交际有很强的解释力，而博物馆口译本身就是一种言语交际的行为，因此更加注重关联理论的实际应用，也是不可忽视的。

参考文献

[1] Dan Sperber.Deirdre Welson. *Relevance: Communication and Cognition*[M].Oxford: Blackwell Publisher Lsd，1986.

[2] 赵硕. 现代口译理论与实践 [M]. 北京：光明日报出版社，2017.

[3] Ernst-August Gutt. *Translation And Relevance:Cognition and Context*.[M]. New York:St.Jerome Publishing，2000.

作者简介

陈薪宇（1999—），女，中国传媒大学声乐表演专业，研究方向：音乐创作与表演，E-mail：1243617070@qq.com。

赵霖琳（2002—），女，中国传媒大学数据科学与大数据技术专业，研究方向：传媒大数据方向，E-mail：2653364649@qq.com。

"道象器"视域下的国风时尚美学赏析

——以《衣尚中国》为例

史亚娟

（北京服装学院，北京，100101）

【摘要】本文旨在从"道象器"理论出发、以综艺节目《衣尚中国》为例，从道、象、器三个层面对国风时尚进行美学分析。从"道"的层面来看，国风时尚承载了中国传统文化理念和价值观，具有意义之美；从"象"的层面来看，国风时尚设计具有色彩之美、纹样之美和造型之美；从"器"的层面看，国风时尚展现出工艺之美和科技之美。最终，国风时尚之美来自道之美、象之美和器之美三者的统一。

【关键词】国风时尚；道之美；象之美；器之美

一、引言

（一）"道象器"理论的提出

中国传统道器观认为，道器一体、道融于器、器以载道，世界万事万物是道与器的统一，即抽象的理念世界与具体的物质世界的统一。然而，当代知名学者庞朴认为，中国传统的道器合一观、言意二分法中，"象"被遮蔽隐藏起来了，失去了其应有的地位，应该恢复被遮蔽的"象"在传统道器观中的地位，将之完善发展为"道、象、器"三者各自独立又紧密结合的完整状态。道、象、器三者之间呈现为梯形关系：道无象无形，但可以悬象或垂象；象有象无形，但可以示形；器无象有形，但形中寓象寓道。换言之，象是现而未形的道，器是形而成理的象，道是大而化之的器。（庞朴，1995：234-235）"道象器"理论的意义在于将道器合一的一元论世界观还原为更接近世界本源真相的"道象器"三位一体的一元论世界观。这一理论为处于困顿和争议中的时尚研究提供了一种全新的认知与研究模式，为我们从"道、象、器"三个维度出发分析考察时尚现象，认识和把握时尚概念、时尚生成运作规律、显现方式等问题提供了理论基础。

（二）时尚之道、时尚之象、时尚之器的基本内涵

时尚之道的内涵十分丰富，广义可以指时尚发生、发展及运作的规律与原则；狭义可以指时尚（时尚现象、时尚潮流、时尚文化、时尚商品等）所表达、反映或承载的思想、情感、意义、道理、理念、信念等内容。时尚之象是一个与时尚相关的各种物象、图像、影像、形象、表象、现象、意象及想象的集合。时尚之象既包含客观的时尚之象，也包括主观的时尚之象；既有静态的时尚之象，也有动态的时尚之象（或称影像）；既有视觉之象，也有感知之象、想象之象以及本源性的存在之象。在所有这些时尚之"象"里面，时尚身体、时尚外观、时尚设计、时尚风格、时尚展览、时尚表演、时尚广告、时尚期刊等都是最常见的时尚之象。对于时尚之器，笔者根据德布雷对于媒介的定义，将其定义为："一种将寄寓着时尚之道的时尚之象呈现出来的物质性媒介或客观化实体，这一客观化实体的存在有赖于时尚之象（如时尚物象、时尚图像、时尚形象、时尚生活方式等）可感知的物质性。"（史亚娟，2020：127-128）时尚之器具有很强的物质性。如果说时尚之象是一种生命图像、存在之象，那么时尚之器就是时尚之道借助生命图像得以显现生命的媒介或者时尚生命的栖息地。时尚之器的重要性在于——承载着时尚之道，显现着时尚之象。以此为基础，本文将以综艺节目《衣尚中国》中的时尚文本为范例，从道、象、器三个维度分析解读国风时尚的美学呈现。

（三）"道象器"在《衣尚中国》中的叙事方式

《衣尚中国》以"弘扬优秀传统文化，复兴中国审美"为核心，通过"历史空间""匠心空间""创演空间"三个环节，聚焦中国传统服饰文化，努力探讨和传播中国传统东方美学理念，展示国风时尚的精湛技艺和风采气韵。笔者认为，"历史空间""匠心空间""创演空间"这三个环节恰好是从"道象器"三个层次诠释了国风时尚的本质和内涵。首先，"历史空间"是从"道"的层面解读国风时尚，从历史中探寻其所蕴含和承载的文化意义和价值理念，向观众展现国风时尚的"道"之美；"匠心空间"从"器"的层面引领观众认知国风时尚，向观众展示国风时尚服饰精湛的制作工艺和技术技巧，感知其"器"之美；"创演空间"则从"象"的层面进行演绎，向观众展示国风时尚设计和舞台之美。这三个环节中，这三种"美"的展示和探寻不是孤立进行或者彼此割裂的，而是互相渗透、彼此交叉。如国风时尚作品中包含了很多中国传统纹样，这些纹样属于"象"的范畴，体现了国风时尚的设计之美，但同样有着丰富寓意和文化内涵，后者则属于"道"的范畴。

二、国风时尚的"道"之美

目前国内流行的"国风时尚"主要指服装服饰、家居、休闲、娱乐等领域中以中国文化元素为主、凸显中国传统美学特色的设计风格及其作品。这种时尚风格及其作品既有传统东方美学特色，同时也吸收了西方现代和后现代设计方法、理念和美学追求，具有在国际范围内流行的可能性。鉴于时尚之道就是时尚所要表达的思想、意义和理念，那么国风时尚之道就是这种风格的时尚所要表达、蕴含和承载的中国传统文化和价值理念，其"道"之美也在这些理念的意义之美中得以揭示。《衣尚中国》十期节目的主题分别为"锦绣、良缘、骁勇、节庆、雅韵、戏韵、童真、自然、跃动、和合"，这些美好的理念本身就是中华传统文化思想和价值观的一部分，代表了中国人传统的生活方式，体现了中国人的精神追求、价值理念以及个性理想，具有中国传统美学意蕴，充分展示了国风时尚的理念之美。随后在对各种国风时尚风格进行追根溯源的过程中，各种锦绣纹样之中所蕴含的平安、吉祥、祈愿、和谐、包容、勇敢、含蓄、雅致、趣味、自然等美好的寓意被逐渐揭示出来，中国传统文化理念和价值观也得以深入厘清和彰显。再以第十期"和合之美"为例。这一期节目凸显了"和合"两个字，将其作为一种价值理念贯穿节目的三个环节之中。"和合"二字分别代表了"和谐"和"融合"，具体来说就是人与自然、人与人、人与衣以及中西文化之间的和谐共处、彼此融合。这一期的"匠心空间"环节用忍冬纹、敦煌飞天、历代供养人服饰、主题纹样（朵花连珠团窠花树对鹿纹）等内容展示了敦煌文化所独具的和合、多元、共生的特点。"创演空间"环节展示了具有中西合璧风格的国风服饰。节目以此告诉观众，中华民族历来是一个有胸怀、有气度、有容乃大的民族，而"和合之美"最能体现这种精神气度和"国风"这三个字的内涵，国风时尚的道之美也由此呈现。

三、国风时尚的"象"之美

在《衣尚中国》这个节目中，国风时尚之象集中反映在设计方面，是国风时尚设计元素从服饰的形式层面（"象"）进入意义层面（"道"）的重要环节，具有独特的美学意蕴，并集中体现在色彩之美、纹样之美、造型之美三个方面。

（一）色彩之美

色彩是时尚设计中最为敏感、最具视觉吸引力和表现力的形式要素之一，时尚色彩的恰切运用有助于彰显时尚风格，给人带来极大的愉悦感，得到美的享受。设计师们非常重视色彩的选择，在他们看来，国风风格的色彩一定是以中国传统文化为基础、凝聚中国文化内涵、反映中国文化精神、体现中国审美旨趣的色彩。这一点在《衣尚中国》的每一期都有很好的呈现，例如，第六期"戏韵之美"向观众展示了戏服色彩的奥秘——观众可以根据戏服的颜色判断戏中角色的身份和性格。通常来讲，舞台上穿黄色蟒袍的一定是帝王，因为在古代黄色代表了至尊；穿红色蟒袍的可能是丞相、驸马、状元等位高权重的人物，因为红色代表了尊贵；穿白色蟒袍的是儒将，因为白色能给人带来清新雅致的感觉；穿黑色蟒袍的则是正直、刚正不阿、性格粗犷的角色，如包公；绿色蟒袍则是忠义之士的服装，如关羽。第二期"良缘之美"展示了红色在中国传统婚嫁服装中的应用，看似简单的红色婚服实际上承载着丰富的"道"之美。第八期"自然之美"中则让观众领略了传统国风色彩的诗意之美。

（二）纹样之美

国风时尚的象之美在纹样中有着突出表现。《衣尚中国》每期都会推出一个主题纹样，从第一期到最后一期依次为：五彩宝花纹、鸳鸯卷草纹、铠甲兽吞纹、大吉葫芦纹、博古纹、海水江崖纹、状元竹马童戏纹、八团梅兰竹菊纹、绛底狩猎纹、朵花连珠团窠花树对鹿纹。这些纹样一般都取自现存的中国古代服饰，上面的图案由各种现实中存在或纯粹出于想象的人物、动物、植物或景观构成，以抽象或具象的形式呈现出来，最终构成不同的意象，以此传达中华民族朴素的民族情感、记录民族历史、承载民族记忆。以第七期"童真之美"的主题纹样"状元竹马童戏纹"为例。这个纹样截取自明代孝靖皇后的一件"百子图女夹衣"，大红底色上描绘了两个头戴乌纱帽、骑竹马、身穿红色或黄色圆领袍的少年，每个少年身后还有一个持伞的童子。纹样造型欢快活泼、配色鲜亮明快，展示出无拘无束、欢乐嬉戏的意象，也让观众看到了童趣、童心、爱心和匠心。爱心指这些纹样寄予了长辈对孩子们的期盼与祝福，匠心包含了设计者的巧妙构思。最终这个纹样图像表达了童心之美，也展示了其设计理念之美（即中华民族的共同情感——期待子孙后代幸福快乐、学有所成），呼应了"童真"之美这一主题，这里国风时尚的"象"之美和"道"之美得到了完美结合。除了在纹样中寄托美好祝愿、祈福和驱灾辟邪之外，中国传统服饰纹样还有记录民族历史、承载民族记忆的功能。如《衣尚中国》第四期"节庆之美"中提到了彝族的传统纹样"蕨芨纹"，蕨芨曾经是彝族祖先的主食，为了记住这段历史就把这种植物作为纹样保存下来，绣在了节日的盛装之上。

（三）造型之美

服装造型主要指服装外部轮廓线（如肩、领口、腰围、袖型、衣摆、裙摆、裤管等）的构成方式和整体结构造型，也包括穿着者经过服饰装扮后的整体形象。由于中国传统服饰都是平面剪裁、多曲线，在视觉上给人以宽大、圆润和不实用的感觉，缺乏西方服饰立体剪裁营造的立体感和雕塑感。为了弥补这一缺陷，当代国风时尚设计经常采用西方立裁的工艺，对中国传统服饰进行改良，形成了独具中国美学特色的服饰风格，在整体造型上给人以中正内敛、实用利落的感觉。从细节来看，目前国内流行的国风时尚在男装方面以新中装造型为主，其特征是立领、对开襟、连肩袖，这种造型通常要在里面加一件衬衫，给人以儒雅之风；或者是立领、对襟有扣、装袖或连肩袖，扣袢一直扣到领口，这种造型给人以严肃庄重和严谨务实之感。《衣尚中国》节目中出镜的男嘉宾一般是这种造型，足见这种男装造型之美已经得到了广泛认可。在女装方面，目前最为流行的国风时尚风格非旗袍莫属。《衣尚中国》主持人李思思在节目中有很多旗袍造型，第五期更是用旗袍来体现和表达国风时尚中的"雅韵之美"，用中西合璧的旗袍之美尽显中国女性的优雅、内敛和端庄之美，打造一种大气、和谐、典雅的新东方美学。

四、国风时尚的"器"之美

时尚之器具有很强的物质性，其重要性在于承载时尚之道，呈现时尚之象，所以在一定程度上也可以看作物质与精神的复合体。成衣及其面料、工艺等都属于时尚之器的范畴，是寄寓着时尚之道的时尚之象呈现出来的物质性媒介或客观化实体。现代科学技术的迅猛发展，使得面料和服装加工过程中科技含量越来越多，所以我们可以从工艺之美和科技之美两个层面探寻国风时尚的"器"之美。

（一）工艺之美

在中国服装面料、服饰成品的生产、加工和制作过程中，有很多历史悠久的手工技艺，如纺织、刺绣、植物染、编织，也有在当代使用非常多的钉珠、手绘、镶嵌、打结等手工技艺。在纺织方面，《衣尚中国》第一期用一个短片追溯了中国纺织业从宫廷到民间的发展历程，通过专家之口告诉观众中国古代纺织工艺的精湛与古代纺织行业的质量检测体系有关。这一体系被称为"物勒工名"，即在器物上铭刻制造工匠的名字或者标记，器物流转到哪里都可以追溯到责任人。不过，真正能展示盛世中国之象的却是新中国成立以来中国纺织业的飞速发展，节目对此进行了深情回顾和展示，在建国后几代纺织人的共同努力下，我国的纺织业经历了从天然纤维到化学纤维的飞跃，应用领域也从家用扩展到航空航天、疾病监测、电子通信等科技系统中，纺织化纤总产量稳居世界第一。在刺绣方面，《衣尚中国》中有几期节目都对刺绣这种工艺进行了展示和探寻。第一期"锦绣之美"除了用创演秀的形式展示中国传统刺绣的精美之外，还展示了古人缫丝养蚕、织锦绣花的场景。第二期"良缘之美"中婚服设计师郭培向观众展示和讲述了几套婚服上的刺绣工艺及其所包含的吉祥寓意。第四期"节庆之美"则展示了彝族刺绣的传统工艺。值得一提的还有植物染，《衣尚中国》第八期"自然之美"中主持人李思思带领观众深入了解了古代自然染色工艺，认识了各种染制石榴裙的原料，与嘉宾一起现场展示了红、粉、杏黄、米黄四种颜色纱巾的染制过程。这些传统的植物染色工艺，取材于自然、取色于自然、取意于自然，可谓器中有道。除此之外，在《衣尚中国》节目创演秀中，国风时尚作品设计中还大量使用了镶嵌、钉珠等手工技艺，让舞台上的服饰尽显华美高贵。

（二）科技之美

从纺织产品、服装服饰的整个生产加工流程来看，科学技术和手工工艺都在器物的造型、外观、性能和功用等方面发挥着重要作用，二者的区别只是侧重点不同，前者侧重机器和智能的参与，及其对人工的协助；后者强调手工制作，在某种程度上排斥机器的参与。现代社会中，电子科技、人工智能等先进的科学技术被广泛运用于纺织产品的生产和服装服饰的制作之中，科技元素在服装面料的研发和服饰设计中占的比重越来越大。在面料研发方面，出现了能发光、发热、保暖、防火、防水、防辐射等科技含量很大的服饰面料。所以，要研究国风时尚的"器"之美，科技之美的表现是不能忽视的。《衣尚中国》第一期"锦绣之美"向观众介绍了东华大学设计人员正在研发设计的一体成型、织出来就三维成型的服装；会变形、变色、发光的旗袍，以及能监测乳腺癌的智能内衣。在第三期"骁勇之美"的创演秀环节，设计师王玉涛将古典纹路与迷彩面料相结合，无形中让服装散发出一种"威慑力"，而盔甲上的山纹用激光进行了压纹处理，成为一种十分炫酷的装饰。

五、结论

国风时尚之美来自道之美、象之美和器之美三者的统一。《衣尚中国》在"历史空间"环节首先对国风时尚的"道"之美进行了演绎和呈现，使其越发具有历史性，承载更为厚重的意义和理念，同时也将这些价值理念渗透"匠心空间"和"创演秀"两个环节之中，让观众在对国风服饰"知来处，明去处"、发现其意义之美的同时，产生中国文化的自豪感和民族文化自信心。其次，该节目从不同主题、不同视角出发展示和探寻了国风时尚的"象"之美——色彩之美、纹样之美、造型之美。最后，该节目从工艺之美和科技之美两个层次展示了国风时尚"器"之美，引领观众认识到国风时尚服饰背后的文化传承、独具的匠心技艺和科技之光。

参考文献

[1] 庞朴. 一分为三：中国传统思想考释 [M]. 深圳：中国海天出版社，1995.
[2] 史亚娟. 时尚：理论与实践 [M]. 北京：中国纺织出版社，2020.

作者简介

史亚娟（1971—），女，北京服装学院副教授，博士，研究方向：艺术学理论、时尚理论、时尚文化，E-mail: galqsyj@126.com。

晚清贵阳方言俗语及其地方文化内涵*

聂 志

（贵州师范大学文学院、文学·教育与文化传播研究中心，贵州贵阳，550001）

【摘要】 晚清时期，法国传教士语言学家童保禄定居贵阳传教，编写了数种方言学习文献。本文根据从这些文献提取的语料，研究当时贵阳方言俗语的语法结构、修辞手法、意义特点及地方文化内涵。

【关键词】 传教士文献；贵阳方言；俗语；文化内涵

晚清时期的法国传教士童保禄（Paul Perny）长期定居贵阳传教，编写了《西语译汉入门》（*Dictionnaire Francais–Latin–Chinois de la langue mandarine parlée*，1869）、《中国俗语》（*Proverbes Chinois Recueillis et mis en Ordre*，1869）等贵阳方言著作。本文根据从中提取的俗语语料，研究当时的贵阳方言俗语及其地方文化内涵。这两本书下文分别简称"《西语》"和"《俗语》"。

俗语的概念有广义和狭义两种。王勤（2006）将传统俗语中剔捡出成语等固定词汇材料之后剩下的部分仍然叫"俗语"，使它和成语、谚语、歇后语、惯用语处于同一地位、同一层级。王勤所说的"俗语"是指狭义俗语，本文的"俗语"亦指狭义俗语。

一、晚清贵阳方言俗语的语法结构

首先是短语或单句形式的俗语。这类俗语的结构类型差不多涵盖了句法结构中的各种基本类型。有主谓结构的，如"耗子才知耗子路"，喻只有本人才完全清楚其做事或谋生方式（《西语》204页）。有偏正结构的，如"共鼻子出气"，形容立场、观点、主张与别人完全一致（《西语》55页）。有连动结构的，如"正离狼窝又逢虎口"，喻经过一次凶险又遭遇更大凶险（《西语》398页）。有兼语结构的，如"搬石头打脚背"，本欲害人，反而害己，喻自作自受（《俗语》63页）。

其次是复句形式的俗语，包括中间有语音停顿的一般复句和中间无语音停顿的紧缩复句。一般复句多是并列关系的，如"无针不引线，无水不渡船"，喻办事情不能缺少必要的条件（《西语》157页）。有假设关系的，如"草不去根，终当复生"，喻做事情要干净彻底，以免留下后患（《俗语》59页）。有条件关系的，如"一羊前行，众羊后继"，喻领导者的作用至关重要（《俗语》90页）。有承接关系的，如"这只耳朵进，那只耳朵出"，形

---

* 基金项目（贵州省教育厅高等学校人文社会科学研究基地资助项目，项目编号：2020JD026）。

容不认真听或不重视别人的话（《俗语》88页）。

还有部分俗语以紧缩复句的形式出现。在没有关联词语又脱离语境的情况下，复句的假设关系，一般也可理解为条件关系或因果关系。

二、晚清贵阳方言俗语的修辞手法

俗语为人民群众喜闻乐见而广泛流传，原因之一是其语言形象、生动，具有艺术性，而这与修辞手法的使用是分不开的。

一是比喻。通过描绘事物之间的相似点，让人产生联想，体会蕴含的意思，这是俗语最热衷的修辞手法。如"吃饭不知牛辛苦，穿衣不知纺棉人"，喻不知体谅和感恩（《俗语》71页）。二是夸张。为了突出和强调所表达的内容，给人以不同寻常的感受，俗语有意对事物的特征进行一定程度的渲染。如"万川归海而海不盈"，形容大海的宽广（《俗语》101页）。三是对比。把对立或有明显差异的两种事物进行比较，使其本质特征更加鲜明突出，增强了俗语的艺术效果和感染力。如"打虎不着反被虎咬"，形容应对某事物不成，反受其害（《西语》40页）。四是婉曲。具有表达含蓄婉转、隐约闪烁的特点，意在言外，给人以暗示和联想。如"同天不同地，同地不同天"，"天、地"指"父、母"，表示同父不同母，同母不同父（《西语》209页）。

俗语为了突出所表达的意思，取得更好的艺术效果，常常兼用几种修辞手法。

三、晚清贵阳方言俗语的意义特点

从俗语的意义构成看，有核心义和色彩义。"核心义是俗语表达的基本义，色彩义是附在基本义之上的格调，包括形象色彩义、感情色彩义等"（王勤，2006：450）。

形象色彩义是生动的形象体验，常常几种类型交错出现。例如"收不摸红，红不染手"（《西语》401页），既有物状视觉型的"手""红"，又有行为动觉型的"摸""染"。这些形象色彩类型融合在一起，使俗语叙述的事物、描绘的情景更加生动活泼，有较强的吸引力和感染力。感情色彩义是俗语意义的重要组成部分，具有社会传承性和客观稳定性。俗语的感情色彩义概括起来大致有下面三种类型。

一是贬斥性，如"象牙不出鼠口"（《俗语》60页）、"处处老鸦一般黑"（《俗语》63页）；二是赞许型，如"不得鱼也要得虾"（《俗语》58页），"大虫不吃伏肉"（《俗语》102页）；三是中性型，如"天下无不散的宴席"（《俗语》10页）、"上天无路，入地无门"（《俗语》88页）。三种类型当中，中性型数量最多。

四、晚清贵阳方言俗语的地方文化内涵

周玉洁（2014）强调，方言俗语同方言特色词汇、山歌童谣、地方文艺、地名方物一样，都是方言文化的重要构成，都是地方特色的文化现象。晚清贵阳方言俗语无疑体现了一定的地方文化内涵。

一是饮食文化。中国地域辽阔，各地群众饮食状况不同，流传于群众口头的方言俗语，必然带上"烟火气"，体现当地人的饮食文化特色，如"猫翻甑子狗来吃"（《西语》324页）。甑子指一种蒸饭的用具，木制、圆桶状，里面底部有竹篾编成的拱底，顶部有木制的圆盖。装着饭的甑子一般放在桌上等高处，狗一般够不着，猫却可以轻松爬上去偷吃，有时将甑子弄翻下来就便宜了狗。这句俗语的意思是，自己付出得到的成果，轻易变成了别人的。

二是生产生活。生产生活是人类最古老的文化活动，人们在其中得到的体验和感受毫无疑问会熔铸到方言之中，如"隔口袋买猫"（《俗语》57页）。猫敏感而行动敏捷，卖猫人总是将其装在袋子里卖，猫的生活习性、捕鼠能力甚至外貌特征如何，暂时只能由他介绍。买主虽然不太相信卖猫人的一面之词，但也不大会解开袋口仔细察看，如果察看时猫跳出袋子溜走，买卖双方必会产生纠纷。此条俗语的意思由此引申而来，指情况不明就进行交易或做出决定。

三是民间信仰。民间长期以来信仰神佛及祖先，这种现象毫无疑问会体现在俗语中，如"泥佛劝土佛"（《俗语》103页）。用泥土简单塑成的佛像，日晒容易开裂，潮湿容易脱落散架。泥土做成的佛（像）互相劝慰，比喻顾不了自己，还要劝慰别人。该条俗语可见于《金瓶梅》第十三回，因此它可能与古代俗文学的流传有一定渊源关系。

四是地理交通。在交通不便的古代，一条山脉或河流，往往便造就了人们的聚落，人们使用的语文便带上了方言特色，例如"家家门口通北京"（《俗语》57页）。明清时期的贵阳，虽不像现在一样交通便捷，却也是西南地区的十字路口，西南与中原之间的重要通道。此条俗语的意思是，要达到某一目的，可以采用不同的方式或途径。

童保禄在《俗语》前言中说，他在与中国人的谈话中收集到多数俗语，其余俗语摘自《增广俗语》。《增广俗语》应该即是《增广贤文》。根据童氏的说明，为谨慎起见，本文使用的俗语语料剔除了出现在《增广贤文》里的。童保禄文献记录的俗语，历经一百多年，大多还存在于今天的贵阳方言里。

参考文献

[1] 王德春 . 词汇学研究 [M]. 济南：山东教育出版社，1983.

[2] 汪平 . 贵阳方言词典 [M]. 南京：江苏教育出版社，1999.

[3] 王勤 . 汉语熟语论 [M]. 济南：山东教育出版社，2006.

[4] 周玉洁. 论汉语方言流失及方言文化的保护 [J]. 毕节学院学报，2014（6）：112-115.

作者简介

聂志（1981—），男，贵州师范大学文学院讲师、文学·教育与文化传播研究中心研究员，博士，研究方向：汉语方言学、方言文化，E-mail: 526097806@qq.com。

国际敦煌学视域下东亚地区敦煌文献相关研究的生成与发展*

刘东波

（南京大学，江苏南京，210000）

【摘要】 从 1900 年在敦煌莫高窟第 17 号窟（又称藏经洞）发现敦煌文献算起，敦煌学的发展已历经百余年。从目前已知情况来看，敦煌文献在历经劫难后，已散落在英国、法国、俄罗斯等国。相比英、法来说，日本保存的敦煌文献数量较少，但纵观百年国际敦煌学研究史，日本敦煌学的发展远超二国。本文将考证敦煌学在国际上诞生的过程，结合全世界近现代敦煌学的发展历程，探究东亚地区各国在相关领域开展的新探索和取得的成果，以及敦煌学在国际考古学、历史学中所处的地位和价值。

【关键词】 敦煌学；敦煌文献；概念史

一、引言

1900 年敦煌莫高窟 17 号窟中诸多古文献资料的发现，是 20 世纪世界范围内影响力最大的考古发现之一。目前，这些文献散落在世界各地，被统称为敦煌文献。敦煌文献是道士王圆箓在打扫莫高窟第 16 号石窟甬道时的偶然发现。随着敦煌文献不断被学术界所重视，世界各国学者从考古学、文献学、历史学、文学、语言学、宗教学等角度围绕古文献展开了研究，如今此类研究被统称为敦煌学。敦煌学诞生与发展的背后，与世界近代史演变有着密切的关联。

敦煌学原指围绕藏经洞发现的敦煌文献展开的学问，但如今已经发展为一个跨学科，跨地域的综合研究学科，并被学界称为"显学"。荣新江（2020：20）在《迎接敦煌学的新时代，让敦煌学规范健康地发展》一文中说道："各个部门进入敦煌学领域，必然给敦煌学带来一个新的时代。"荣新江指的"新时代"应该是自习近平总书记视察敦煌莫高窟（2019 年 8 月）之后的时期。敦煌学已经历经了百年发展历程，敦煌学的原点是莫高窟无疑，但敦煌学这门新兴学科的开辟与发展却必须以更广阔的视角去解读。

* 本文为 2020 年度江苏省高校哲学社会科学研究项目"《大唐西域记》与日本西域文学关系研究"（项目批准号：2020SJA0007）的阶段性研究成果。

二、各国保存敦煌文献的数量与利用

斯坦因、伯希和、橘瑞超（日本大谷探险队）等人出现在敦煌莫高窟，并不是一个单一的历史偶然事件。在此之前，以英、法、俄为首的西方国家就已经展开了大规模的中亚探险活动，随后日本也借用宗教寻根之名闻风而动，由京都本愿寺派出面，前后三次派遣了探险团队赴中亚进行了调查。其中橘瑞超在遍访乌鲁木齐、吐鲁番、楼兰、和田等地之后于1910年到达河西走廊，并探访敦煌莫高窟，随后带走了部分敦煌文献。橘瑞超等探险队员在1912年回国之后，多次在国内举办关于敦煌文献讲座，并在随后出版了探险实录《中亚探险》，后被收录于大谷探险队巨著《新西域记》（1937，有光社）之中。敦煌学的诞生正始于这个历史阶段。以京都大学为中心的研究者（内藤湖南、藤枝晃、西田龙雄等）在其后围绕敦煌文献，展开了大量研究并取得了极大成果。

日本大谷探险队在1912年结束历时十年的中亚探险活动之后，将其所有探险队员的探险纪行文以及相关研究资料，由上原芳太郎编撰整理出一部巨著《新西域记》。日本大谷探险队第一次探险虽然始于1902年（即莫高窟藏经洞被发现2年后），到达敦煌却是当时世界探险队中最晚的一批。

最早到达敦煌访问莫高窟的是英国探险队的斯坦因（1907年）。斯坦因到达莫高窟后，挖空心思使用各种办法想获得全部文献，但立即遭到王道士的拒绝，最后只获得一部分。随后到达莫高窟的是法国探险队的伯希和。伯希和此人，精通汉文，他借用神佛之名，获取王道士的信任并获准进入藏经洞研读文献。因此精通汉文的伯希和挑选出了一大批史料价值高、保存状态好的文书，并用谎言加白银的手段从王道士手中运走了大批文献资料。目前来看，英法两国收藏敦煌文献最多，共达2万多件。但日本仅收藏不过数百件。然而，数量只是一个指标，更重要的还需分析以这些文献资料为基础的科学研究的进展状况。

敦煌文献目前分布在世界各地，文献的总数目前无法确定。随着世界各地不断有新的敦煌文献面世，总量的数字还在不断攀升。据国家图书馆出版丛书《敦煌遗珍》（2014）中的统计数字显示，中国国家图书馆藏16000余件；英国图书馆藏13000余件；法国国家图书馆藏5700余件；俄罗斯科学院东方学研究所圣彼得堡分所藏10800余件。另外，敦煌研究院、中国历史博物馆、故宫博物院、甘肃省博物馆、敦煌市博物馆、北京大学图书馆、上海图书馆等单位均有收藏，总数在5万件以上。日本的收藏数量与英、法、俄三国相比，算是极少，且收藏比较分散。大谷大学、龙谷大学、中村不折博物馆（书道博物馆）等加起来还不到1000件。而且有部分文献在私人收藏家手中，这些藏家大多不公布其收藏数量与内容，因此日本收藏的敦煌文献情况最为复杂，也难以统一编号整理。

敦煌文献虽然分布在世界各地，但百余年来，研究者们一直在进行着整理编号工作。虽然世界敦煌文献总目录与总编号目前还未面世，但各收藏机构都在进行相关工作。尤其是英、法、俄三国，已经基本完成各自收藏敦煌文献的整理和编号工作，并完成了数字化采集工作。三国所藏敦煌文献也均以图册形式，由上海古籍出版社、四川人民出版社联合各自收藏机构编辑出版发行，为世界敦煌学的发展做出了一定贡献。其中，《英藏敦煌文献》共15卷，由四川人民出版社发行。《法藏敦煌西域文献》共34册，由上海古籍出版社发行。《俄藏敦煌文献》共17册，由上海古籍出版社发行。从敦煌学研究成果来看，日本收藏相关文献虽没有集结出版（只有部分收藏出版公开），却得到了最有效的利用，而且日本大量敦煌学研究者赴俄、赴欧进行资料调查，研究的对象文本已经超越了本国收藏的范畴，也使其收集到的文献资料得到了最大限度的利用。因此不论从数量还是质量来说，日本的敦煌学研究对敦煌文献的利用率最高，科研成果转换率也最高。

三、日本大谷探险队对敦煌学发展的影响

敦煌学研究的范畴，早已经超出了一般意义上的地域范畴，这一学科的主要研究对象是敦煌莫高窟所藏的文献资料以及石窟艺术等。京都与敦煌虽相隔千里，却有着深厚的历史渊源。日本近代敦煌学之所以得到了长足的发展，是很多因素共同作用的结果，其中最重要的因素之一便是日本大谷探险队。

大谷探险队对日本敦煌学发展所造成的影响，不仅仅是因为他们从千里之外带回了部分敦煌文献，更重要的是全体探险队员将十年探险经历和探险精神，从西域带回了日本。这群僧人回国之后或著书、或开坛讲学，他们犹如一颗颗种子，在日本岛各地生根发芽并广泛传播。古代丝绸之路的重镇，号称"丝路明珠"的敦煌莫高窟真正被日本大众所熟知，与大谷探险队直接有着千丝万缕的关联。从日本敦煌学研究者背景大数据来看，真正从事敦煌文献解读研究的学者之中，并没有大谷探险队的成员。原因很简单，从某个角度来说，大谷探险队是一群日本僧侣的宗教探险活动，他们其中无一人为职业学者，基本是有正式僧籍的宗教人员。

日本敦煌学研究正式确立之前，京都大学的一批研究者在敦煌文献调查和收集方面做出了极大贡献。日本近代历史上，首次将敦煌莫高窟发现藏经洞的消息告知全体国民的人是内藤湖南。他在1909年11月12日发行的《朝日新闻》上，发表了一篇名为《敦煌石室的发现物》的文章。这篇文章，在日本敦煌学的发展历史中，是具有里程碑意义的一篇文章。同年秋天伯希和从敦煌运输文献到北京准备转运回法国之前，在北京召开了一次敦煌文献展览会，此次展览会震撼了学界。以此为契机，消息传到了日本，因此其后京都大学在收到罗振玉邀请后，组成了以内藤湖南为首的五人调查团赴北京调查。然而，日本学者在北京看到的敦煌文献，是被西方多个探险队和大谷探险队挑剩下的残肢碎片。所以，日本学者真正接触到保存状态好、资料价值高的敦煌文献，应该是在赴北京调查一年后（1912年）。这一年，橘瑞超等人完成第三次探险，回到了日本，并带回部分敦煌文献。因此，大谷探险队带来的这批资料，成为日本近代敦煌学诞生时最早的一批珍贵资料。日本研究者在看到这些资料之

后，发现了其中包含的巨大学术价值，因此多人不断远赴欧洲调查，日本敦煌学的诞生正始于此。因此，大谷探险队对日本敦煌学发展造成的影响，并不只停留在物质层面，他们带来的是一种新的可能和方向。可以想象，如果没有大谷探险队，日本敦煌学的发展未必会是如今地位。

从另一个侧面来说，大谷探险队给无数日本民众心中埋下了一颗向往西域的种子。大谷探险队第二次西域探险成员中，有一位名为岛地大等的僧侣。他在日本近代史中并不知名，但日本国民级文学家宫泽贤治和他很有渊源。岛地大等在回国之后便定期开坛讲学，儿时的宫泽贤治便是其听众之一。岛地也在其后翻译了《妙法莲华经》（《法华经》），这部经书也在贤治的文学生涯中形成了非常重要的影响。贤治大半文学作品都与这部《法华经》有关联。贤治是日本近代作家中，最早一批创作以西域为题材文学作品的作家之一。贤治对西域的兴趣，很大程度上与岛地大等有关联，可以说，宫泽贤治西域童话的原点，就是大谷探险队的中亚探险。如此事例，不胜枚举。

四、结语

大谷探险队在20世纪初积极参与中亚探险的原因，在学界内有不同看法。暂且不论大谷光瑞等人的动机，从结果论来看，大谷探险队历时十年前后三次踏足中亚，花费银钱人力无数，在多方面都取得了一定成果。其中，在日本敦煌学研究确立过程中，发挥了举足轻重的作用。日本近代历史中，形成了数次不同程度的"敦煌热"，其中第一次便源于20世纪初橘瑞超等人归国之后，那时日本民众首次认识到敦煌莫高窟以及敦煌文献的价值并开始狂热追捧。因此，大谷探险队不仅从物质层面促进了日本敦煌学的形成与发展，而且为敦煌学的可持续发展营造了一个绝佳的社会氛围，这对于一门新兴的研究学科来说是不可或缺的推动因素。

参考文献

[1] 荣新江 . 迎接敦煌学的新时代，让敦煌学规范健康地发展 [J]. 敦煌研究，2020（06）：20-22.

[2] 刘进宝 . 再论敦煌学的概念和研究对象 [J]. 敦煌研究 .2019（05）：13-18.

[3] 修斌，陈琳琳 . 大谷光瑞与日本敦煌学 [J]. 新丝路学刊 .2018（03）：104-116.

[4] 荣新江 . 日本天理图书馆藏敦煌文献考察纪略 . 敦煌研究 .[J]1995（04）：127-132.

作者简介

刘东波（1989—）男，甘肃天水人，南京大学外国语学院研究员，研究方向：日本西域文学、日本敦煌学，E-mail：dongbo@nju.edu.cn。

《喧哗与骚动》中的迪尔西与《妈妈·戴》中的米兰达的对比研究*

杨晓丽　　吴方敏

（新疆农业大学，新疆乌鲁木齐，830000）

【摘要】 威廉·福克纳在《喧哗与骚动》中塑造了一位积极忍耐的黑人女性迪尔西。六十年后，同为南方作家的格罗利亚·内勒在《妈妈·戴》中创立了更为理想的黑人女性米兰达。本文旨在通过比较这两位黑人女性人物的异同点来揭示不同种族、不同性别的作家对黑人女性的关注程度、观察视角及其背后深层的社会历史原因，即奴隶制的罪恶与民权运动和女性主义的影响。福克纳是诺贝尔奖获奖作家，其影响深远，学界对其作品的研究可谓汗牛充栋。内勒曾获美国图书奖，迄今已著五篇小说，丰富并发展了非裔文学，但国内对内勒的关注和研究较少。本文期望通过对两位黑人女性人物对比研究，加强对少数族裔文学的关注及对美国文学的深入研究。

【关键词】 米兰达；迪尔西；黑人女性

一、引言

　　《喧哗与骚动》的作者威廉·福克纳与《妈妈·戴》的作者格罗利亚·内勒虽然生活在不同的年代，但这两部小说都是20世纪的经典文学作品，都涉及种族和性别问题。正如"少数族裔文学的研究无法脱离主流文学的研究，因为优秀的少数族裔作家都熟悉主流作家，是在汲取了主流和本族两种文学精华的基础上做出了超越他们的特殊成就"（刘建华，2010：29）。黑人女作家内勒也不例外。内勒在访谈录中坦言曾阅读过福克纳等作家的许多作品并

---

* 本文系2021年新疆维吾尔自治区高校外语教学改革研究项目"英美文学课程育人功能的研究与实践"的阶段性成果。

给予了这些作品很高的评价：这些作品非常优秀，教会了我语言的魅力及用途。同时内勒结合个人情况对这些作品进行了客观的分析，但他们没能教给我们如何认识现实，当黑人女作家进入创作领域时，她们意识到这儿还有一种历史、还有其他意义（Carabi，2002）。因此内勒对美国文学的观点开始转变，虽然她不确定是否有更多的黑人女性在创作，但她确定她们已有了不同的创作视角。黑人女作家通过黑人女性视角发掘并讲述被主流作家遗忘或忽视的黑人历史与生活意义；她们解构了西方的知识与再现体系，采用神话、传说、民间故事等再现和凸显黑人团体历史。可见，内勒在创作中既受福克纳的影响又结合黑人现实延伸并超越了福克纳，二人之间是继承与发展的关系。从小说的创作形式如多重叙事视角、人物塑造到小说的创作主题如死亡和爱，两部小说都有许多相似之处。本文通过比较这两部小说中的黑人女性人物迪尔西与米兰达的异同来阐释作品背后两位作家不同的黑人女性观及其社会历史原因。

二、相似的创作背景与创作特点

首先，威廉·福克纳与格罗利亚·内勒的创作受到莎士比亚的影响。《喧哗与骚动》这个书名出自莎士比亚悲剧《麦克白》第五场麦克白的台词：人生如痴人说梦，充满着喧哗与骚动，却没有任何意义。正如小说所揭示的主题：南方大家族无可奈何地走向没落与奴隶制势必废除，一切阻挠和死守最终都不能阻止历史的前进，一切垂死的挣扎都没有任何意义。《妈妈·戴》的故事情节则与莎士比亚晚年创作的《暴风雨》呈现出明显的互文性。格罗利亚·内勒在欣赏莎士比亚作品的同时，结合了黑人自身传统并对自己的作品进行了重新审视与改写，注重书写自己的故事。通过改写《暴风雨》，内勒在互文关系中寻找以黑人为主人公的作品和以白人为主人公作品的不同，探寻非裔文化与白人文化的差异，为黑人文学开拓了更豁达的思维表达空间。

此外，《喧哗与骚动》与《妈妈·戴》的故事背景相似。福克纳以密西西比州的奥克斯福为原型虚拟了一个"邮票般大小的地方"，并称其为杰弗逊，将奥克斯福所属的拉法耶特县更名为约克纳帕塔法。他的十五部长篇小说和绝大部分短篇小说的故事都发生在这个虚构的地方。内勒自幼生活在黑人大家庭中，常听长辈们谈论那些密西西比州的黑人女性，她们擅长草药医术，在黑人社区中起着非常关键的作用。内勒以这样的故事为原型创作了《妈妈·戴》，虚构了坐落于美国南方的小镇——威罗斯普林斯，一个与世隔绝、远离美国本土的小岛，位于佐治亚洲和南卡罗来那州之间，却在地图上没有任何显示，只通过一座跨海大桥与美洲大陆相连。在《妈妈·戴》的前言中，普罗维登斯快报曾这样评价内勒，"几乎没有几个年轻作家能够创作出这种福克纳式的自成一体的虚构世界"（Naylor，1988）。如同哈代的威塞克斯和福克纳的约克纳帕塔法，内勒虚构了威罗斯普林斯小镇。

再者，《喧哗与骚动》与《妈妈·戴》都采用了相似的叙事方法——意识流与时空错置。福克纳的作品通常被看作现代主义作品。《喧哗与骚动》是意识流小说的经典之作，通过班吉、昆丁、杰生和迪尔西四种叙事视角的转换、叙述空间跳跃以及语言的流动展示出意识流动的复合效果，使读者重构时空顺序，增强了读者的参与度和阅读效果。《妈妈·戴》则通过可可、乔治和米兰达的第三人称全知视角，通过在世的可可与已故的乔治和米兰达之间的对话回忆了发生在威罗斯普林斯和纽约两个世界之间的故事，同样促使读者参与小说的时空重构。虽然《喧哗与骚动》中的多重视角都围绕着凯蒂失贞的事件叙事，重构凯蒂堕落的过程，围绕南方贵族康普生一家的没落，揭示美国内战后的南方社会没落家庭及其灭亡的必然性，但作者在这部小说中塑造了一位正面积极的人物——黑人女仆迪尔西，映射出福克纳对种族、性别的深入思考及其对故乡——美国南方复杂矛盾的情感；《妈妈·戴》的多重视角围绕可可和乔治的爱情悲剧叙事，通过魔幻现实主义的叙事方法重塑了黑人女性形象，使得黑人团体历史及其文化传统得以弘扬和传承。这体现了内勒和福克纳对黑人女性的关注，叙事方法的相似性表达了内勒对福克纳及其小说中黑人女性塑造的继承和超越。

在语言表达层面，福克纳与内勒在这两部作品中都大量使用了美国黑人方言，增强了阅读难度。但"美国方言似乎杂乱无章、不可捉摸；实际上，人们只要稍加研究就会发现，美国各地方言（包括黑人方言）尽管在语音、拼写和语法上不尽相同，却也存在着不少共性，特别在语法上，更是有其规律可循"（孙致礼，1981：37）。黑人方言中常使用双重甚至多重否定来表达一个简单的否定的概念，例如："Now, Cicero, you ain't got no business in there and you know it"（Naylor, 1988:41）。"They ain't nowhere else to take him"，Dilsey said（Faulkner, 1929：147）。在语音中，黑人英语中有些浊辅音的读音与其对应的清辅音的读音完全一样，如[b] [d] [g]发成[p] [t] [k]，并且这些音素还可不发音。在文学创作中大量使用黑人方言，"使黑人方言得以延续并作反抗主流社会的一种武器"（方久华，2003：111）。福克纳与内勒都重视并广泛使用了黑人简洁、幽默的语言。

三、两位黑人女性的基督徒原型

福克纳与内勒都受基督教文化传统的深刻影响。福克纳描写的美国南方一直被称作"圣经地带"，基督教支撑着南方社会、政治、文化，支持奴隶制和种族主义，福克纳正是在这样的文化环境中成长、生活和创作；他曾这样评价基督教对他的影响，"我在其中长大，在不知不觉中将其消化吸收，它就在我身上"（Gwynn, 1959：19）。在这两部小说中，许多人物形象都能从基督教意向中找到原型。《喧哗与骚动》中的迪尔西与《妈妈·戴》中的米兰达就是这样的基督式人物，她们都代表了慈爱、坚强、积极和理智的黑人女性形象，她们带给人们希望，让人们看到了爱及人性光辉的一面。

福克纳在创作中时常写到黑人及黑人的生活状况。福克纳曾说过，"迪尔西是我最喜爱的人物之一，因为她勇敢、大胆、豪爽、温存、真实"（李文俊，1984：86）。在《喧哗与骚动》中，与反叛的女性形象代表凯蒂和自私自怜的康普生太太不同，迪尔西虽是康普生家的厨娘，但她对康普生家孩子的关心远远超过他们的母亲，她同情和保护弱者，是位有爱心的坚强的女性；她给予了孩子们无私的爱却不求任何的回报，她才是康普生家孩子真正的母亲。凯蒂失贞后，康普生一家人都嫌弃她，认为她使整个家族蒙受耻辱，而迪尔西却同情保护她。对于母亲都嫌弃的傻儿班吉，迪尔西不但不讨厌他，还时刻让自己的孙子勒斯特照看和保护他；小昆丁被杰生虐待时，迪尔西处处关心她保护她，甚至不顾杰生的强烈阻扰安排凯蒂与小昆丁见面。在康普生家族一连串的厄运中，迪尔西不悲观不厌世，平静地面对一切，使全书看似混乱且死气沉沉的气氛得到缓和，稍显乐观一些，也给这个悲剧故事找到了希望。

作为第一个拥有威罗斯普林斯这座岛屿的黑人后代，《妈妈·戴》中的米兰达拥有神奇的巫术，成为造福岛内黑人居民的圣母化身，她可以与大自然对话，运用巫术帮助女性怀孕并医治岛上居民的疾病。米兰达虽然没有孩子，但在岛上的居民看来，她是整个海岛的母亲。她的力量与海岛的生命力相协调，懂得与大自然合作，帮助所有生物恢复生气，是威罗斯普林斯黑人群体的保护神。黑人妻子波利斯一心想要怀孕而不得，于是偷偷服用西药助孕反而得了重病时，米兰达凭多年的草药经验将波利斯治愈并助其成功怀孕；被嫉妒驱使的鲁比使用巫术给可可下了毒，米兰达神秘地使用巫术，利用闪电击中鲁比的房子来惩罚她，勇敢地与邪恶力量做斗争；在可可重病时，米兰达竭力治疗可可，并努力帮助乔治使可可最终清醒过来。在《妈妈·戴》中，米兰达是黑人团体、家庭的守护神，是黑人文化的传承者。

四、两位黑人女性的差异

两位黑人女性在各自生活的家乡担负着相似的重任，但其地位和对周围其他人的作用却不尽相同。与米兰达相比较，迪尔西没有任何社会地位，只是康普生家的女仆，她的母爱是隐秘而又坚定的。迪尔西一辈子全身心地为白人主人的儿女付出，将自己看作康普生家的一员，她曾训斥自己的孙子勒斯特，"你会和康普生家受到同样多的折磨"（Faulkner，1929：381）。但是最终迪尔西也未获得主人的尊敬和感恩。小昆丁厌恶地拒绝迪尔西善意的亲近，甚至骂迪尔西为"老黑鬼"；杰生更是经常辱骂迪尔西。种族偏见使迪尔西对自己的孩子难以全心全意尽到母亲的责任，甚至使她严厉地要求自己的孩子继续履行康普生一家仆人的角色。她时常粗暴地责骂勒斯特，但"这并非出于傲慢而是挚爱，帮助他以后面临残酷的现实"（Adams，2012）。迪尔西保护小昆丁逃过杰生的鞭打，而当杰生耍弄勒斯特时，她却只能听之任之；班吉生日那天，迪尔西明确地要求勒斯特，"他要干什么，你就得顺着他，你这黑小子"（Faulkner，1929：183）。在发现勒斯特捉弄班吉后，迪尔西将勒斯特从屋角拽出来，使劲摇晃并训斥他，"但愿我跟过去一样年轻，那我就能把你治得光剩下半条命了。我一定要把你锁进地牢，不让你今天晚上去看演出，我一定要这样干"（Faulkner，1929：72）。迪尔西对待主人的孩子宽容又充满慈爱，对待自己的孙子却必须严厉和冷淡。在严厉和冷淡的背后却是更深沉的母爱，充满了无奈与坚强。迪尔西是福克纳故事里的一个理想的黑人女仆形象，迪尔西的原型是福克纳自家的老黑女佣卡洛琳，她是圣经中的约伯，上帝的忠实仆人，以虔诚和忍耐著称。这一形象反映了福克纳"或许有意无意流露出一种愿望，想用这样一种美好的主仆关系来代替奴隶制残忍的一面，而不一定废除奴隶制本身"（肖明翰，1992：40）。福克纳出生于南方贵族家庭，尽管他对奴隶制表示了极大愤慨，但并不想改变白人高高在上、黑人温顺驯服的社会格局。由此可见，福克纳在种族问题上的局限性注定了迪尔西为白人主人奉献一生也终得不到尊重和认可。

与迪尔西相比，《妈妈·戴》中的米兰达的人物形象更强大、更自由。米兰达不仅守护着家庭也守护着整个威罗斯普林斯，收获了黑人社区的尊敬和认可，最终也收获了代表白人文化背景的乔治的尊敬与认可。米兰达的双手不仅可以用来洗衣做饭，还可以救死扶伤，甚至具有控制闪电的超自然魔力。

乔治身处白人社区，自幼在白人建立的孤儿院长大，丧失了黑人传统并习得了和实践着白人社会的理性价值观。乔治婚后随可可来到威罗斯普林斯后，他的价值理念与传统的黑人价值观念产生了剧烈碰撞，他无法理解这里的人们的生活方式、娱乐方式、悼念方式及医疗方式。他总是试图以科学、理想的知识来解决他所遇到的一切问题。米兰达通过实践掌握草药的功效，用自己的双手直接与大自然互动，顺应自然变迁修建与外界相连的大桥并接受其被自然力量毁灭的现实。她用心和感觉来继承和传承黑人传统，与此同时也吸取外界医疗科学知识治疗病人，米兰达的心态是开明的。秉烛夜游是当地的传统节日，在节日的晚上，所有威罗斯普林斯黑人都手持蜡烛在街上行走，人群像一条蜿蜒爬行的、明亮的巨龙。后来一些年轻人受桥那边的世界（主要指白人世界）的影响，开始购买一些新奇的礼物来替代手工制作的物品，甚至以驾车代替步行，有时用汽车车灯晃眼、骂骂咧咧，米兰达对此采取了包容的态度，只要节日的初衷不变，形式可以随着时代的发展而变化，她的包容赋予继承传统的方式以更大的灵活性，彰显了黑人文化传统旺盛的生命力。在可可中毒后，米兰达洞悉了乔治对她的治疗方式的不信任，她建议秃鹰医生先向乔治解释她的方法，最终借助乔治的手为可可搭起了生命之桥。"米兰达与乔治的连手更意味着相互依存与和谐；生态的和谐需要人与自然的牵手；种族间的和谐需要白人与黑人的牵手；不同性别之间的和谐需要男性与女性的牵手"（林文静，2013：52）。与迪尔西相比，米兰达更接近大自然，人物形象更饱满、更独立。

此外，米兰达在威罗斯普林斯与社区其他黑人的合作与互动更加密切，迪尔西在康普生家与小镇上其他黑人居民的关系比较疏离。首先，米兰达精通草药医术，是受威罗斯普林斯所有人尊敬的女性。在米兰达家族中，她的祖母萨弗拉是威罗斯普林斯的创立者，传说她可以与上帝沟通，会使用魔力控制闪电这样的大自然的力量。同时，米兰达也是黑人小镇的接生婆。她已经八十多岁，镇上的大多数居民都借由她的手来到世间，几乎每个居民的生命都曾经并将经过她的双手得以繁衍生息。其次，米兰达一生都和自己的妹妹阿比吉尔相互扶持、同甘共苦。作为姐妹，阿比吉尔从未对米兰达的魔力及医术怀有嫉妒之心，米兰达对可可的爱与阿比吉尔相比有增无减。为了医好可可的病，她竭尽全力拯救可可的生命，与阿比吉尔之间建立起了深厚的姐妹情谊。黑人女性与白人女性虽然都遭受来自男性的性别歧视，但不同的是，黑人女性还要遭受来自整个白人群体的种族歧视。在这种双重歧视和压迫下，黑人女性间的团结互助和姐妹情谊就更加珍贵。在威罗斯普林斯，每年的秉烛夜游时，所有人都要与他人分享自己的礼物，礼物无所谓轻重贵贱、种类不限，只要是自己劳动的果实，给予需要的人们。这是一种对劳动的崇尚，是一种团结互助的博爱精神的体现。

最后，当可可病重时，秃鹰医生曾质问乔治，"你以为镇上只有你一人愿意用生命来拯救可可吗？我们所有人都愿意"（Naylor，1988：292）。这是一次对威罗斯普林斯镇上居民团结与感恩的考验，也验证了米兰达在镇上的重要性。镇上的男性们同样齐心协力修桥帮助乔治救治可可，也体现了黑人男性之间亲密无间的兄弟情义。

迪尔西与当地其他黑人居民的联系较为疏远。迪尔西的一生都奉献给了康普生一家，她是康普生家年青一代的代理母亲，代替冷漠自怜的康普生太太尽一个母亲应尽的责任：照顾、陪伴和保护康普生家的儿女及孙女小昆丁。迪尔西与镇上其他黑人居民的交往主要表现在周日去教堂做礼拜，但彼此之间少有交流。与米兰达相比，在《喧哗与骚动》中，没有与迪尔西家族历史相关的内容，黑人历史的存在感被弱化了，也没能再现黑人悠久的文化传统。

五、差异背后的社会历史原因

透过文本中的两位黑人女性人物的相同点与不同点，不难看出福克纳与内勒对待黑人女性及其历史文化传统的态度是不同的。福克纳出生于南方曾显赫一时的贵族家庭，对南方既爱又恨的矛盾情感贯穿于福克纳一生的创作之中。在他的巨作中，黑人的角色通常是被边缘化的，但福克纳创作的黑人角色对白人角色是非常关键的。在康普生家族衰败的过程中，"迪尔西、勒斯特等黑人如同受过训练的护士，频繁出入病房而不会感染疾病"（Weinstein，1992：48）。福克纳的种族观是有局限性的，他创作的理想黑人女性迪尔西对白人主人忠心耿耿，她的命运掌握在白人主人手中。而这种局限性背后则是根深蒂固的奴隶制的罪恶。奴隶制在南方存在两百余年，它是南方传统的核心，南方的经济、政治制度、价值伦理观念、社会风俗习惯无一不与之密不可分，黑人作为奴隶并不具备人格，因而一直未进入南方社会。格罗利亚·内勒是20世纪晚期著名美国作家。得益于五六十年代的民权运动，黑人的社会地位发生了很大的变化，无论在政治方面、教育方面还是在经济地位方面，黑人的社会地位都有了较大的改善。作为黑人女作家，内勒更关注黑人生活与命运，在创作黑人女性时更自由、更坚定。米兰达忠于自己的感受和信仰，掌握着自己的命运，这也烘托出内勒作为黑人女性作家对黑人女性独立寄予的关怀和希望。

在很大程度上，内勒的米兰达延伸并发展了福克纳笔下的迪尔西。这一发展和转变也得益于女性主义的发展。在内勒创作的年代正是女性主义运动从第二阶段，凸显女性特征、主张躯体写作，向第三阶段过渡的时期，主张超性别写作、追求双性和谐的时期。在《妈妈·戴》中，有多处对波利斯、可可和鲁比的女性身体的描述；同时，自然与文化、集体与个人、男性与女性、黑人与白人、现实与魔幻、死亡与新生这些传统的二元对立被消解了，凸显了多元文化共存的和谐展望。"威罗斯普林斯将读者带入了一个超自然的世界，在那里人们的理解源于神秘而且深入人心，用思想去感知这个世界是不够的，思想是次于感受的"（Whitt，1999：16）。内勒利用威罗斯普林斯镇上发生的每一个事件向读者证明：魔力对于威罗斯普林斯的每个人来说是司空见惯的寻常之事。正如内勒在访谈录中所说，"在《妈妈·戴》中，我想写我相信的东西，我相信爱的力量和魔术的力量，有时我认为二者是一体的"（Carabi，2002：74）。内勒所指的魔力是指发掘人类潜力：当人们能够真正面对自己的内心时，就可以创造奇迹。

福克纳创作的时期，女性主义运动处于初期阶段，以白人女性为主体要求平等参政、平等就业和平等受教育的权利。与黑人女性而言，虽然《解放黑人奴隶宣言》已颁布了近半个世纪，南方腹地的很多黑人男性尚未获得自由，黑人女性的自由依然是镜中月水中花。然而在这样一个种族歧视严重的社会背景下，福克纳在《喧哗与骚动》中创立了相对积极的、正面的黑人女性形象迪尔西，体现了作家对种族和性别问题的思考和对黑人女性的关注与认可。在对待种族和性别问题时，可以说内勒继承并发展了福克纳对黑人女性的观点。在《妈妈·戴》中，与福克纳不同，内勒以自己黑人女性身份叙述了历史悠久的黑人文化传统和生机盎然的黑人生活，彰显了男性与女性之间、黑人与白人之间、感性与理性之间、文明与自然之间的和谐愿景。

六、结语

通过对比这两部作品中的黑人女性形象的异同点，可以看到福克纳塑造的黑人女性形象是有局限性的。福克纳生活和创作的时代是废奴运动和第一次世界大战时期，急剧的社会变迁和南方根深蒂固的蓄奴制之间的矛盾正是造成这种局限性的历史背景。内勒的创作伴随着美国经济的高速发展，当时民权运动及女权主义已取得了显著成就，黑人女性作家开始从"别人写"转向"写自己"的文学创作，试图通过文学实践恢复和唤醒那些熟悉的被压制的语言、知识和声音。因此，内勒的米兰达延伸并发展了福克纳笔下的迪尔西，使美国文学中的黑人女性形象更加饱满和完整。

参考文献

[1] 刘建华 .《危机与探索——后现代美国小说研究》[M]. 北京：北京大学出版社，2010.

[2] Carabi，Angels. Interview with Gloria Naylor[J].*Contemporary Literary Criticism*. 2002（156）：35-41.

[3] Naylor，Gloria.*Mama Day*[M].New York：Random House，1988.

[4] 孙致礼 . 美国方言的语法特点 [J]. 上海：外国语 .1981（2）：37-41.

[5] Faulkner，William.*The Sound and the Fury*[M].New York：Random House，1929.

[6] 方久华 . 美国黑人英语语言特点探讨 [J]. 华中科技大学学报 . 湖北：社会科学版 .2003（4）：111.

[7] Gwynn，Frederick.*Faulkner in the University*[M].Virginia：The University Of Virginia Press，1959.

[8] 李文俊 . 喧哗与骚动 [M]. 上海：上海译文出版社，1984.

[9] Adams，Lauren. *A Freudian view of Dilsey and fulfillment in Faulkner's The Sound and the Fury*[D].Arkansas：Arkansas State University，2012.

[10] 肖明翰 . 矛盾与困惑：福克纳对黑人形象的塑造 [J]. 外国文学评论 . 北京：外国文学出版社，1992（4）：40.

[11] 林文静 . 男性·女性·牵手——格罗利亚·内勒小说《妈妈·戴》的生态女性主义解读 [J]. 江苏：淮阴工业学院学报，2013（2）：52.

[12] Weinstein，Philip. *Faulkner's Subject A Cosmos No One Owns* [M].New York: Cambridge University Press，1992.

[13] Whitt，Margaret Early.*Understanding Gloria Naylor* [M]. South Carolina: University of South Carolina，1999.

作者简介

杨晓丽（1978—），女，新疆农业大学外国语学院副教授，硕士，研究方向：英美文学，E-mail：851333819@qq.com。

吴方敏（1983—），女，石河子大学外国语学院讲师，硕士，研究方向：英美文学，E-mail：191196893@qq.com。

解读亨利·詹姆斯《美国人》中克里斯多夫·纽曼的成长[*]

梁文琴

（四川托普信息技术职业学院，四川成都，611743）

【摘要】亨利·詹姆斯早期小说《美国人》中主人公克里斯多夫·纽曼在欧洲的各种经历构成了他的成长的历程。欧洲之旅是文化朝圣之旅、身份探求之旅和精神成长之旅。这些成长的经历促使纽曼重新认识欧洲人和美国人之间的差异，形成身份认同感，获得美国人的文化自信。

【关键词】亨利·詹姆斯；《美国人》；文化朝圣；身份探求；精神成长

亨利·詹姆斯在早期小说《美国人》中按照美国人的原型塑造了一位典型人物—克里斯多夫·纽曼（Christopher Newman）。他受清教思想的影响，勤劳善良，精明能干，经商赚取了巨额财富。纽曼满怀自信地来到欧洲游历，试图用金钱征服欧洲，并迎娶孀居的贵妇辛特莱夫人（Madame de Cintre）。然而，美国商人与欧洲贵族之间社会地位悬殊，欧美之间文化差异巨大，纽曼的娶妻梦终究化为泡影。在《美国人》中，纽曼在欧洲的经历构成了他的成长历程。他到欧洲游历的目的明确：一方面，要在"高级的"欧洲文明中受到教育，提升文化修养；另一方面，要寻找自己的身份，希望自己的"商人"身份能够被欧洲贵族接受。因此，纽曼的欧洲之行既是文化朝圣之旅，也是身份探寻之旅。另外，通过与欧洲贵族的冲突和矛盾，纽曼重新认识了欧洲和美国，也重新认识了欧洲人和美国人，并对自己的"商人"身份有了新的理解，获得了精神方面的成长。本文拟从成长的角度解读克里斯多夫·纽曼的成长历程。

一、文化朝圣之旅

巴赫金说，"……人的成长……已不是他的私事。他与世界一同成长，他自身反映着世界本身的历史成长"（巴赫金，2009：228）。纽曼的成长经历与19世纪末美国的历史背景息息相关，反映出内战后美国经济的飞速发展，以及人们对欧洲传统文化的崇拜和向往。到19世纪末，美国已经取代英国世界经济霸主的地位，成为世界第一经济体，但是经济地位的提升并不能弥补文化方面的落后。在这种背景下，"富有的商人及其家眷们把去欧洲旅行看成

---

* [基金项目]本文为四川外国语言文学研究中心一般研究课题项目"'成长'与'自由'——亨利·詹姆斯早期小说研究"（课题编号：SCWY19-33）的阶段性成果。

是可以攀附'高雅'文化的镀金之旅"（王银瓶等，2008：20）。白手起家的纽曼也是其中一员。在事业有成、财富充裕之后，他决定到欧洲旅行，享受闲暇时光，并提高自己的文化修养。

纽曼来到欧洲的第一站是巴黎的卢浮宫。在这个荟萃欧洲古典绘画和雕刻的博物馆里，他经历了人生的第一次"审美头痛"（aesthetic headache）。拉斐尔、提香和鲁本斯的古典画作犹如一道新的算术题，第一次激起了对自己的一丝不信任感。他无法辨别真品和赝品，甚至觉得赝品更好。缺少艺术鉴赏力的纽曼并不满足于欣赏绘画，还热衷于收藏画作，资助不知名的画家。这些行为充分反映了纽曼的经济实力，也表明"美国人对欧洲文化表现出一种贪婪的兴趣"（郑达，1997：101）。美国富豪认为，"凭借金钱，可以填补美国苍白的历史，形成一个新的、丰富的文化本体"（郑达，1997：101）。然而，金钱并非万能，通过购买绘画作品和资助画家并不能提高纽曼的文化修养。

除了参观卢浮宫外，纽曼还周游欧洲。在美国取得的商业成功和雄厚的个人财力使纽曼颇为自信，狂妄地认为"欧洲是为他而建，而不是他为欧洲而生"（James，2005：60）。在畅游欧洲的大旅行（Grand Tour）中，纽曼充分展示了自己的商人本性，认为欧洲犹如一个大集市，可以四处闲逛，随心购买心仪的商品。在旅行途中，纽曼带着轻松愉快的心情，走马观花，四处消遣。与具备审美能力，对欧洲文化持批判态度的美国牧师巴布科克（Babcock）不同，纽曼品位低下，对欧洲文化缺乏鉴赏力。他无法区别建筑物的好坏；见什么，就喜欢什么，自得其乐。对他而言，旅行就是消磨时光。纽曼用这种不假思索、良莠不分、全盘接受的方式游学欧洲，固然无法理解欧洲文化的精髓，也无法真正提高自身的文化修养。

在这次文化朝圣的大旅行中，纽曼由于缺乏良好的教育和艺术鉴赏能力，无法正确地理解欧洲的文化和艺术，因此，无法在文化修养方面得到提升。但是，欧洲之旅拓宽了他的眼见，增长了他的见识；并且在与欧洲人的交往过程中增加了他对欧洲和欧洲人的认识。对他自己而言，已俨然脱胎换骨，变得成熟了。

二、身份探求之旅

成长小说讲述"男女主人公从童年或者青年到成年的成长过程，在成长期间经历寻找身份的困惑"（Baldick，2000：24）。它"不仅仅是关于冒险的故事，更主要的是描写人物的道德和心理发展的历程"（刘文等，2005：143）。成长小说的主题之一是"寻找自我、身份和有意义的生活"（刘文等，2005：145）。在《美国人》中，纽曼的欧洲之旅是身份探求之旅，即探寻自己的"商人"身份，并希望能被欧洲人接受的过程。

纽曼是一位来自新大陆的"新人"。他的经历是"一部西部故事"（James，2005：18）。纽曼出身低微，家境贫寒，中途辍学。他参加过内战，当过海军陆战队准将，但是退役时仍然一贫如洗。凭借自己的勤劳和精明，纽曼经营各类实业，赚取了巨额财富，成为百万富翁。然而，商业上的成功并不能弥补文化方面的缺失，这反映出19世纪末欧美之间的文化差距，即经济实力雄厚的美国在文化方面仍与欧洲有巨大差距。欧洲之旅为这位美国"新人"提供了一次认识自我的机会，正如利昂·埃德尔（Leon Edel）所言："对于美国人而言，这代表着他们的身份，这是在一段时间的变迁和扩张中不曾有过的清晰的形象。他们占有了新大陆，并怀有不屈不挠的精神想要征服新大陆。同时，他们也没有时间在镜子里看自己的形象"（Edel，2005：360）。在与欧洲人交往中，纽曼充分展示了自己的"商人"本性，尽显美国人奉行的实用主义原则，并希望自己能够被欧洲接纳。

保罗·吉伯特（Paul Gilbert）指出："一个人的身份是个人怎样确认自己与他人关系或者他人怎样确认与自己的关系"（Gilbert，2040：6）。纽曼在"旧世界"探寻自己的身份，试图用金钱征服欧洲，购买自己的身份。在豪斯曼大道的金色豪宅既是纽曼财富和社会地位的象征，也是低俗品味的有力见证。这座房子是纽曼的美国朋友汤姆·崔斯特瑞姆根据他的"社会地位"置办的，宽敞明亮，极尽奢华。然而，纽曼对房屋装饰一窍不通，"从地板到天花板都是镀金的，足有一英尺厚，挂着各种浅色的缎面窗帘，还挂满了镜子和钟表"（James，2005：74），给人一种庸俗感。纽曼的新宅与贝勒加德家（Bellegardes）的老宅形成了鲜明对比。贝勒加德家的祖宅是一座洛可可风格的建筑，历史悠久，始建于1627年。室内装饰典雅考究，尽显法国贵族的显赫地位和品位修养。因家道中落，房屋失去了昔日的光彩，显得暗淡无光。通过两家住宅的对比，一方面凸显了纽曼"暴发户"形象，表明他试图通过奢侈炫富来缩短与欧洲人的差距；另一方面，表明虽然贝勒加德家没落，但是家族背景强大，文化底蕴深厚，这正是纽曼的不足之处。

此外，纽曼还通过各种方式融入欧洲，如学习法语、到剧院看戏、参加"西方俱乐部"等。纽曼最大的心愿是迎娶法国贵妇辛特莱夫人。此处，娶一位贵妇是一个隐喻：一方面，对纽曼而言，辛特莱夫人既是欧洲市场上的"贵货"，又是欧洲高雅文化的象征，对纽曼有无限的吸引力；另一方面，这体现了纽曼的虚荣心和征服欧洲的野心，想凭借婚姻进入巴黎的上流社会，并希望法国贵族能够接纳自己的商人身份。在娶妻的过程中，纽曼充分发挥金钱的作用，试图用巨额财富来撬开欧洲贵族的大门。他把辛特莱夫人视作待价而沽的商品。当第一次正式拜访贝勒加德家时，纽曼对自己的家庭背景和从事的职业侃侃而谈，毫不察觉法国贵族的鄙夷态度，完全没有意识到自己受到了"资助"（James，2005：131）。为了能让贝勒加德夫人明白他的分量，纽曼"使劲往天平的这边扔了一沓钞票"（James，2005：131）。当纽曼的求婚被贝勒加德夫人拒绝时，他迅速地说出了自己的收入状况，犹如大把的美元兑换成法郎掷地有声。这使得贪婪并急于改变家庭财务状况的贝勒加德夫人改变了态度，同意了纽曼的求婚。在这场婚姻的交易中，美国商人与法国贵族之间的社会地位悬殊，文化差异巨大，但是纽曼用巨额财富暂时征服了没落的贝勒加德家，暂时获得了进入贵族之家的门票。

然而，金钱并不能弥补社会地位和文化之间的差距，美国商人与法国贵族对这桩婚事持有截然不同的态度。纽曼认为能够娶到法国贵妇是一个巨大的成功,是对自己商人身份的肯定,因此迫不及待地在美国的几个大城市登报宣布这一喜讯。贝勒加德夫人则认为将女儿下嫁给既没有贵族头衔,又没有文化教养的美国商人是一种耻辱,根本不愿声张,故将订婚晚宴安排在晚上10点,希望知道的人越少越好。纽曼没有意识到这桩婚事对于贝家来说是一种耻辱,是家族没落的无奈之举。在订婚宴上,纽曼的粗鲁无知引来了在场贵族的鄙夷和嘲讽,这加深了贝勒加德夫人的挫败感和耻辱感,令她忍无可忍。在晚宴将要结束的时候,她就谋划抛弃纽曼,暗示远房亲戚迪普米尔勋爵(Lord Deepmere)娶辛特莱夫人。虽然花花公子迪普米尔没有同意,但是,贝勒加德夫人为了维护家族荣誉,强迫辛特莱夫人进入修道院,导致纽曼娶妻失败。这说明金钱并不能弥补美国商人与法国贵族之间的差距,身为百万富翁的纽曼无法通过联姻进入法国上流社会,他的商人身份不可能被法国贵族接受,因此,也无法通过金钱购买自己的身份。

三、 精神成长之旅

谷裕指出,成长小说"既强调个体、内在、精神的修炼,又注重人在社会、公共生活方面的涵养"(谷裕,2013:1)。孙胜忠认为,"Bildung"强调主人公的精神层面的提高(孙胜忠,2010:84),成长的过程是自我认识和实现的过程(孙胜忠,2014:235)。在《美国人》中,纽曼在欧洲的各种经历使他获得了精神方面的成长,因此,欧洲之旅也是精神成长之旅。芮渝萍认为"从结构上看,成长小说的叙述结构相当模式化:天真—诱惑—出走—迷惘—考验—失去天真—顿悟—认识人生和自我"(芮渝萍,2004:8)。纽曼的成长经历符合这一范式:天真的美国人事业有成后来到欧洲,经历了成功与失败,自我怀疑与自我否定,复仇和顿悟,最后重新认识自我。

纽曼的精神成长主要体现在复仇的过程中。当婚约被取消,辛特莱夫人被迫进修道院时,纽曼觉得愤怒屈辱,千方百计想要复仇。在瓦伦丁伯爵弥留之际,纽曼得知布雷德太太(Mrs. Bread)知道一个足以摧毁这个侯门望族的秘密。于是,纽曼找到这位老仆人,想花100万美元购买这个秘密。但是,他发现布雷德太太不为金钱所动,于是巧妙地改变策略,利用她对瓦伦丁和辛特莱夫人的疼爱之情,以及她与贝勒加德夫人的私人恩怨一步步地诱使她说出秘密。当发现布雷德太太担心背叛老东家后的生计问题时,纽曼立即聘请她为自己的管家,并为她提供年金,解决后顾之忧。这样,纽曼成功地获得了老贝勒加德先生临死前亲笔书写的字条,这是贝勒加德夫人伙同儿子谋杀丈夫的证据。

得到这个字条后,纽曼没有立即公开,他的内心充满了矛盾。一方面,因掌握了威胁对方的主动权而沉浸在复仇的喜悦中;另一方面,纽曼并不开心,对是否要公开这个秘密惩罚贝勒加德家犹豫不决。但是,当得知辛特莱夫人拒绝了离开修道院的最后机会,永远也无法回到他的身边时,纽曼痛苦万分,仍然决定实施复仇。在修道院外,纽曼见到了贝勒加德夫人和于尔班。他无法掩饰自己的愤怒，直接告诉她们手里有一份老侯爵亲笔写的字条，是他们罪恶的证明。当看到对手因害怕而隐藏苍白的面容时，纽曼感到了成功的喜悦。于是，他进一步威胁将会向贝勒加德家的亲戚朋友公开秘密，彻底摧毁这个古老家族的声誉。

在与公爵夫人交流的过程中，纽曼获得了顿悟。他本打算将这个秘密告诉公爵夫人，然而公爵夫人的优雅、友善和诙谐妙语营造的愉快氛围使纽曼觉得在这样美好的时刻揭发贝勒加德夫人不合时宜。并且在公爵夫人面前，纽曼仍然是个局外人，他无法真正地理解她的话语和意图。公爵夫人谈话中筑起的文化高墙使纽曼难以跨越。另外，纽曼意识到公爵夫人与贝勒加德家属于同一个利益阶层，在面对困难的时候，绝对会抱团取暖。他对贝勒加德家的控诉只会增加她们茶余饭后的谈资，而自己也会受到这些傲慢贵族的鄙视和嘲讽。最重要的是，自己并不能从复仇中获得任何好处。一番深思熟虑后，纽曼放弃了将秘密告诉公爵夫人的打算。埃德尔指出："这个美国人有复仇的机会。但是他意识到以牙还牙于事无补，最终放弃了。因此，他认为自己比这些贵族更高贵，更像基督教绅士"（Edel，1960：19）。纽曼虽然有缺点，但是他本性善良。他复仇的目的很简单，仅仅是要让贝勒加德家知道他的分量，并挽回辛特莱夫人。从某种程度上讲，纽曼的仇恨来自受伤的自尊和商人身份不被接纳的屈辱，因为在美国通过诚恳劳动取得商业成功被看作一种荣耀，但是在欧洲"家世门第才是惟一'高贵'的标志，靠劳动谋生无论如何都是低贱的"（代显梅，2007：73）。由此可见，复仇过程中纽曼的思想发生了巨大的变化，他对欧洲人有了新的认识，自己也在精神方面获得了成长。

通过在欧洲的经历，纽曼认识到了欧洲人傲慢伪善的面目。与美国同胞汤姆·崔斯特瑞姆持有的"巴黎是白人居住的唯一地方"（James，2005：357）观点不同，纽曼有强烈的民族意识，他深爱美国，不愿屈服于欧洲人。尽管由于知识的欠缺，纽曼无法在文化修养方面获得明显的提高，但是欧洲之旅增长了见识，使他变得更加成熟。虽然欧洲贵族仍然无法接纳纽曼的"商人"身份，但是他对自己的身份产生了认同感，并庆幸自己经商取得成功。在复仇的过程中，纽曼能够反思自我，理智地看待美国人和欧洲人之间的差异，并找到了自己的身份，获得了精神方面的成长。纽曼找到了美国人的文化自信，不再盲目崇拜欧洲，毅然打算回到美国继续经商。

参考文献

[1] 巴赫金. 教育小说及其在现实主义历史中的意义 [M]. 白春仁，晓河译.《巴赫金全集》（第三卷），石家庄：河北教育出版社，2009.

[2] 代显梅. 亨利·詹姆斯笔下的美国人 [M]. 北京：中国人民大学出版社，2007.

[3] 谷裕. 德语修养小说研究 [M]. 北京：北京大学出版社，2013.

[4] 刘文，唐旭."成长小说"：传统与影响 [J]. 云南财经大学学报，2005（3）：143-147.

［5］孙胜忠. 论成长小说中的"Bildung"［J］. 外国语，2010（4）：81-87.

［6］孙胜忠. 英美成长小说情节模式与结局之比较研究［J］. 安徽师范大学学报（人文社会科学版），2014（2）：232-240.

［7］芮渝萍. 美国成长小说研究［M］. 北京：中国社会科学出版社，2004.

［8］王银瓶，黄巍. 从文化角度论卡罗琳·斯宾塞的悲剧根源［J］. 杭州电子科技大学学报（社会科学版），2008（4）：19-22.

［9］郑达. 交换的经济——评亨利·詹姆斯的《美国人》［J］. 外国文学评论，1997（2）:100-108.

［10］Baldick，Chris. *Oxford Concise Dictionary of Literary Terms*［M］. Shanghai: Shanghai Foreign Language Education Press，2000.

［11］Edel，Leon. *Henry James*［M］. Minneapolis: University of Minnesota Press，1960.

［12］Edel，Leon. *Afterword*［M］. In: James，Henry. *The American*. New York: Signet，2005.

［13］Gilbert，Paul. *Cultural Identity and Political Ethics*［M］. Edinburgh: Edinburgh University Press. 2010.

［14］James，Henry. *The American*［M］. New York: Signet，2005.

作者简介

梁文琴（1982—），女，汉族，四川托普信息技术职业学院讲师，文学硕士，研究方向：英美文学、英语教育，E-mail：maylay502@126.com。

"凡尔赛文学"的模因解读[*]

刘梦梦　范丽群

（湖南农业大学，湖南长沙，410128）

【摘要】模因是文化传递的单位，主要通过模仿来完成复制和传播。抱怨式自夸的"凡尔赛文学"是当下最流行的话语模式之一，其兴起与流行的过程与语言模因的形成、复制与传播一致。从模因论视角深入解读"凡尔赛文学"，探究其起源和发展、复制与传播及其触发机制，为进一步研究网络流行语以及发现并反思其使用中的不足提供理论与实践参考。

【关键词】凡尔赛文学；模因论；语言模因；网络语言

一、引言

"凡尔赛文学"特指一种"以低调的方式进行炫耀"的话语模式，也称"凡学"。这种话语模式先抑后扬，明贬暗褒，自说自话，假装用苦恼、不开心的口吻炫耀自己。2020年12月4日，"凡尔赛文学"入选《咬文嚼字》2020年度十大流行词。2021年2月，《经济学人》也将"凡尔赛文学"列入世界网友新创网络词汇榜单。现关于"凡尔赛"的研究主要以法国的凡尔赛宫为研究对象，围绕与之相关的戏剧、建筑、美术等方面展开论述，很少有对抱怨式自夸的"凡尔赛文学"这一新定义进行深入探讨。本文以模因论为理论基础，主要探讨："凡尔赛文学"是如何发展成为网络模因的？作为模因是怎样复制与传播的？哪些因素促成了"凡学"的爆火？对凡尔赛文学的模因论解读，有助于深化对网络流行语的研究，展现新的语料，为人际语用研究提供启示。

二、模因及语言模因

Dawkins（1976）在基因类比的基础上，提出了"模因"（meme）的概念来解释社会文化现象。基因通过遗传繁殖，而模因是通过模仿传递，模因是文化遗传的基本单位，那些不断得到复制和传播的语言、文化习俗、观念或社会行为等都属于模因。道金斯（Dawkins）认为，模因究竟能否复制成功要受到长寿性、多产性和复制忠诚性这三个要素的影响。Heylighen（1998）曾探讨了模因复制的四个阶段，即同化、记忆、表达与传播。Blackmore

---

　* 本文系湖南省普通高等学校教学改革研究项目：成人教育与人文素质教育耦合行动研究（湘教通（2018）436号）。

（1999）提出，当某种思想或某种信息模式出现后，在它引致别人去复制它或别人对它重复传播之前，它都属于潜在的模因，只有当这种思想或信息模式得以传播、仿制，它才具有模因性。何自然等人在模因的基础上提出"语言模因"的概念。语言是一种模因，任何字、词、语句、段落乃至篇章，只要通过模仿得到复制和传播，都可以成为模因。何自然（2005）认为，语言模因的复制和传播有"内容相同形式各异"的基因型和"形式相同内容各异"的表现型两种方式。

三、"凡尔赛文学"模因的生成

（一）"凡尔赛文学"的起源

"凡尔赛文学"中的"凡尔赛"一词出自日本漫画《凡尔赛玫瑰》，作品细致刻画了18世纪末法国凡尔赛宫贵族生活的浮华奢靡，之后漫画又被改编成电影、电视剧，这一系列在中国一直广受欢迎。2020年2月，微博博主"小奶球"以漫画《凡尔赛玫瑰》为灵感，用"凡尔赛"一词嘲讽那些每天在社交平台上描述自己的高奢生活、字里行间透着"淡淡"优越感的人，同时将这种"自说自话、明贬暗褒"的话语模式称为"凡尔赛文学"。

（二）"凡尔赛文学"模因的发展

在提出"凡尔赛文学"这一新概念后，小奶球还在豆瓣上创立了凡尔赛文学研习小组，和一些对此话题感兴趣的人一起探讨"凡尔赛文学"，使更多人注意、理解和接受这一概念，这一过程属于模因复制的同化阶段。随着探讨的进一步深入，小奶球（2020）在微博发布视频"凡尔赛公开课"，视频中总结了"凡学"三要素：先抑后扬、自问自答、灵活运用第三人称视角。以及"凡尔赛"两大加分项：表情包的应用、能显示高端生活的地点定位。这种要点式的提炼方式为网友的大量模仿提供了模板，有助于模因在记忆中保留更长的时间，属于模因复制的记忆阶段。2020年11月初，有网友发现微博认证为作家的博主"蒙淇淇77"所分享的日常正是"凡尔赛文学"的典范，如"住家保姆月薪两万五""为了充电桩火速换别墅""一副眼镜七万七"等言论，字里行间无不体现出"上流社会"的优越感，引来大量网友吐槽。"凡学"因此而爆红，网友们争相模仿这一话语模式，将记忆中的模因信息通过自己的方式表现出来，创作出各式各样的"凡学"，这一过程属于模因复制的表达阶段。"凡尔赛文学"以微博为载体，通过文字、图片、视频等形式得以大量模仿与复制，微博上一时间出现了上千名"凡学"作家，到2020年11月底，"凡尔赛文学"这一话题已在微博得到近10亿人关注。传播的载体也从微博扩散到B站、抖音、朋友圈等各种新媒体平台乃至人们的日常对话中，属于模因复制的传播阶段。"凡尔赛文学"由此从一个潜在的模因成为一个真正的网络语言模因。同时，因其复制能力强、能产性高、传播范围广等特点，"凡尔赛文学"也成为一个强势语言模因，在人们的日常生活中得以频繁复制和广泛传播。

四、"凡尔赛文学"模因复制与传播

由于"凡尔赛文学"特指一种"抱怨式自夸"的话语模式，信息主体只对其结构进行模仿与复制，但在传播的过程中可以根据不同的需求与各种语境相结合，表达不同的内容。因此其复制与传播的方式属于"形式相同内容各异"的表现型传播，即模因的形式不变，但以不同的内容加以扩展。

"凡尔赛文学"冲上热搜后，网友们就开展了轰轰烈烈的凡尔赛文学研究与实践，用反讽的形式戏仿，炫耀的范围包括但不限于物质财富、学识、外表、伴侣、工作等。例如：

（1）嗨呀，我现在是真破产了，转账的时候不小心输入了手机号码，结果转账成功啦，这个月的零花钱又没了。

（2）我真没咋学习，虽然说雅思总分有7.5，但是阅读那一块才6.5，六级650+，申请学校的时候作数吗？我不知道诶，反正牛剑是去不了了，北欧的学校又看不得。

（3）去三里屯溜达了一圈，一路被跟拍和搭讪，我就是随便穿了一套健身服而已啊~

（4）老公竟然送了我一辆粉红的兰博基尼，这颜色也太直男了吧！怎么跟他说我不喜欢这个颜色呢！

（5）发工资啦，少得想哭，同事是我的一倍多（捂脸笑）。（配图：银行卡入账2万多元的短信）

在以上例句中，"凡尔赛文学"这一模因形式上并没有发生变化，都是假装用苦恼、不开心的口吻炫耀自己，只是炫耀的内容有所不同。如例（1）通过先抑后扬的方式炫耀了自己的物质财富；例（2）通过自问自答的方式炫耀了自己的学识；例（3）运用第三人称视角，借助他人之口来称赞自己的外表；例（4）通过明贬暗褒的方式炫耀了伴侣对自己的宠爱；例（5）通过"捂脸笑"的表情体现出一种"淡淡的忧伤与无奈"，"捂脸"图结合银行卡入账配图，形成巨大反差，间接炫耀了自己的工作。

除了在日常生活中创作"凡尔赛文学"之外，"凡学"家们还开展了声势浩大的鉴"凡"活动，在以前的明星采访与影视剧台词中挖掘"凡尔赛瞬间"。如：

（6）撒贝宁："我拿到这个通知书以后我很纠结，我在想，去呢，那么远，远离家乡、亲人、小伙伴，但不去呢，北大也还可以。"

——"明星版凡尔赛"

（7）《武林外传》韩娟台词："自从嫁到那个昆仑派之后吧，没劲透了，就是看着还行，实际上吧，也就是出门威风点儿，手头宽裕点儿，生活舒服点儿，没有别的好处。每天大鱼大肉胡吃海塞，是个人就腻呀。别的不说，光那个珠宝首饰啊，多的就没法收拾，满屋子都是，那叫一个乱呐。

——"影视剧中的凡尔赛"

例（6）摘自主持人撒贝宁在脱口秀节目《吐槽大会》中关于高考的相关言论，低调地炫耀了自己的学识；例（7）摘自电视剧《武林外传》第47集中韩娟向佟掌柜吹嘘自己的富贵生活的言论，以抱怨的口吻炫耀了自己的物质财富。以上例子都说明，"凡尔赛文学"这一表现型模因在复制与传播的过程中虽然内容上发生了变化，但形式上仍都属于"抱怨式自夸"的话语模式。

五、"凡尔赛文学"模因的触发机制

何自然（2014）认为语言模因的广泛流行有五个因素：作为信息主体的人的心理意向；模因潜势信息选择的语境条件；主体期待发挥的语用功能；复制方便模仿记忆的信息表征；公众人物效应与媒体炒作。同样，"凡尔赛文学"作为一种强势语言模因，其广泛流行的背后也离不开这些因素的共同作用。

（一）作为信息主体的人的心理意向

作为信息主体的人的心理意向指的是信息主体选择复制传播这个语言信息的缘由。通过观察我们可以发现，"凡尔赛文学"中信息主体所"抱怨"的往往是普通人难以企及或令人羡慕的话题，如富贵荣华的物质生活、光鲜亮丽的建树成就、明艳动人的容貌体态、轻松舒适的职场工作、如鱼得水的人际关系、出类拔萃的个人能力等。而一般来说，受到抱怨的情况应该是真正值得抱怨的种种不好的、糟糕的境遇。因此，从本质上来说，信息主体复制和传播"凡尔赛文学"并不是为了改变现有局面或发泄消极情感，而是故意显摆一些其他大多数人所缺少的人、事、物。这种假装抱怨实为炫耀的心理意向触发了"凡尔赛文学"模因变体的产生。

（二）模因潜势信息选择的语境条件

模因潜势信息选择的语境条件指的是复制传播这个模因的社会与认知的语境。中国社会文化尤其重视谦逊准则，即要求个体避免自夸，强调自谦。在大多数人的认知中，太过明目张胆的炫耀很容易招致反感，相比之下，低调、谦虚会显得安全许多。在这种社会认知语境下，"凡学"家们希望炫耀自己，但又不想表现出太强的攻击性，于是便选择用假装谦虚的方式呈现自我，实现间接自夸。"凡学"以一种带有反转性的描述和略显苦恼的形式，很好地降低了直接炫耀的凌驾感，因此被更多人理解与接受，从而得以复制与传播。

（三）主体期待发挥的语用功能

主体期待发挥的语用功能指的是信息主体期望复制传播的模因及其变体可能产生的语用

效应。人们复制传播"凡尔赛文学"模因，往往期待其产生情感性、工具性、人际性等方面的功能。情感性方面，与一般的抱怨引发听众的负面情绪不同，"凡尔赛文学"中的抱怨更多的是产生一种调侃与幽默，给听众带来快乐。工具性方面，"凡尔赛文学"以其特有的表达方式发挥低调炫耀的功能，有助于凡学家们含蓄地展现自我，凸显更为崇高的个人形象。人际性方面，通过参与微博话题"#凡尔赛文学#"的互动，网友们在网络社交媒体中收获归属感的同时也获得了别人的认同，找到了自己的存在感。"凡尔赛文学"的多种语用功能催发信息主体在不同语境动态中的积极运用，大大促进了该模因的复制与传播。

（四）复制方便模仿记忆的信息表征

复制方便模仿记忆的信息表征指的是复制和传播的语言模因形式多样、易于模仿、便于记忆。"凡尔赛文学"模因复制与传播的方式为表现型传播，博主小奶球总结出的"凡学"三要素和凡尔赛两大加分项使得这一模因更易于模仿。同时因其特有的高端定位更容易吸引观众的注意力，方便记忆，因此在短时间内产生了大量的模因变体，在社交媒体中得以频繁复制与广泛传播。

（五）公众人物效应与媒体炒作

公众人物效应与媒体炒作指的是公众人物或名人效应以及媒体的大力渲染可以强化语言模因的触发力度，使之得以迅速复制和广泛传播。博主"蒙淇淇77"的相关言论触发了"凡尔赛文学"模因的适用语境，网友们纷纷用该模因来点评和调侃这些"低调式炫耀"的行为与言论。另外，社交媒体的匿名性降低了网络玩梗的参与成本，人人都可以在互联网世界中实现个人表达，成为"凡学家"，这大大提高了"凡尔赛文学"模因复制与传播的频率。博主、明星带热度，各大媒体也以"凡尔赛文学"为内容开展营销与炒作，加之很多年轻人都有从众、效仿心理，"凡尔赛文学"一时间获得了极高的大众参与度，在人们的日常生活中得以迅速复制与广泛传播。

六、结语

作为一种强势语言模因，"凡尔赛文学"由微博博主"小奶球"提出，经历模因复制的同化、记忆、表达、传播四个阶段，以表现型传播的方式得以大量复制与广泛传播，成为较长一段时间内的网络流行语。它的触发机制包括五个方面：假装抱怨实为炫耀的心理意向；社会文化谦逊准则的语境条件；情感性、工具性、人际性的语用功能；易于模仿记忆的结构；公众人物效应与媒体炒作。另外，"凡尔赛文学"模因在复制与传播的过程中也出现了一些问题，如只要看到有人在抱怨，就说这是在"凡尔赛"，或是越缺少什么，越要故意炫耀什么，将"谦虚"变成"虚伪"的呈现等，这些问题都需要在对"凡尔赛文学"及其他网络流行语的进一步研究中加以注意。

参考文献

［1］ Dawkins. *The Selfish Gene* [M]. Oxford: Oxford University Press，1976.

［2］ Heylighen. *What Makes a Meme Successful?* [C]//Proceedings of the 15th International Congress on Cybernetics，1998：418-423.

［3］ Blackmore. *The Meme Machine* [M]. Oxford: Oxford University Press，1999.

［4］ 何自然. 语言中的模因 [J]. 语言科学，2005(6)：54-64.

［5］ 小奶球. 凡尔赛公开课. 2020 年 5 月 8 日. https://video.weibo.com/show? fid=1034:4502309493735443.

［6］ 何自然. 流行语流行的模因论解读 [J]. 山东外语教学，2014（2）：8-13.

作者简介

刘梦梦（1995—），女，湖南农业大学人文与外语学院，硕士，研究方向：语用学、语言与文化、社会语言学，E-mail: 1322393974@qq.com。

范丽群（通讯作者）（1975—），女，湖南农业大学副教授，硕士，研究方向：语言与文化、社会语言学，E-mail：610707397@qq.com。

丑是异样之美

韩 聪

（武汉纺织大学，湖北武汉，430200）

【摘要】在美学艺术当中，丑作为美的对立面和否定性而存在，它是优美感突破后的崇高（能够被转化为美的丑，或向丑跨出了一步的美）之产物。丑的美感经验之形象体现就是一种"表现的美"，即一种"表现的魔力"。所谓"表现的美"就是主体强力居于主导的或霸权的地位而形成的一种审美表现。虽然"美"和"魔力"都具有"吸引力"，但是，"美"只局限于相对表面的感性层面，而"魔力"则触及灵魂，折磨神经，从精神层面震撼和磨练我们，即一种"表现的魔力"。审美的丑指的是非理性的、禀赋着强力意志的主体，将属于自己的非理性的、非道德的、恶魔般的意志力直接表现出来，实现于非自然的、变形的、扭曲的/抽象的形式之中，目的不是为了克服或转化它们，而是就在这非理性意志表现中获得陶醉的愉悦。丑虽与美对立，它却属于人的生命活动表现的范畴。时髦话"不按常理出牌"就是一种审丑。英语专业核心课程《高级英语Ⅰ》当中一篇课文《媚丑之欲》，也可时尚地译作《恋丑癖》，不就正是揭示审丑艺术的典范之作。作者是美国大文豪亨利·刘易斯·门肯。本文旨在分析文学巨擘笔下丑陋的家乡景象：1. 文学评论勿范超越文化隔膜之禁忌；2. 妙悟也是灵感之源；3. 美丑是矛盾对立统一体，相辅相成，相比较而存在，它们真实的存在于我们的现实生活当中。本文只是一种尝试性探索，旨在求教于大方之家。

【关键词】审丑；异样；表现美；表现魔力；自我陶醉

一、引言

谈到审美，就离不开审丑，他们就如硬币的两面或者双胞胎一样。法国19世纪最著名现代派诗人、象征派诗歌先驱——波德莱尔（Charles Pierre Baudlaire，1821—1867）之代表作《恶之花》当中形象地描摹道："恶之为花，其色艳而冷，其香浓而远，其态俏而诡，其格高而幽。它绽开在地狱的边缘。"诗人天性敏感、犹豫、哀伤，把自己纤细的感觉描绘成一朵绚丽的、盛开在黑暗、肮脏、丑陋的、巴黎城市上空的恶之花。波德莱尔（曾经深受法国后期象征主义领袖——古尔蒙（1858—1915）的影响，他的诗歌有着绝妙的微妙：心灵的微妙与感觉的微妙，细微到纤毫的感觉。这无疑触及到了人们心灵的深处的纤毫。

无独有偶。亨利·刘易斯·门肯（Henry Louis Mencken，1880—1956）是美国第一个被广泛认可的批评家。他以他的《恋丑癖》一文闻名于世。门肯出生于美国马里兰州（MD）巴尔的摩（Baltimore）市，接受了私塾教育。他被誉为"The Bad Boy from Baltimore"（来自巴尔的摩的"不良少年"），他以tough，cynical style and wit著名。因为他是新闻从业者

（journalist）、书评家（book reviewer）、编辑、政治评论家（political commentator）与讽刺家，曾经就职于《巴尔的摩先驱报》。他无情的抨击可以针对任何人。而其中主要目标是沾沾自喜的中产阶级文化价值观。自1918年起，他的兴趣点开始转向美国式英语。次年，出版了他的大作《美国英语》而被誉为"Sage of America"（美国圣人）。同时，他还写了一些书籍、诗歌、戏剧和严肃的文学评论。1920年代，他极大地影响了美国的文学景观。有人这样评论他："散文清澈如蓝天，修辞精当如枪击"（His prose is as clear as an azure sky，his rhetoric as deadly as a rifle shot）。他曾经编辑过*The Smart Set*（《时髦者》）与*The American Mercury*（《美国水星》）等刊物。他嘲笑讥讽美国人的虚假、做作、狭隘主义、一本正经，嘲笑本国有组织的宗教、商务等。门肯的新闻技巧成为了他作为评论家的主要障碍。因为他牺牲了洞察力而换来了当下的眼球。审美的/哲学的区分，换来了简易阅读的减少；以及话语的微妙而换来了小丑与夸夸其谈。然而，人们可以哀叹他的方法，他们却赢得了不少读者的青睐，而且进一步为批评的发展铺平了道路，尽管他自己没有门徒。门肯对于美式英语的随意性十分欣赏。尤其是鲜美多汁的短语。这种兴趣的背后却是他对英国佬的不信任。他认为，美国英语是在新环境下独到的产物。他的语言尖刻而锋利。修辞过于辞藻华丽而空洞无物。他有一句名言说："A cynic is a man who，when he smells a flower，looks around for a coffin."（好冷嘲人生者，是个在他闻到花香之时就会四处找棺材之人）他帮助和扶持了一批新作家，使得他们脱颖而出。譬如：西奥多· 德莱赛（Theodore Dreiser）、辛克莱·刘易斯（Sinclair Lewis），等等。他讥笑心胸狭窄的宗教，极力主张学术自由。他甚至杜撰了booboisie（bougeosie+ boobery：意为愚蠢的小资）。在他去世之时，他对美式英语的贡献举世公认。本文作者以为，在对于文章做评价之时，应该拥有跨文化视角这个审美多棱镜。

二、文学评论勿范超越文化隔膜之禁忌

在《恋丑癖》一文课后理解助手（Aids to Comprehension）这一部分，书籍编撰者这样评论道："门肯使用了遣词、结构，以及修辞手段，结果却适得其反，把读者打蒙了。"（张汉熙，2011：97）而本文作者认为，恰恰倒是这个观点有点言过其实，耸人听闻，同时也有失公允。毕竟，众所周知，个人主义是美国文化的核心，时刻影响着美国人的思想和行为。许多脍炙人口的美国大作上都有个人主义的缩影，比如Atlas Shrugged（《阿特拉斯耸耸肩》）、The Fountainhead（《源泉》）、The Great Gatsby（《了不起的盖茨比》）等。美国人将个人主义看作是一种近乎完美的品德，认为它代表着积极进取的精神以及不向权威屈服的自豪，是资产，而非威胁。同理，如果一个人见解独特，滔滔不绝，夸夸其谈，尖酸刻薄，而恰恰也正是这一点使得这个人有自己的独特性格与特征，特立独行，自成一家，是非常值得夸赞和欣赏的，并且拍手称道。那人们就立马觉得他很酷，很健谈和口若悬河，很富有表达力。他才是人们所敬仰和仰望的，对他也才有神圣之感，甘于匍匐和屈尊之妙，进而

把他视为崇拜的偶像和榜样。而这一切恰好体现了门肯作为语言大师的独特风格特点。难怪当时的年轻人都对他趋之若鹜，佩服得五体投地。因此，中国文学评论者不要根据国人所公认的标准去衡量美国作家作品的审美观。在《恋丑癖》一文中，作者将与丑相关的词汇，几乎搜罗殆尽，并用极其夸张手法和偏离艺术，将自己家乡的丑陋景色描摹到了极致。尤其是印象主义描摹手段几乎达到了登峰造极的地步。"The judgement of beauty across cultures is a perception that is ripe for ethnocentrism. What happens is that people intolerant of different cultural practices often fail to realize that they had been raised in one of those other cultures，they would be practicing those allegedly disgusting or irrational customs. The link between ethnocentrism and beauty arises from what is seen as beautiful in one culture may look hideous to people from another culture."（拉里·萨莫瓦尔等，2017：176）更为不齿的是，评判家们在是不知不觉的状态下做出了这一评判，他们完全没有跨文化意识，并且一代代口口相传，祸害无穷，殃及莘莘学子。

三、妙悟也是灵感之源

所谓的妙悟（empathy）原是指一种特殊的心理活动，来自道家"道不可言，言而非也"。可见道之玄奥高深，只可以心领神悟。后来，佛教也借用"妙悟"来认识佛性。"玄道在于妙悟，妙悟在于即真，即真则有无齐观——所以天地与我同根，万物与我一体。"

换言之，由妙悟到即真再到物我一体的对佛性的把握和掌控。由于审美和悟道同是人的心理活动，而且它们的过程与方式皆有许许多多相通相似之处。文论家便把道佛的宗教体验方法引进审美理论领域。之后妙悟便成为一种艺术思维方法。它具有如下几个特点：直接关照；整体把握；入神物化。所谓直接关照，是指妙悟之时，作家直接关照客体对象。宗炳在《画山水序》中说道："夫以应目会心为理者，类之成巧，心亦俱会，应会感神，神超理得。"所谓"应目会心"，就是眼观外物而心有所悟。这也正是妙悟这个特殊心理活动之基本程序。经由"应目"到"会心"再到"理得"，这个意向生成过程极其短暂。叶梦得在评论谢灵运之千古名句"池塘生春草，园柳变鸣禽"时，曾经说道："此语之工，正在无所用意，猝然与景相遇，借以成章。不假绳削，故非常情所能到，诗家妙处，当须以此为根本，而思苦难言者往往不悟。"故此，作家在"猝然与景相遇，借以成章"。直接观看外物继而审美意象顿然生成与心际。因此，妙悟乃直接关照之产物。所谓"整体把握"是指，在古人眼中，一花一世界，一草一物皆是气韵完整的，不可分割的生命境界。妙悟不仅对审美对象进行整体把握，而且要同时把握审美对象的内在情韵与生命精神。例如，诗人在创作时，并非将山水景致、样貌轮廓，水流之节奏、树之高低疏密、草之色彩浓淡等简单地叠加起来，形成审美知觉，而是对物象进行完形把握，整体摄取，并把在此过程期间感受把握到的审美对象之感情基调和精神意蕴迅速直接构成一个完整生动的审美对象。不同人有不同叫法，钟嵘称之为"直寻",而司空图则称之为"直致所得"。所谓"入神物化"是指在进行妙悟时,作家的心灵处于一种主客不分、物我无二之状态,也即神入物内,与物同化。表面上看,妙悟似乎无须想象,审美意象"触物而成"。可是,实际情况是,审美意象是在物我一体,主客交融之"冥漠恍惚之境"状态形成的。作家进入了"物我合一",入神物化状态。在此境界当中,作家可以洞察审美对象之内在精神情韵,潜意识中进行跳跃式、大跨度艺术联想。此时此刻,审美意象之天国大门对作家是豁然大开,众多审美意象冥会于心,瞬间便可以创造出精美多姿、五彩斑斓的审美意象。当然,这是超越了一般正常的思维方式,是惯常思维难以企及的艺术效果。有时也叫"道成肉身"。

在《恋丑癖》一文当中,门肯蓦然回首,恍然大悟,才觉得原来自己大半生常来常往的家乡一带景色如此惊人的荒凉。这里是工业美国的中心,是美国最有利可图的、典型的活动中心,也是地球上独一无二的最富裕、最辉煌的美国名片与自豪。可是,在这里,景色如此凄凉,如此骇人,将人类的美好梦想与向往降格为沮丧的玩笑。这里人们的住宅就连当地的杂种猫也觉得羞愧难当,矮人半截。可人们依然在这里繁衍生息,苟且图存。

在从格林斯贝格到匹兹堡铁路枢纽一带,作者极目所看到的建筑,无一不是歪歪扭扭,无一不是奇形怪状,在颜色与形状上都是那么的"独一无二,无与伦比",包括教堂、体育中心以及老兵活动中心。它们一个个都是变态建筑师们的杰作,人们将用于建造地狱的鬼才来建筑这些景物。此外,作者运用了十分令人倒胃口的疾病名称来刺激人们的纤毫神经末梢,例如丘疹、尿毒黄色、臭蛋黄,以及在污泥里打滚的猪来描摹这里之境。还有,建立在建筑物顶上的小栅屋活像眼睛被打青了的臃肿的老妇人,也像长老会牧师罕见的龇牙咧嘴之笑,但他们就喜欢这个味。

作者几乎用尽了夸张的艺术手法,例如在经历不断的祈祷与艰苦的调研之后,将冠军头衔奖赏给自己家乡。在游历了国内外之后,才发现自己家乡是地球上最为龌龊之地。面对自己家乡,作者居然以为简直就是惨不忍睹。景色居然羞辱与刺伤自己的眼睛。

最后,作者竟然得出结论:这一切的一切居然是美国某种变态心理在作祟,他们既很美也很真理,就是喜欢丑陋的东西。追根溯源,让德国大学里的那些社会病理学方面的无薪牧师去积极投入这个研究,去彻底解决这个病态民族心理。所以,一言以蔽之,作者借用讽刺自己家乡,实际上是来讥讽美国这个丑陋的、变态的、怪诞的民族。

在上面的分析中,不难看出作者积极地运用了直接关照、整体把握与入神物化三个综合性技巧。

四、美丑是矛盾对立统一体,相辅相成,相比较而存在

在我们现实生活中,美好的东西往往带给人们愉悦感和心仪感。而丑陋的、肮脏的东西人们往往避之不及,掩面而过,嗤之以鼻。可是,他们给我们留下了心理上挥之不去、久

久不能忘怀的烙印与阴霾。美到极致便走向它的反面——丑陋，反之亦然。美好的愉悦与丑陋的折磨交替摧残着我们，让我们欲罢不能。作者门肯在文中，突发奇想，将自己的家乡黑化到了极致。正如欣赏一幅画，有前景和背景。前景（门肯家乡）如此令人震惊、恐怖和荒凉，那它的底色（美国）虽然最富有、最具美国特色，是美国的名片与招牌，但是，它依然是世界上独树一帜的丑陋、污秽与肮脏之所，绝无仅有，天下无双。正像作家贾平凹在其作品《丑石》当中所言：

"它是太丑了。"天文学家说。

"真的，是太丑了。"

"可这正是它的美！"天文学家说，"它是以丑为美的。"

"以丑为美？"

"是的，丑到极处，便是美到极处。"

人本身就是人的最高本质。美与美相遇，也互为伤害。同样，人类真是让我（作者本人）摸不透的生物。缺陷是完美最重要的组成部分。我（作者本人）总能发现人类的美好与丑陋，更惊讶于两者能够融为一体。作者门肯正调之外出反调，别具一格，独树一帜。没有谁的生命是完美的，残缺才是一种大美。《巴黎圣母院》中的卡西莫多外表何其丑陋，内心却如此之美；而主教道貌岸然，靓丽光彩，人前人后却判若两人，干着龌龊肮脏、见不得人的勾当。千百年来，人们心中褒扬谁、赞美谁，却谴责谁、诟病谁，读者心中自有公断。

五、结语

《恋丑癖》一文是门肯在20年代美国经济欣欣向荣、蓬勃发展的时期撰写出来的。不难看出，作者匠心独具，独具慧眼，用犀利的眼光和锐利的笔锋十分尖锐地讽刺了当时美国经济繁荣背后所隐藏的社会危机：贫富差距悬殊，资本家的巧取豪夺与贫民百姓的水深火热。作者借用自己家乡的景色来毫不留情地映射了当时整个美国的状况：一个怪诞、变态和荒诞不羁的民族；一个既恨美又恨真的民族；一个有着特殊癖好与陋习的民族。

参考文献

[1]（美）拉里·萨莫瓦尔（Larry A.Samovar）等著，董晓波编译.跨文化交际（第8版）[M].北京大学出版社，2017.

[2]（美）拉里·萨莫瓦尔（Larry A.Samovar）.跨文化交流（第6版）（英文影印版）[M].北京大学出版社，2009.

[3]程永生.病态怪癖话根源——试析 The Libido for the Ugly 中的突出、对照和意象 [J].淮北煤师院学报，1994（4）：156-158.

[4]李然.门肯的偏离艺术——《媚丑之欲》中的偏离意识解析 [J].乐山师范学院学报，2013（7）：58-62.

［5］刘芳 . 门肯《媚丑之欲》中的印象主义描写 [J]. 语文建设，2014（12）：61-62.

［6］沈春华 . 高级英语《媚丑之欲》中夸张的修辞与语用选择探索 [J]. 武汉轻工大学学报，2016（1）：108-113.

［7］吴建民 . 古代艺术思维的三种模式 [J]. 孝感学院学报，2003（4）：38-41.

［8］王菊丽 .《爱丑之欲》文体特征中词汇的语义突出 [J]. 黄河科技大学学报，2004（2）：91-94.

［9］张汉熙 . 高级英语 I（第 3 版）[M]. 外语教学与研究出版社，2011.

作者简介

韩聪（1997—），女，武汉纺织大学外国语学院硕士研究生，研究方向：视听翻译，E-mail：1845089126@qq.com。

解读施林克的小说《朗读者》中的三重悲剧

李 莹

（武汉大学，湖北武汉，430072）

【摘要】《朗读者》是德国法学家本哈德·施林克的成名作，作品讲述了发生在德国纳粹时期一段惊世骇俗的恋情。作者采用第一人称视角将故事呈现在读者面前，通过一段动人心弦的恋情构造三重悲剧：女主人公沦为第三帝国杀人的工具；男主人公无法面对恋人，内心陷入仇恨与自责，战争使得一个国家的两代人形同陌路。作者通过作品对这段历史进行反思：该由谁承担战争过错，如何对待历史的罪责等问题。

【关键词】《朗读者》；悲剧；权力；恋母；话语

《朗读者》是德国法学家本哈德·施林克所写的一部"纯文学"作品，在小说中作者采用第一人称"我"的口吻讲述了一个匪夷所思而又引人深思的故事，从特殊视角探讨了德国经历二战的一代与战后出生的一代人之间的隔阂与战争带来的难以排解的罪责问题。该小说一经问世风靡全球，被翻译为39种文字。作为当代外国文学，《朗读者》也在中国引起了极大关注，自1999年以来连续发行了三种中文译本，发行量超过20万册。（施显松，2010）《朗读者》如此巨大的成功并非偶然，其蕴含的艺术魅力感染着全球读者，作品中使用多个视角反思战争一代的行为，深入剖析战后出生的一代内心的巨大阴影与负罪感以及对父辈的指责，小说营造的独特文学氛围成为"直视历史"的慰藉。

作者以回忆的方式写成，米夏将自己与汉娜的恋情、汉娜身为文盲的秘密以及最后汉娜的狱中自杀用悲切的口吻娓娓道来，痛苦中又以一种冷静的旁观态度，提出了引人深思的发问。汉娜与米夏的故事无疑是一个悲剧，对于汉娜来说，身处于那个时代，不自知地成为权力杀人统治的工具；对于米夏而言，同样是一场悲剧，恋情无疾而终，多年后竟发现曾经进入自己内心的恋人是二战时的"屠夫"，子辈该如何面对父辈？而至于整个国家更是一场悲剧，战争使得战后一代对父辈充满了指责与怨恨，历史遗留问题成为人们心头无法抹去的伤痛。

一、汉娜：权力的工具

汉娜最初在作品中出现时作者就以第一人称的视角塑造了一个强硬、有力量的女性形象。当米夏因为身患黄疸病在回家途中呕吐，十分难受，这时汉娜出现来照护米夏，但米夏感觉到她的动作不很"轻柔体贴"（本哈德·施林克，2012：4）。她抓住米夏的胳膊，将他拖着走过过道，将水泼在米夏脸上算是洗脸。汉娜的行动中充满了果断与坚决。当汉娜决意离开自己居住的城市时外表虽不显露，暗地却做好了打算，两周后不告而别。刚出场时的汉娜虽没有女性阴柔的一面，但在米夏后来的自述中却充满柔性的线条。米夏提到自己对汉娜印象最深的几个剪影，其中之一是米夏第一次去拜访汉娜后，米夏在门外看到了汉娜换长筒袜的描写，时隔多年米夏依然清晰回忆汉娜的动作，自然、优雅、大方的汉娜出现在读者面前。

在未被集中营同化前，汉娜身上具有迷人的魅力，行事果敢坚决。然而汉娜内心有一件甘愿付出生命也要守护住的秘密，在她看来同样也是自己的耻辱，即自己的文盲身份。汉娜一生为维护自己的秘密做了数次妥协与逃离，正是这些选择将她带向了集中营，也正是她文盲的身份使得自己在权力机构中逐渐演变为杀人的工具，甚至拒绝承认自己所犯下的罪责。"贝恩哈德·瓦尔登费尔斯认为…作为文化躯体的躯体表现出不断变化的文化烙印。在文明演变史中充满着文化、国家机器、理性对于身体的驯服"（王炳钧，2006：24），汉娜在小说中逐渐被工具化，失去了她原来的自主性，她的思想被强权暴政渗透并彻底洗脑。果敢坚决的行事作风，放在刽子手这一身份之上，也变成了残忍暴虐与冷酷无情。

当汉娜出现在被告席中时，她的身姿十分引人注意，"那头颈，那宽阔的背部，还有那强壮的肩膀。她把身体挺得笔直，双腿站得坚牢。她的双臂闲搁在两旁"（本哈德·施林克，2012：98）。此时的汉娜仿佛变成了僵硬的机器，身体已失去了原来的自主性，汉娜仿佛经过了改造，外来的决定慢慢变成自己的意志，被第三帝国驯服沦为权力的工具，她的反抗与种种选择皆为强权所引导，而汉娜却理直气壮将之视为自己秉公做事的遵循参照。

二、米夏：与罪犯的爱情

小说中，米夏与汉娜的恋情在当时可谓惊世骇俗。两人刚相遇时，米夏15岁，正值青春期，虽懵懂无知但在潜意识中对两性问题充满了原始的向往；汉娜36岁，果敢直率、强硬有力，"像是雨中一株清新挺拔的绿树，具有强健朴实温柔母性的特质"（郭艳，2010：135）。米夏最初拜访汉娜只是想对汉娜表示感谢，然而当他看到汉娜熨烫衣物以及换长筒袜等一系列场景，唤起了他内心深处原始的渴望，在汉娜这里，米夏被家庭压抑的欲望得到满足，恋母情结在汉娜身上得到释放。从米夏写给汉娜的诗中可以看出米夏对汉娜强烈的爱：

"与君同心
两心相互来占有
与君同衾
两情相互来占有
与君同死
人生相互来占有

与君分袂

各自东西不回首"　　　　　（本哈德·施林克，2012：61）

　　然而这段感情由于汉娜秘而不宣的秘密注定变为一场悲剧。正当米夏深陷恋情时，却发现自己爱的人已经沦为杀人的机器、权力的工具，他的内心产生了深深的羞耻感，并坦言"如果说背叛一名罪犯不会让我罪孽深重，爱上一名罪犯却使我罪责难逃"（本哈德·施林克，2012：136）。实则米夏的内心是摇摆不定的，一方面作为子辈急于拒斥历史，表明自己清白（胡明贵、胡月箫，2014）；而另一方面，米夏又深深意识到自己无法逃脱罪责，爱上罪犯的自己也注定被牵扯进入其中。与罪犯的爱情使米夏无法逃脱战争带来的罪责，而曾经自己对于刽子手的爱情也使自己陷入无法逃避的痛苦，成为其一生的悲剧。

三、国家：两代人的隔阂

　　米夏，代表德国二战新生一代；汉娜，代表经历纳粹时代的父辈。当米夏发现自己深深爱着的人参与了那场大屠杀并沦为第三帝国杀人的工具时，自己的内心没有一刻停止过反思与询问。子辈对于父辈在第三帝国时期的所作所为大失所望，他们直接或间接助长了悲剧的不断扩张，有些甚至将整整一代人归类为罪犯，并与他们划清界限，以期逃避自己身上所负担着的罪责；而父辈们却对自己的子女们有所寄托，希望可以被理解。

　　思维模式在两代人的更迭中出现了巨大的断层。新生的一代谴责这场战争，将矛头指向第三帝国的暴力与专制，父辈成长的年代萦绕着对希特勒无上的尊崇，整个社会充斥着对犹太民族的贬低与抵制。福柯在《规训与惩戒》中表示："我们自身的历史本体论与权力相关，通过它，我们将自己建构为作用于他人的行动主体。"（汪民安，2010：86）权力在这里不是指第三帝国或者战争后进行审判的审判长，而是在社会网络中渗透着的细密的、流动的细枝末节。在这场牵涉每一个人的大屠杀中暴力被赋予了权威（合法权利部门施行这种暴力），行动被例行化（规章约束的实践），暴力受害者被剥夺了人性（意识形态的界定和灌输）（汪民安，2010）。父辈成长的时代对一个有极权的人进行无上的推崇与敬仰，四周细密的话语使得每一个人都与之息息相关，汉娜沦为第三帝国的工具却浑然不觉，就像米夏前往奥斯维辛集中营路上碰到的卡车司机在那个时代也是杀人如麻的刽子手。对于战争后出生的这一代来说，战败后的话语转向了忏悔与罪责这一主题，身在其间的每一个子女面对父辈暴行难以容忍，而父辈也渐觉在子辈中抬不起头，最后甚至不奢求子辈的原谅，汉娜即将出狱时话语间中有了疏离。

　　在两个时代思维方式出现巨大断层后，隔阂不仅表现在子女对父辈的恨之入骨，更是体现在整个社会对于审判二战罪犯的麻木。"法庭已经受够了，大家都想尽快完事，大家再也不集中注意，老是顾左右而言他，这么多个礼拜沉浸在昨天中，现在大家都想赶快回到今天来。"（本哈德·施林克，2012：138）不论审判长、旁听群众，还是"我"都已经对于这一切麻木，根本不再寻求任何期望，只希望尽快逃离、躲避。两代人就在逃避中隔阂越来越大，对战争后的德国人来说是一场世纪性的灾难也是无可言说的悲剧。

许多同类型纳粹德国主题的作品旨在反映战争的残酷，或着重描写导致这场灾难的第三帝国。施林克却将问题转向以战争后的新生一代米夏作为叙事者，同时又因米夏与汉娜的恋情，从而将代表经历战争一代的汉娜引入人们的视角，在两代人的相互纠葛产生的种种悲剧中引发读者对于战争根源、历史罪责以及战后追责的思考。

参考文献

［1］本哈德·施林克，钱定平译. 朗读者 [M]. 南京：译林出版社，2012.

［2］王炳钧. 意志与躯体的抗衡游戏 [J]. 外国文学，2006（2）：23-27.

［3］郭艳. 探寻历史的隐遁之迹 朗读生命的弦外之音 [J]. 文艺论坛，2010（2）:135-138.

［4］胡明贵，胡月箫. 论《朗读者》两代人及"文盲"的隐喻 [J]. 安庆师范学院学报（社会科学版），2014（6）：39-43.

［5］汪民安. 福柯 [J]. 外国文学，2010（3）：83-93.

［6］施显松. 历史与现实之间的诗意和解 [J]. 广东外语外贸大学学报，2010（6）：64-67.

作者简介

李莹（1996—），女，武汉大学，研究生，研究方向：德语语言文学，E-mail：yingli_2021@163.com。

莫言小说中的审丑态审美

——以《檀香刑》为例

贺子涵　杨宇函

（中国传媒大学，北京，100024；浙江传媒学院，浙江，310018）

【摘要】莫言是魔幻现实主义的代表作家，除了对魔幻现实主义普遍特点的继承之外，他还把目光投向了更广阔、更底层的社会生活。在20世纪90年代完成的一系列作品中，他挖掘出社会现实繁杂、丑恶的另一面，凭借审丑态审美找到更有力的批判武器。《檀香刑》以其汪洋恣肆的语言风格、别出心裁的谋篇布局、天马行空的想象力和细腻的描写，成为莫言审丑态审美运用的代表之作。本文旨在通过对《檀香刑》文本的具体分析，剖析其审丑背后更深层次的审美、人文与社会意蕴，体会作者在大悲剧中的人道主义关怀，为理解此类作品提供新的视角。

【关键词】莫言；审丑；审美；《檀香刑》；人道主义关怀

一、引言

20世纪90年代，市场经济对文学造成了强烈的冲击，文坛出现了一股新风潮：从80年代的迷茫与混乱中挣脱之后，又融入了90年代特有的激动兴奋，呈现出鲜明的时代风格。莫言也在时代潮流的影响下，将写作的题材深入更广泛的群众生活，突出以群众为主角的价值选择；甚至在主题的选择上突出人性的丑恶，有意将人异化成动物描写，呈现出审丑的倾向。在《檀香刑》中，这些特点都有更鲜明的体现，并且其审丑态审美更加走向多元化、立体化、集中化，将目光投向更广阔的社会中，注重对人性复杂的挖掘，"突破个人日常生活的琐碎、得失、悲欢，表现出我们承担的社会现实的真切忧思"（张新颖，1996）。

"审丑"具有很高的审美与艺术价值，既可以看作一种特别的艺术处理手法，又展现出高屋建瓴的立意视野。更可贵的是，在这种审丑式的审美下，作者常常对人们的现实生活提出忧思，更极力探求解决之道，体现出一种高尚的人道主义关怀。莫言在《檀香刑》中实际想表达的是对人们真实生活状态关切的大悲悯以及对人们生活方式的反思，他希望能有针对性地开出一剂良药。

二、审丑艺术

《美学原理》中指出：丑是审美范畴之一，是与美相对、具有与美相反的内涵性质的物质属性。丑是一种否定性的价值，它使人厌恶、鄙弃、反感。当人的本质力量受到窒息和排斥，而非人的本质力量却以堂皇的外观闯进了我们的审美领域，它在对象中显现出来的就是丑。在现实生活中，丑总是具体的、形象的、对人而言的；但是在艺术作品中，丑往往用来和美形成衬托，或是直接"以丑为美"。在《檀香刑》中，审丑成为审美的一种态式，丑成为更深刻、更值得挖掘、更有警示意义的一种美的变体。这种审丑态审美不仅贯穿了全书的情节起伏，体现在语言风格、人物塑造上，更最终融汇于本书最高的中心思想，大开大合之间将作者的大悲悯体现得淋漓尽致。

（一）情节张力

与传统宣扬真善美、追求大团圆的结局不同，莫言在处理《檀香刑》的情节上可以说有笔如刀、刀刀见血，他不惮于用最直白细腻毫不避讳的语言描写最残忍血腥的场景。全书最夺人眼球的场景不外乎有二，第一：赵甲凌迟钱雄飞；第二：赵甲给孙丙行檀香刑。这两处情节与文题相呼应，也是审丑态审美的典型。按照传统的审美原则，接下来的情节发展应该是群众群情激奋、为壮士伸冤，刽子手良心发现当场放下屠刀，最终被误解的囚徒等来了正义。但是莫言没有这样写，烈士钱雄飞照样被凌迟了五百刀，为民请命的孙丙也还是受了檀香刑。莫言没有按照传统的审美原则设置"合—离—合"的情节主线，相反，所有情节被宿命裹挟一般地急转直下，读者心中期待的柳暗花明或绝处逢生并没有出现，在越来越压抑的环境下最终人物都走向了无可避免的悲剧结局。

鲁迅说："真正的悲剧就是把美好的东西撕碎给人看"（鲁迅，2006），这种理念在《檀香刑》中被发挥到了极致。莫言的《檀香刑》完全颠覆了日常生活中人们习惯性的审美经验，借助"行刑"这一关键情节，集合了生与死、善与恶、官方与民间、家恨与国仇、保守与进步等多对矛盾。这种审丑态审美的运用，有悖于普通人的审美倾向，使得读者出现不解、排斥、拒绝等情绪，从而消弭了固有的文学接受模式，完成了从语言为客体到主题的转换，使情节极富张力，文学语言获得了绝佳的效果。

（二）语言的运用

语言有雅俗、书面和口语之分，《檀香刑》中大量出现市井口语化的语言，甚至很多显得有些猥琐粗鄙，目的就是营造一个最真实的社会环境。为了描写社会现状之丑恶又不使读者过分反感以致放弃阅读，莫言选择了一种不一般的写作方式，展现出极强的审丑态审美。全书最开头的"凤头部"，描写了一个库丁被腰斩后的样子，他"像是一只蜻蜓转世，去掉了后半身还能飞舞"，嘴巴像"在浪里打滚的小舢板，吼着，听不明白在吼啥，血沫子噗噗地喷出来"，还有他的辫子"是最奇的，竟像是蝎子尾巴一样，钩钩钩钩地就翘了起来"（莫言，2012）。这些语言描述的明明是惨不忍睹，令人毛骨悚然几欲作呕的场景，但是用了短句和口语化的表达，再加上特色鲜明的拟声词和比喻，却巧妙地缓和了血腥场景带来的冲击，强化了丑的审美效果，达到一种奇妙的平衡状态。

此外，《檀香刑》中还融入了带有地方特色的"猫腔"。从开头的"凤头部"猫腔引出故事，到结尾的"豹尾部"猫腔总结故事，至此构建了一个完整的闭环。每个人物出场前对应的猫腔腔调和节奏均有不同，是按照人物的性格和命运设计的，非常巧妙。为了引出为阻挡德国人修铁路而被抓的孙丙，作者选用的猫腔为"意气用事，棍打德国技师，惹下弥天大祸"，"拉起一千人马，抗着土炮土枪，举着大刀长矛，扒铁路，烧窝棚，杀洋人，逞英雄，最终闹了个镇子破亡，百姓遭殃，自己身陷牢狱，遍体鳞伤"（莫言，2012），大量结构相似的短句与孙丙心直口快的直率性情、为民请命的实际行动相呼应。这种质朴、诚恳、具有民间特色的语言非但不显得土气，反而使得文章具有东方的神秘韵味。

（三）人物刻画

在塑造人物形象时，莫言运用了春秋笔法，意含褒贬。大多数角色身上邪恶、不道德的地方多过人性的闪光点，甚至存在一些"非人性"的因素，以至异化成了动物。例如自称是大清国首席刽子手的赵甲坐在太师椅上就变成了一只豹子，两只手干瘪瘦小得像爪子，经常像被炭火烤只能经常浇冷水来恢复。这种异化人为动物的写法，使得读者能够重新审视灵与肉的关系，并且揭示出了在巨大的外在压力下人心理扭曲的过程。照妖镜般的小甲和女德化身的钱曾氏可以说从一开始就不是"人"；渴望报国却沦落到为洋人卖命境地的钱丁，侠肝义胆却一意孤行的孙丙，秉公执法却慢慢丧失人性的赵甲是慢慢变得不是"人"；再加上麻木不仁的看客，所有人物都表现出假恶丑的一面。这种审丑在某种程度上背离了传统价值，专注追求人本性的回归，这也正是那个时代所呈现出来的真实景象——人民亟待解脱与救赎。因此，此处的毁灭就是重生、反思就是进步、异化就是返本归元，审丑成为了具有更深切的关照意义的一种审美态式。

三、人道主义关怀

丑是一种复杂的审美现象，杂糅的丑有时候比单纯的美更能带来强烈的情感体验与深刻感悟。然而审丑不应该是创作的目的，审丑应当成为在特定情境、特定时代下更有冲击力的一种艺术表达手段。当其成为一种审美的手段，亦即审丑式审美，作品往往能被赋予更深层次的思想意味。蒋孔阳说："我们不但要承认自己的渺小和丑，还要追求那闪烁着人性光辉的伟大和美。人生的征途也已充满丑，但是人生的目的，却应当是美"（蒋孔阳，1993）。莫言在《檀香刑》中通过对大苦难大悲剧的描写，想表达的却是要关注现实生活中个体生命本身的际遇，而不是道德戒律、革命斗争、历史大局的发展。哪怕是最渺小底层的社会群体，我们也应该重视其身体与精神的健康状态。这是作者对滚滚历史洪流下普通百姓的深切人道主义关怀，是真正的底层人民的视角立场，只有这样的作品，才能让读者真正体会到大众的苦难，才能指导我们积极寻找救赎之路。

四、结语

　　真正心系底层百姓，关切普通民众生活状态的作家，都有着凝视深渊的勇气。如果无视卑微的生命，就没有办法体会到真正的人道主义。执着于描述社会的真善美，刻画万分之一概率的幸运，极大迎合了大众的审美需要，却失去了文字的灵魂。莫言的《檀香刑》看似着重刻画现实的丑恶，却从这种审丑中迸发出了更深层次的审美，而这种审美来源于最世俗最真实的生活，又有着超越世俗的光辉。作者通过审丑态审美的尝试，更好地理解底层人民的痛苦，让卑微的生命在痛苦的现实重压下、在时代的滚滚洪流中，仍有直面挑战、承担责任的勇气，这就是这部作品的价值所在。

参考文献

[1] 张新颖.文坛涌现现实主义冲击波 [N].文汇报.1996（15）

[2] 鲁迅.再论雷峰塔的倒掉 [J].杂文选刊（上半月版），2006（10）52-53.

[3] 莫言.檀香刑 [M].上海：上海文艺出版社，2012.1：6.

[4] 蒋孔阳.美学新论 [M].北京：人民出版社，1993.

作者简介

　　贺子涵（2000—），女，中国传媒大学学生，专业方向：意大利语言文学，E-mail：dolceio7@qq.com。

　　杨宇函（2000—），女，浙江传媒学院编辑出版学专业，研究方向：编辑出版，E-mail：yangyuhan20000607@163.com 。

《天黑前的夏天》中的成长叙事

光新月

（山西大学，山西太原，237016）

【摘要】《天黑前的夏天》是英国女作家多丽丝·莱辛的长篇小说，出版后在国内外引起了广泛的关注。女主人公凯特人到中年，面临身份危机，但她突然打破常规，走出规范生活，开始了一段寻找自我的旅程。值得注意的是，在这段现实之旅的显性情节下，还存在一股与其并行发展的梦之旅隐性进程。本文将分析显性情节和隐性进程这两种叙事运动，以期引起读者对女性生存困境的关注，并革新读者对婚姻、责任的已有认知。

【关键词】《天黑前的夏天》；显性情节；隐性进程；成长

英国小说家多丽丝·莱辛（Doris Lessing）于2007年获得诺贝尔文学奖，成为最受人们关注的女性作家之一。其作品题材涉猎广泛，涉及种族、社会、科技、文化等诸多方面，创作内容几乎涵盖了20世纪所出现的诸多社会问题。关于《天黑前的夏天》一书，国外学者主要从心理学、象征与梦和女性主义角度对《天黑前的夏天》展开研究。国内的研究则起步相对较晚，主要从女性主义、叙事策略、弗洛伊德和荣格的精神分析学切入分析。但国内外的研究成果却缺乏对小说情节复杂性的研究。本文发现，小说中，在凯特的夏日之旅这一显性情节之下，还暗藏着一股梦之旅的叙事暗流，这股叙事暗流便构成了该小说的隐性进程（Covert Progression）。鉴于此，本文将从凯特成长路上现实之旅这一显性情节和梦之旅的隐性情节入手，以丰富对作品主题的认识。

一、现实之旅的显性情节

《天黑前的夏天》创作于1973年，表现的是步入中年的妇女凯特·布朗（Kate Brown）对生活和婚姻的反思。凯特是英国典型的中产阶级的主妇，家庭琐事就是她的中心。然而，在这个夏天，家人们纷纷忙着计划暑假的行程。凯特的丈夫迈克尔·布朗（Michael Brown），6月将赴美国工作，四个已成年的孩子均要外出旅游。并且，丈夫在毫无商量的情况下将房子租出去。丈夫的朋友艾伦·波斯特（Alan Post）的一次偶然到访给凯特带来了工作机会，从此，凯特开始了她的夏日之旅。鉴于她的夏日之旅主要分为三个阶段，本文将着重围绕这三个部分来分析小说的显性情节。

凯特的第一站是从伦敦郊区的家来到伦敦市区的国际食品组织。在国际食品组织上班期间，由于超强的工作能力，她得到了组织负责人查理·库伯（Charlie Cooper）的认可。工作中的凯特春风得意，她有了自己新的生活目标，不再像从前那样围着丈夫、孩子转。她比作为医生的丈夫薪资还要高，她有了自己的工作圈，用赚来的薪水重新打扮了自己，买了新衣服，做了新发型，找回了自信。由于协调能力出众，凯特得到了世界各国代表的欣赏，查理也因此提升凯特来做高层会议的组织工作。

在伊斯坦布尔的工作快要结束时，凯特遇到了年轻的崇拜者杰弗里，凯特决定同杰弗里一同去西班牙旅行。然而他俩的西班牙之行并没有预想中顺利愉快，对于凯特来说，仿佛经历了一场灾难。杰弗里是个年轻的小伙子，由于年龄的差距，周围的人都会用异样的眼光来打量他们，目光中还带着含蓄的谴责。旅途中，杰弗里一直生病，凯特再次沦为母亲的角色。这段时间里，凯特感觉生活失去了方向。由于身心俱疲，自己也生了一场大病，最终凯特决定把生病的杰弗里留在修道院，返回伦敦。凯特摆脱了生病的杰弗里，这表明她摆脱了社会习俗强加给她的母亲的刻板形象。

凯特回到伦敦后，由于身体虚弱无力，家中的房子还在出租，只好在布鲁姆斯伯里的一家酒店住下。之后，由于酒店的高昂费用，凯特又搬到了一家廉价的地下公寓。房东是一个和女儿年纪相仿的、年轻漂亮的女孩，又名莫琳（Maureen）。经过一段时间的相处，两人成为知心朋友。在与莫琳相处的这段时光，凯特也重新认识了子女和母亲之间的关系：她要做一个适可而止的母亲。虽然凯特认为自己过去的生活是失败的，但她不自觉地回忆起与家人在一起的快乐时光。最后，凯特选择回家。

凯特的夏日旅程就像一个圆圈，从家开始，以家结束。经过这个夏天，凯特终于认识到，原来自己一直是活在别人的期待中。"精致的服饰、优雅的发型和端庄的仪态都不是她自己，真正的自己就是那个和莫琳同住、慵懒地蜷缩在沙发里的中年女人"（刘丽芳、李正栓，2016：116）。这个夏天的经历让凯特重新审视并找回了自我。最终，她回归家庭，在脑后扎着马尾辫，任由头发变得花白粗硬，不再刻意打扮自己来取悦丈夫，她要活出真实的自我。

二、梦之旅的隐性进程

我国叙事学研究领军人物申丹教授2012年在《外国文学评论》发表了《叙事动力被忽略的另一面》，在国内首次创造性地提出了"隐性进程"这一概念。2013年申丹在国际著名刊物《今日诗学》（Poetics Today）发表了《情节发展背后的隐性进程》（"Covert Progression behind Plot Development"）一文，正式向国外学界介绍"隐性进程"（Covert Progression）这一理论发现，并将其定义为"贯穿于文本始终的叙事暗流"（Dan，2013，151）。作为一种独立的叙事运动，"情节发展和隐性进程之间的关系可以分为两大类："相互补充和相互颠覆"（申丹，2018，85）。海豹之梦自始至终与显性情节并行，构成小说的隐性进程。鉴于隐性叙事进程对解读人物和主题的重要性，本文将着重分析围绕海豹之梦展开的隐性叙事运动。

女主人公凯特在不同的物理空间中都做着一个相同的梦——即设法把海豹送回大海。小说中第一次对海豹之梦的描写出现在凯特离开家庭之后，来到国际食品组织之时。在结束了第一场翻译工作的夜晚，她梦到："原来是只海豹，搁浅了，正无助地躺在寒冷山坡高处的一块干燥的大石头上，痛苦地呻吟着。她把它抱了起来。很沉。她问它还好吗，能帮它做什么。它呻吟了起来，她知道得把它送回水中，于是抱着海豹朝山下走去"。（Lessing，2009，34）此时的凯特孤立无援，就像离开了水在石头上痛苦呻吟的海豹。他们都脱离了自己熟悉的生活环境，无助而迷惘，生活似乎失去了方向感。然而，国际食品公司的工作为凯特抽离家庭生活、探索自我价值提供了契机。凯特对梦中海豹的救助象征着自我治愈的开始。

之后梦中的海豹受伤严重，身体越来越沉，回不到大海里的困境同样也象征着凯特的境遇，她在出走的过程里不断地反思自己、陷入迷惘之中。在凯特前往土耳其的前一天晚上海豹之梦又造访了她："可怜的海豹身体两侧伤痕累累：在它拼命跳着想回到海里时，被礁石和泥土中的小石子剐伤了。她担心自己身上没带药膏。有的伤口还是新伤，流血不止，还有许多旧伤口。"（Lessing，2009，54）海豹的伤痕和血迹代表了她的丈夫和孩子的冷漠，以及凯特被压抑的欲望。在梦中，凯特咀嚼着苦涩的灌木，以便将液体从嘴里洒到海豹的伤口上。这个动作显示了凯特的母性，她的母性在抚养四个孩子的过程中逐渐内化了。现在，这种珍贵的品质可以帮助凯特拯救受伤的海豹。

当凯特决定和杰弗里一起去西班牙时，她在梦中失去了她的海豹，相反，她发现了一只海龟。这只海龟在一次原子弹爆炸后受到了辐射，没能及时返回大海，而是走向了无水的内陆，走向死亡。这个梦暗示着凯特在自我发现的道路上做出了错误的决定。凯特知道这只海龟要死了，因为她无能为力。因此，她必须拯救受伤的海豹，这就是责任。

直到凯特住进莫琳的公寓，与她一起共享自己的梦之后，凯特才逐渐意识到真实的自己应该是什么样的。最终，凯特成功将海豹送回大海。送海豹回家的一系列行动正体现了凯特找到自己精神目标的过程，而这也是凯特一直期盼的结果。

三、结语

通过上面的对比分析，我们可以得出结论：海豹之梦的"隐性进程"与凯特夏日之旅的"显性情节"之间是一种相互补充的关系。海豹之梦与凯特现实的心境十分相似，每一次对梦境的描述则是其精神世界的反映，她在旅途中犯错，也在旅途中觉醒与成长，这场现实与精神的双重叙事旅程对于凯特意义深远。女主人公凯特探寻自我的历程如同海豹寻找海洋的历程，殊途同归。最后，海豹投入了海洋的怀抱，凯特也找到了内心中真正的自我。

小说的结局——凯特最终回归家庭，引起了很大的争议。凯特的回归被女性主义者视为一大败笔，认为这是一次不彻底的成长。但是当时的社会背景正值第二次妇女运动的浪潮，要求消除传统的两性二元对立的状态，实现真正的两性平等。这次运动把妇女的注意力引向婚姻家庭，鼓励妇女从家庭中重拾自我价值和幸福感。这一社会思潮和莱辛和谐共生的两性观相呼应："女性不对男性百依百顺、彻底服从，男性也不对女性颐指气使、趾高气扬，两性之间是互助的温馨关系"（张金泉，2016，54）。最终，凯特找到了人生的价值、重拾自信，不再在乎别人的眼光，不再逆来顺受、自我压抑，恢复了内心的平静与安宁。凯特的这次"逃离"是一次精神的成长之旅，对自己、对婚姻、对家庭都有了全新的认识。这也是对现代女性的启示：女性如果能正确认识自我、保持自我，学会平衡自我需求和他人需求，即使在家庭生活中也能散发光芒。

参考文献

[1] Dan，S.Covert Progression behind Plot Development: Katherine Mansfield's "TheFly" [J]. *Poetics Today*. 2013（1-2）：147-175.

[2] Lessing，D. *The Summer Before the Dark.*[M].New York: Vintage, 2009.

[3] 刘丽芳，李正栓.莱辛《天黑前的夏天》中的女性成长主题研究 [J]. 当代外国文学 . 2016（1）：114-119.

[4] 申丹 . 叙事的双重动力：不同互动关系以及被忽略的原因 [J]. 北京大学学报（哲学社会科学版），2018(2)：84-97.

[5] 张金泉 . 我心深处：多丽丝·莱辛作品研究 [M]. 武汉：华中科技大学出版社，2016.

作者简介

光新月（1997—）女，山西大学外国语学院硕士研究生，研究方向：英语语言文学，E-mail：1065856770@qq.com。